文部科学省後援

秘書検定

集中講義

準1級　改訂新版

早稲田教育出版

まえがき

　秘書検定準1級は応用編で「応用の職場常識」といえます。これから社会に出る学生さんにとっても，仕事の幅を広げて質の高い職務をしたいという秘書や一般事務職の人にとっても，準1級で問う内容を知ることは，とても大切なことです。上司の指示はどのように受けてどう処理すればよいのか，言葉遣いはどのようになるのかなど，一検定試験ではありますが，応用の職場常識の宝庫でもあります。

　皆さま方は3級や2級で，秘書技能としての態度，振る舞い，言葉遣い，話し方の調子などを知識として学んできました。これらが基になって，感じがいいということになり，人柄がいいと言われるようになることも学んでいただいたと思います。

　しかし，知識が加わっただけでは感じがいいと思われるところまではいきません。感じがいいところまでいくには，普通のレベルを超える必要があります。

　その勉強をするのが面接試験です。

　秘書検定準1級にはロールプレーイング（役割演技）による面接試験があります。この面接試験は，現職の皆さんにとっては秘書技能としての人柄を，学生の皆さんにとっては，就職対策として必要な人柄を学べるツールになります。

　では秘書検定に面接試験がある意義は何でしょうか。

　私たちは人を見て，「感じがいい」とか「悪い」という言い方をします。このときの「感じ」は「人柄」に対してです。補佐を受ける上司にしても，就職面接のときの選考にしても，人が人を選ぶときの決め手は人柄です。

　では，この人柄は何によってつくられているのでしょうか。繰り返しになりますが，集約すると態度，振る舞い，言葉遣い，話し方の調子，といえそうです。秘書検定の面接試験ではそれが審査されるのです。

　面接試験の受験については本書の最終章で具体的に学んでください。せっかくここまできたのですから，面接試験合格を目指し，態度，振る舞いなどの感じのよさを身に付けていただき，人柄を評価されるようになっていただくことを願っています。

公益財団法人 実務技能検定協会　秘書検定部

この本の使い方

　秘書の仕事は領域が広いため学ぶべき事柄も広範囲にわたりますが，本書では審査基準に設けられた範囲を確実にカバーし，内容もレベルも，級位に沿って編集しています。

　準1級では，上級秘書としての知識と，その業務を行うのに必要とされる技能に関して出題されます。「秘書的な仕事を率先して実行する」能力と「状況に応じてより適切に判断して実践する」能力が要求されます。試験の出題範囲は，以下の理論領域と実技領域になります。詳細は，「秘書技能審査基準　準1級」（p.12〜）を参照してください。

> **理論領域**　Ⅰ 必要とされる資質，Ⅱ 職務知識，Ⅲ 一般知識
> **実技領域**　Ⅳ マナー・接遇，Ⅴ 技能

●集中講義シリーズの特長──自分一人でも学習できる

　本書は，次のような点に配慮して編集されています。

◆本文での解説はできるだけ平易な言葉を用いている。

◆難しい漢字には振り仮名を付けている。

◆難しい用語には「＊」マークを付け，そのページの下段に解説欄（「ワードCheck！」）を設けている。

◆秘書技能検定の試験範囲を十分にカバーし，個々の項目を詳しく解説しているので，独学でも無理なく学習を進めることができる。

◆学校で秘書の勉強をしている人にとっても，講義から得たものを補強する最適な参考書となるよう編集している。

●本書の学習の仕方──より効率的な学習をするために

　次のような利用の仕方をすると，一層効果的に学習できます。

◆「CASE　STUDY」では最適な対処法を自分で考えてみる。提示された状況説明を読んだ後，すぐに解答・解説（「対処例」や「スタディ」）を読むのではなく，イラストをじっくり見ながら考え，まず自分なりの解答を出すようにする。その後，自分の答えと照らし合わせて解答・解説を読むと視覚効果も相まって記憶に残りやすくなる。

◆各Lessonの本文説明で重要な部分は箇条書きにしてあるので，注意して読むことが大切。ここからの出題が少なくない。また，自分で留意したいと思う箇所にマーカーを引くなどしておくと，読み返すときに，ポイントを絞った効率的な学習ができる。

◆言葉は知っていても意味を曖昧につかんでいることが多い。「＊」マークの用語があれば、「ワードCheck！」で確認するほか、自分で不確かな用語は印を付けて調べるようにする。また、関連用語を列挙した箇所には用語の前に□マークが付いているので、理解したらそこにチェック印を入れておくとよい。

◆Lessonの本文を読み終えたら、「SELF　STUDY」の「POINT 出題 CHECK」と「CHALLENGE 実問題」で過去問題を研究する。

①「POINT 出題 CHECK」でどのような問題が出るかを把握する。

◎ここでの過去問題は、「テーマ」や「ケース」別に分類し、全出題範囲をカバーしている。また、選択肢は理解しやすいように重要なものに絞って掲載しているので、問題の傾向がつかみやすくなっている。

◎ここでの過去問題にはすでに「○」、「×」が付けられているが、これは何度も目を通すときに、すぐに「○」、「×」を確認して記憶に残すためである。従って、最初は各選択肢がなぜ「×」、あるいは「○」なのかを考えてみることが重要。その後、解説を読んでその理由を理解するようにしたい。実力試しに解答を隠して、自分で選択肢に「○」、「×」を付けてみるのもよいが、不明な点があれば、該当する本文解説を読み直すことが大切である。

◎選択肢の問題だけでなく、記述式の問題もできるだけ多く取り上げた。2・3級では1割程度だった記述問題も、準1級の検定試験では出題数で約4割を占めるからである。代表的な記述問題を中心に選別しているので、これらは確実に押さえておくようにしたい。実際にノートなどに解答を書いて検証してみるのもよいだろう。

②「CHALLENGE 実問題」では学習した効果を検証する。

◎難易度の★マークは、「★」～「★★★★★」まであり、「★」＝正解率85％以上、「★★」＝正解率65～84％、「★★★」＝正解率40～64％、「★★★★」＝正解率20～39％、「★★★★★」は正解率20％未満である。

◆準1級には筆記試験の他に面接試験があるが、これについても、十分対応できるよう、本書では面接対策の章（第6章）を設けている。会場到着から控室に入るまで、試験開始から退室までと、実際に行われる面接試験の流れを具体的に示し、面接で実施される課題への取り組み方や要所ごとに押さえておくべき留意点を明示しているので、本章を熟読すれば面接対策は十分であろう。

◆巻末には模擬試験問題が掲載されているので、全学習が終了したら挑戦して実力を確認してみる。忘れていたところや弱点部分を自分でチェックして、再度本文部分を重点的に学習し直すとよい。

◆ 目 次 ◆

序 章

受験対策基礎知識

Lesson ① 準1級試験の受け方と審査基準

　準1級の試験は，筆記試験と面接試験に分けられますが，面接試験は筆記試験に合格した人のみが受けることになります。従って面接試験の日程等については，筆記試験合格者にのみ通知されます。

筆記試験は6月と11月

　筆記試験は以下の要領で行われます。

●秘書検定の範囲
　試験は「理論領域」と「実技領域」に分けられます。理論領域には「Ⅰ必要とされる資質」「Ⅱ職務知識」「Ⅲ一般知識」が，実技領域には「Ⅳマナー・接遇」「Ⅴ技能」が含まれています。

●筆記試験の合格基準
　筆記試験は，理論領域・実技領域とも，それぞれの得点60％以上の場合に合格となります。どちらか一方が60％未満のときは不合格となります。

●試験方法
　準1級は筆記試験と面接試験があります。

　筆記試験は，問題の約60％がマークシート方式で，五つの選択肢から一つだけ選ぶ択一問題になっています。残りの約40％は記述式で，試験時間は130分です。

　面接試験は3人一組で受験します。「あいさつ」,「報告」,「状況対応」の三つの課題で実施され，試験時間は3人一組で約10分です。

●受験資格
　誰でも自由に受験することができます。学歴・年齢その他の制限は一切ありません。

●筆記試験の試験実施日
　筆記試験は原則として，毎年6月，11月に実施されます。筆記試験の合否は試験日から約2週間後に通知されることになってます。

●申込受付期間

筆記試験日の約2カ月前から1カ月前までが受付期間となります。検定協会所定の「受験願書」に付いている「秘書検定案内」で確認してください。

●受験申込方法

（1）個人申込の場合

以下の2種類の申込方法があります。

①インターネットで申し込む……パソコン，タブレット，スマートフォンで以下のアドレスにアクセスし，コンビニエンスストアまたはクレジットカードで受験料を支払う。

URL　https://jitsumu-kentei.jp/

②郵送で申し込む……現金書留で，願書と受験料を検定協会へ郵送する。

（願書は検定協会より取り寄せる）

（2）団体申込の場合

学校などを単位としてまとめて申し込みをする場合は，検定協会所定の「団体申込用受験願書」が必要です。「受験願書」に必要事項を記入し，受験料を添えて必ず学校等の担当者に申し込んでください。

●その他

試験会場，受験料，合否通知，合格証の発行等については，秘書検定のホームページをご覧ください。不明の点があれば，下記へお問い合わせください。

公益財団法人　実務技能検定協会　秘書技能検定部

〒169-0075　東京都新宿区高田馬場一丁目4番15号

電話03（3200）6675　　FAX03（3204）6758

秘書技能審査基準
● 準1級 ●
〈一次試験（筆記）〉

程　度	領　域	内　容
秘書的業務について理解があり，1級に準じた知識を持つとともに，技能が発揮できる。	**Ⅰ 必要とされる資質** (1) 秘書的な仕事を行うについて備えるべき要件 (2) 要求される人柄	①秘書的な仕事を処理する能力がある。 ②判断力，記憶力，表現力，行動力がある。 ③機密を守れる，機転が利くなどの資質を備えている。 ①身だしなみを心得，良識がある。 ②誠実，明朗，素直などの資質を備えている。
	Ⅱ 職務知識 (1) 秘書的な仕事の機能	①秘書的な仕事の機能を知っている。 ②上司の機能と秘書的な仕事の機能の関連を知っている。
	Ⅲ 一般知識 (1) 社会常識 (2) 経営管理に関する知識	①社会常識を備え，時事問題について知識がある。 ①経営管理に関する一般的な知識がある。
	Ⅳ マナー・接遇 (1) 人間関係 (2) マナー (3) 話し方，接遇 (4) 交際の業務	①人間関係について知識がある。 ①ビジネスマナー，一般的なマナーを心得ている。 ①状況に応じた言葉遣いができ，適切な敬語，接遇用語が使える。 ②長い報告，説明，苦情処理，説得ができる。 ③真意を捉える聞き方ができる。 ④忠告が受けられ，忠告の仕方を理解している。 ①慶事，弔事の次第とそれに伴う庶務，情報収集とその処理ができる。 ②贈答のマナーを知っている。 ③上司加入の諸会の事務，および寄付などに関する事務が扱える。

程　度	領　域	内　容
	Ⅴ技　　能 (1) 会議	①会議に関する知識，および進行，手順についての知識がある。
		②会議の計画，準備，事後処理ができる。
	(2) 文書の作成	①社内外の文書が作成できる。
		②会議の簡単な議事録が作成できる。
		③折れ線，棒，円などのグラフを書くことができる。
	(3) 文書の取り扱い	①送付方法，受発信事務について知識がある。
		②秘扱い文書の取り扱いについて知識がある。
	(4) ファイリング	①ファイルの作成，整理，保管ができる。
	(5) 資料管理	①名刺，業務上必要な資料類の整理，保管ができる。
		②要求された社内外の情報収集，整理，保管ができる。
	(6) スケジュール管理	①上司のスケジュール管理ができる。
	(7) 環境，事務用品の整備	①オフィスの整備，管理，および事務用品の整備，管理が適切にできる。

〈二次試験（面接）〉

（1）ロールプレーイング
（審査要素）
　　秘書的業務担当者としての，態度，振る舞い，話の仕方，言葉遣い，物腰，身なりなどの適性。
　　①　一般的なあいさつ（自己紹介）ができる。
　　②　上司への報告ができる。
　　③　上司への来客に対応できる。

Lesson ② マークシート方式の答え方

準1級の筆記試験の約60％はマークシート方式で行われます。マークシート方式での解答の仕方を心得ておくことが大切です。

マークシート方式とは

マークシート方式とは，問題に対する解答を幾つかある選択肢の中から選び，その番号を解答用紙にマークする方式のことです。「秘書検定」の場合は，「適当と思われるもの」，または「不適当と思われるもの」を五つの選択肢の中から一つだけ選ぶ方式です。解答用紙は，コンピューターでマークされた番号の正誤を光学的に読み取って採点していきます。従って，マークするときは枠からはみ出さないように正確に塗りつぶさなければなりません。

●HBの黒鉛筆と高性能の消しゴムを持っていく

解答用紙にマークする鉛筆は，「HBの黒鉛筆」に限定されているので指定以外の鉛筆は使用しないように注意します。間違って塗りつぶした箇所を消す場合はきれいに消し去ることが大切です。「高性能の消しゴム」を用意しましょう。

●順番ずれがないように注意する

採点するのは機械なので，人間が採点するような融通性は全くありません。解答を1問ずつずらしてマークするようなミスをしないように注意します。

●易しい問題から処理していく

試験時間は130分です。設問は原則として23問あり，選択肢の問題が14問，記述式問題が9問あります。記述式に時間を要するので，選択肢の問題は1問当たり約3分とみて，40分程度を目安にし，残り90分程度を記述式の所要時間と考えておけばよいでしょう。選択肢の問題で解答に迷った場合は，迷った選択肢に印を付けておき，易しい問題から先に処理してしまうようにします。

●最後の3分間は見直す時間にする

マーク漏れがないかどうか，最後の3分間は最終チェックの時間にします。マークしなければ確実に失点しますが，迷った選択肢もどれかにマークすれば得点の可能性があります。マーク漏れがないようにしましょう。

●解答用紙は折ったり汚したりしない

解答用紙を折ったり汚したりすると，コンピューターが誤認してしまうことがあるので注意します。消しゴムのくずが解答用紙に付かないように気を付けます。

SECTION 2 筆記試験対策

Lesson 1 選択問題対策

　準1級の検定試験では，マークシート方式が14問，記述式が9問になっています。具体的には，「必要とされる資質」，「職務知識」，「一般知識」から各2問，「マナー・接遇」から5問，「技能」から3問の計14問がマークシート方式となっています。従って，準1級では五つの選択肢から一つの正解を選ぶマークシート方式をいかに制するかが合否の鍵となります。記述式が苦手な人は，マークシート方式で全問正解するつもりで臨まないと，筆記試験合格を手にすることは困難になります。

マークシート方式の攻略法

　マークシート方式は，必ず五つの選択肢の中に正解が一つあるということですが，逆に言えば，正解は一つしかないということです。このことを頭に置いて以下のことに留意します。

●ある選択肢が正答であると確信した場合

　残りの四つの選択肢を再度検討し，適当なものに「○」，不適当なものに「×」を付けていきます。設問が「適当と思われるものを一つ選びなさい」であれば，残りが全て「×」になるはずです。設問が「不適当と思われるものを一つ選びなさい」であれば，残りは全て「○」になるはずです。そうなれば，選んだ選択肢は正答だということになります。

　もし，設問が「不適当と思われるものを一つ選びなさい」で「○」とはならない選択肢が残った場合は，最初に選んだ選択肢は必ずしも正答とはいえなくなります。その場合は，もう一度設問をよく読み，どちらかをふるい落とすヒントを捜します。その他，後述する「選択肢の落とし穴」に引っかかっていないか検証します。

●これだと確信できる選択肢がない場合

　問題を読み直し，選択肢を消去法で消していって正答を導きます。これは，知らない用語などが選択肢に出てきた場合に有効です。例えば，用語と訳語の組み合わせで不適当なものを選ぶケースをみてみましょう。

　1）ビジター　　　＝　協力者
　2）サポーター　　＝　支援者

3) リポーター　　＝　　報告者

4) マネジャー　　＝　　管理者

5) アドバイザー　＝　　助言者

　まず用語と訳語が合っていると思えるものから「○」を付けていきます。例えば，2) サポーターは，「サッカーのサポーター」などから「○」だと推測がつきます。また，3) リポーターは「テレビ番組のリポーター」などから，4) マネジャーは「芸能人のマネジャー」などから，そして5) アドバイザーは「アドバイスをする」という言葉などから「○」だと推測できます。そうすると，残った1) ビジターが「×」だと推定できます。

　このように，確実でなくても見当が付くものから消していくと，選択肢が少なくなるので正答を導きやすくなります。

 # 選択肢の落とし穴に注意

　多くはそのことに対して知識があるかどうかを素直に問う問題ですが，中には正答に思えるような表現を用いて受験者を迷わせる問題もあります。受験者が早合点したり，うっかり見過ごしたりすることで不正解に導くことが真の目的ではなく，そのような設問で「早合点したり，勝手な解釈をしたり，見過ごしてしまうこと」がないかどうか，「秘書としての資質」を問うているといえます。特に以下のような問題に注意しましょう。

● 「適当」の文章の後半に「不適当」を忍ばせている選択肢がある

　文章の前半で授業や本で学んだことを述べて，後半にさりげなく不適当な言葉を忍ばせている選択肢もあります。例えば，「開封した郵便物は急ぎのもの，重要なものを上にして渡し，速達や書留は開封しないで渡している」という選択肢は，一見正しいようですが，「速達」は私信や親展以外は開封して渡すことになっているので不適当になります。このように，思わぬところに落とし穴が隠されているので，途中まで読んで早合点しないように，くれぐれも注意しましょう。

● 「原則」には「例外」があることに注意

　秘書業務には，基本的に「このケースではこのようにする」という決まり事がありますが，ルールには必ず「原則」と「例外」があることを頭に入れておかなければなりません。例えば，「適当」なものを選ぶとき，選択肢の中に「受け取った郵便物が，私信の場合は開封しないで渡している」とあれば私信は開封しないのが原則なので文句なく正答になりますが「上司宛ての私信だったが，明らかに同窓会の案内だと分かったので開封した」という選択肢も同様に正答になり

ます。それは，中身が見ても差し支えないものと分かっている場合は，開封してもよいという「例外」があるからです。例外はこの他にもありますが，参考までにもう一つ例を挙げてみましょう。例えば，「私信以外は開封して渡している」という選択肢はどうでしょう。「私信以外の文書」，つまり業務用文書は開封するものなので，明らかに「適当」と思えます。しかし，ここにも例外があり，「親展」や「書留」扱いのものは開封せずに渡すので，この例は「不適当」ということになるのです。このように，準1級では必ずしも原則通りにはいかないひねった問題が数多く出されるので，一見「適当」であるかのように思えるものも，どこかに例外が隠されていないか注意する必要があります。

●不適当な選択肢が二つ以上あった場合は「最も」不適当なものを選ぶ

　不適当なものを選択する問題の場合，幾つか不適当と思われる選択肢がある場合があります。その場合は，「最も」不適当な選択肢を選ぶようにします。次の例題を考えてみてください。

　　例題）秘書Aは秘書課長から，Sの電話の話し方が丁寧でないので注意するように言われた。AはSと席が離れていたのでそのことには気付かなかった。AがSの電話が丁寧でないことを知るにはどのようにしたらよいか。不適当と思われるものを一つ選びなさい。

①課内の全員に，Sの電話の応対についての感想を聞いてみる。
②Sの近くの同僚に，Sの電話の応対についての感想を聞いてみる。
③Sが電話しているときに，さりげなく自分がそばに行って聞いてみる。
④Sの近くにいる先輩に，Sの電話の応対についての感想を聞いてみる。
⑤同僚数人に，課長が電話応対の丁寧さを気にしているとだけ話し，様子を聞いてみる。

　Aは秘書課長に「Sの電話の話し方が丁寧でない」ので注意するように言われたわけですから，注意する前にまずSがどのような話し方をしているかを把握する必要があります。そのための方法として五つの選択肢が提示されているわけですが，ここで鍵となるのは，Sの立場にも配慮するということです。人に感想を聞けば「Sの電話の仕方が問題になっている」ことが周囲に伝わりSは立場を失ってしまいます。従って，この場合は③⑤が「適当」となり，それ以外は「不適当」になります。しかし，より「不適当の度合い」が少ないのは，④の先輩に聞くことでしょう。先輩なら「そのような場合は，他言したりしないものだと心得ている」と考えられるからです。次が②となり，最も好ましくないものとして①が残ります。①は課員全員にSのことを知らせることになり，「配慮に欠ける」ということ，また全員に聞かなくても分かることを尋ねまわるのは「意味がない」

ということからも，選択肢の中で「最も」不適当ということになるのです。

● 適当な選択肢が二つ以上あった場合は「より適当」なものを選ぶ

　不適当とは逆に，適当と思われる選択肢が複数出てくるケースもあります。次の問題を考えてみてください。

　　例題）秘書Aの上司（田中部長）が出張中，取引先の部長から上司宛てに電話があった。上司は出張中だと伝えると，「先日の商談の返事を待っているのだが，何か言われていないか」と尋ねられた。Aは上司から何も聞いていないが，その後の様子から商談はまとまりそうにないことが分かっている。このような場合Aは，申し訳ないと言った後，どのように言えばよいか。次の中から適当と思われるものを一つ選びなさい。

　　①「私は聞いておりませんので，田中が戻りましたら，ご返事をお待ちになっていると申し伝えます」

　　②「田中からは何も言われておりませんが，出張から戻り次第，こちらからお電話を差し上げるようにいたします」

　上記の設問に対し，ここでは分かりやすくするために選択肢を二つに絞って示しました。このような商談に関することに秘書は関与しないのが原則です。そしてその点から言えば，どちらも商談の結果には触れておらず「適当」のように思われますが，より関与していないのは①で，「返事を待っていることを上司に伝える」と話しただけで，秘書としてすべきこと以外は一切関わっていません。しかし，②は，「出張から戻り次第電話する」と告げています。上司は，出張から帰ってすぐ電話するとは限りません。現時点ではまとまらない商談であっても，別の事情のために結論が長引いてしばらく保留の状態にしておかなければならない場合もあります。そういうことを考えると，出張から帰ったらこちらから電話をすると言うのは，心待ちにしている取引先の部長の心情を察してのことであっても，好ましくないことになります。従って，②に比べてよりよい対応をしている①が「適当」ということになります。

📁 イージーミスをしない

　60％ぎりぎりの合格ライン上にいるときは，その一問を落としたために合格を逃してしまう場合もあります。分かっていたのに，勘違いやうっかりミスのために取れる問題を落としてしまったと後で悔やむことのないように，以下のことに留意しましょう。

● **「適当と思われるものを一つ選びなさい」と「不適当と思われるものを一つ選びなさい」に注意する**

　設問は「適当と思われるものを一つ選びなさい」と「不適当と思われるものを一つ選びなさい」の二つですが，不適当なものを選択する問題が続いたときに「適当と思われるものを一つ選びなさい」の設問が出てきても，「不適当」に慣れてしまっているので，無意識にそちらを選んでしまうというミスを犯しがちです。しかもその場合は当然不適当な選択肢が四つもあるので，すぐに「目当てのもの」が見つかり，後の選択肢を見ないでマークしてしまうのです。こうしたミスは結構多いので，十分な注意が必要です。

● **問題をよく読み，キーワードを見落とさない**

　設問には「会議が始まる直前」とか「退社時刻が過ぎたので」などの状況設定や，「詳細に」とか「明らかな」などのちょっとした言葉が書かれており，それらが正解を得るための鍵になることが多いものです。従って，問題文をよく読み，キーワードを見落とさないようにしなければなりません。

　例えば，「会議が始まる直前」と設定されている場合，「F氏に取り次ぐように電話があったので，席に着いていたF氏に小声で取り次いだ」という選択肢は適当でしょうか，それとも不適当でしょうか。「会議中」であれば，小声でも口頭ではなくメモで取り次がなくてはなりませんが，「会議前」であれば口頭で取り次いでも何ら問題ないことになります。

　このように，会議中と会議直前とでは正解が異なるので，問題をよく読み，正誤を左右する言葉をうっかり見落とさないように注意することが大切です。

● **迷う問題は，設問を読み直す**

　非常に迷う問題は，選択肢ばかりを比較しないで，設問をじっくり読み返すことが大切です。そして，設問の意図が何かをはっきりさせ，より不適当なものは何か，より適当なものはどれかを検討していきます。

 ## 最後の見直しは記入漏れのチェックのみ

　選択肢の問題は，3分を目安に解けば十分ですが，平易な問題はできれば2分程度で解くようにし，非常に迷う問題以外はその場で確定していきます。問題用紙に書いておいて，後でまとめてマークしようなどと考えてはいけません。マークシートへの転記ミスの原因になります。解いた問題は見直さないことを前提にして1問ずつ確定していきます。

　最後の見直しは，記入漏れがないかどうかの確認だけにしましょう。

Lesson ②　記述問題対策

　記述問題は，9問あります。詳しく述べると，「必要とされる資質」，「職務知識」，「一般知識」から各1問，「マナー・接遇」から3問，「技能」から3問の計9問です。問題数からいうと，試験問題の約4割を記述問題が占めます。従って，準1級の合格を確かなものにするためには，記述問題を強化することを考えなければいけません。

　しかし，記述問題といっても論文や長文を書くわけではありません。用語の意味を簡潔に説明したり，ある状況設定に対してどのように対応すればよいかを箇条書きで書くといったものなので，書き方の要領をつかんで練習すればどの問題に対しても対応できるようになります。

 ## 用語説明の書き方

　まずは，入りやすい「用語の書き方」から説明していくことにしましょう。用語の記述問題は「一般知識」でよく出題されます。例えば以下のようなものです。

　　例題）次の用語を簡単に説明しなさい。
　　　　　①エージェント
　　　　　②オーソリティー
　　　　　③エグゼクティブ
　　　　　④スポークスマン

　基本的には，カタカナ語は適切な日本語にして答えればよいのですが，いくつか意味がある場合は，ビジネスに関する適切な言葉の意味を選択して書かなければいけません。例えば，①には「スパイ」の意味もありますが，ビジネス用語としては「代理人」「代理業者（店）」が正解になります。また②では「専門分野における大家」，③では，「企業などで経営や管理を担当する上級管理職」なども間違いではありませんが，この場合は②「権威者」，③「経営幹部」「重役」などと簡潔に答えます。ただし，④では，「政府や団体を代表して意見を発表する担当者」や「政府や団体の意見を報道機関に発表する担当者」など，簡潔にとはいえ，ある程度分かるように説明する必要があります。

　そのまま訳語を書けばよいケースもありますが，このように，ある程度分かるように説明したり，幾つかある訳語の中からより適切なものを選んで書くケースがあることを知っておきましょう。

また，ある分野の用語を説明するケースもあります。この場合は，言葉を選んで説明する必要があります。例えば次のようなものが出題されます。

　例題）①旬刊紙
　　　　②業界紙

　この場合，①は「10日ごとに発行される新聞のこと」，また，②は「特定の業界に関する情報を報道する新聞のこと」が正解になります。ここで注意したいのは，旬刊紙の「紙」です。このような場合の「紙」は新聞のことを意味します。もし，「紙」ではなく「誌」になっていれば，「～の雑誌のこと」にしなければなりません。

　逆に，説明文を提示してその用語を書かせる設問もありますが，これはそのことに関する知識があり，表記が間違っていなければすぐに正解を得られます。例えば，次のような問題です。

　例題）①身内の人だけで内々に行う葬儀のこと。
　　　　②普通の新聞紙の半分の大きさのサイズのこと。

　①は，「密葬」と知っていれば簡単に正解することができます。ただし，「葬」の字が間違っていたり，平仮名や片仮名で書いては完全な正解とはいえません。また，②は「タブロイド判」が正解ですが，「判」が「版」になっていると得点に結び付かないことがあります。そうした小さなことを見落とさないようにする必要はありますが，このように単純に知識を問う問題もあるので，あまり記述問題に苦手意識を持たないようにしましょう。

接遇用語などの記述の仕方

　「マナー・接遇」では，接遇用語を書かせる問題が数多く出題されます。また，「技能」では，慣用表現を用いて社外文書を書かせる問題もよく出されます。これらは，言葉を知っていれば得点できる問題なので，できるだけ多く覚えておくようにします。

　接遇用語を記述する際には，次のような状況設定が提示されます。

　例題）①電話口まで相手を呼び出したとき。
　　　　②こちらからかけた電話で，用件に入る前に相手の都合を聞くとき。

　①は，こちらの都合で一方的に相手を電話に呼び出したのですから，まずそのことをわびなければなりません。つまり，「お呼び立ていたしまして申し訳ございません」となります。これは電話だけでなく，自分の都合で目上の人とどこかで待ち合わせをしたり，自分の方に来てもらったときなどにも使う言葉です。

②は，呼び出した相手に，自分の用件を話そうという場面ですが，呼び出された相手は忙しいかもしれません。そこで今話してよいかどうかまず，相手の都合を聞くことがマナーになります。従って，②には「ただ今お時間はよろしいでしょうか」などという言葉が入ります。ただ接遇用語を丸暗記するのではなく，このようにきちんと系統立てて「なぜ，そのような言葉を使わなければならないか」ということを理解して覚えることが大切です。

手紙の慣用表現の問題では，季節に応じた時候のあいさつや相手の健康や隆盛を喜ぶ言葉，結びの言葉など，よく使われる慣用語句を一通り学習しておくようにします。手紙の例文などを参考にして，ケースに応じた言い回しが自在に使えるようにしておくと困りません。

グラフを書くときの留意点

グラフは3級・2級でもよく出題されるので，書き方の要領はつかんでいると思いますが，準1級では，マイナスのある折れ線グラフや二重の円グラフ，時間的推移を見る帯グラフなど，やや複雑な問題が出されます。しかし，書き方の基本は同じなので，グラフ別に練習しておけばそれほど難しくはありません。むしろ，慣れてしまえば機械的にできるのである意味では「ラッキーな問題」といえます。ただし，目盛りを取ったり，角度を測ったりと時間を要するので，時間を決めて手早く書く練習をするとよいでしょう。どれだけの時間を要するかが分かっていれば，試験のときに的確な時間配分ができるので慌てなくて済みます。

また，グラフでは，タイトルや基点の数字，目盛りや単位，円グラフや帯グラフ内の項目の数値（％）などを書き忘れないように注意し，調査年月日や出典などが記載されていれば，それらも漏れのないように記します。グラフを作成した後は設問を再チェックして，必要な項目がきちんとあるべきところに入っているかを確認しましょう。

記述する際の留意点

記述問題で最も難しいのが，設定された状況に対して「確認すべきことは何か」，「どのように対応すればよいか」などと具体的に記述することを求められた場合の書き方です。

●答えは一つとは限らない

基本的には，設問で「箇条書きで三つ答えよ」などと幾つ書くかを指定されま

すが，特に指定がない場合もあります。その場合は，一つだけ書くのではなく，考えられる幾つかの対応策を書かなければなりません。例えば，次のような問題を考えてみてください。

例題）Aの上司は話し好きなせいか面談時間が長くなり，次の予定に差し支えることが多い。このような場合，Aはどのようにすればよいか。

面談時間が予定より長くなるのは，上司の「話し好き」という性格からくるのでこれは仕方がありません。それを承知した上で，どのようにすればよいかと考えます。まず考えられるのは，上司が話し込むのは，話に熱中すると次の予定のことを忘れてしまうからだと考えられます。いくら話し好きでも次の約束を破ってまで話し続けることはないからです。従って，「面談の後に時間の余裕がないときは次の予定をメモで上司に知らせておく」ことがよい解答になります。

しかし，対応策はこれだけでしょうか。「上司が次の予定に差し支えそうな時間になっても面談を終えない場合はどうするか」も考えず，既にメモで知らせてあるのだから本人も承知で遅れているのだろうと放っておくのでは，上司を補佐する秘書としては失格です。面談が長引き，「そろそろ打ち切らないと，次の予定に支障が出そうな場合は再度メモで知らせるようにする」など，次の手を打たなければなりません。従って，それも対応策の一つになるでしょう。しかし，まだ考えられることはあるはずです。例えば，スケジュールの組み方です。つまり，「長引きそうな面談の後には，重要な会議や面談，外出などの予定をできるだけ入れない」ようにする，また「入れる場合には，時間的な余裕を取る」ようにするといった調整をすればいいのです。

このように，解答は一つではなく幾つかの対応策が出てきます。準1級では，これくらいの対応策を書かないと高得点はもらえません。

●順を追って書く場合は途中で終わらない

ある状況に対して，どのように対応すればよいか順を追って箇条書きでまとめるという問題もよく出されます。このような場合は，一連の流れが終わるまで書くようにします。次の例題を考えてみてください。

例題）上司（部長）の仕事をしているとき，上司の上役の常務に急ぎで書類を届ける仕事を頼まれた。どのように対応すればよいか順を追って箇条書きで書きなさい。

この場合の鍵は，上司の上役に頼まれた場合は，取りあえず引き受けて上司に指示を仰ぐことです。また，上司は上役の仕事を受けることを拒否しないということです。従って，①取りあえず常務の書類を受け取る。②上司にそのことを報告して了解を得る。③常務の仕事をする。④常務の仕事が終わったら，常務に報

告する。⑤上司の仕事を続ける……といった具合にまとめます。②で「上司が了承しない場合」などという設定を考える必要はありません。この場合は，上司に頼まれている仕事に緊急性があるなどと記されていないので，時間的余裕はあるものと判断してよく，そういう状況では上司が上役の仕事をすることを了承しないことはないからです。

　また，「順を追って挙げなさい」など数の指定がない場合，③や④で終えると今までやっていた上司の仕事が宙に浮いた感じになるので，一連の仕事が落ち着く⑤まで書くようにします。ただし，三つなど数の指定があれば，③で終わっても構いませんし，③と④を一緒にして書いてもよいでしょう。

● ケースごとに分けて書く場合もある

　状況の設定によっては，ケースごとに分けて書く必要があります。次の例題を考えてみてください。

　例題）秘書Aは3時間後の会議に間に合うようにと，急ぎの文書の作成を上司（部長）に指示された。すぐにかかれば何とか間に合いそうである。そのとき上司の上役の常務から，1時間ほどは要するパソコンでの資料作成を頼まれた。Aはどのように対応すればよいか。

　この場合は，常務の仕事が急ぐかどうかを聞いて，それによって対応の仕方が違うことに気付かなければいけません。そして，急ぐ場合，急がない場合に分けて対応の違いを答えていくことになります。

①常務に急ぐかどうかを確認する。

　A．急がない場合

　　1）常務から書類を預かっておく。

　　2）上司の仕事を続けて仕上げる。

　　3）上司に作成した文書を渡し，常務から指示された仕事をすることを了承してもらう。

　　4）常務の仕事をする。

　　5）常務の仕事が終了したら，資料を持っていき常務に渡す。

　B．急ぐ場合

　　1）取りあえず常務から書類を預かる。

　　2）上司に事情を話し，指示を仰ぐ。その際，誰かに手伝ってもらうなど，両方を仕上げるための案を話す。

　　3）上司の指示に従う。

　　　イ−1）Aが上司の仕事を続けて，常務の仕事を誰かに頼むならその手配をして頼み，常務の了承を得る。

ロー1）Aが常務の仕事をして，その間誰かに上司の仕事をしてもらうのなら，できるだけ早く常務の仕事を仕上げて，常務に渡す。

　　2）常務の仕事が終わったら，手伝ってくれた人に礼を言い，代わって上司の仕事を続け，仕上がったら上司に渡す。

　このように，「急ぐ場合」「急がない場合」，あるいは，別の状況で出欠の返事を「待てる場合」「待てない場合」，入院した上司の症状が「重い場合」「軽い場合」など，ケースによって対応が違う場合は，分けて答える必要があります。

　また，接客した新人が来客に苦情を言われて，先輩としてどのように対応するか問われた場合などは，「来客に対して」，「新人秘書に対して」それぞれどのようにすべきかを分けて書くケースもあります。

●同じようなことを書かない

　「上司に確認すべきことを三つ答えなさい」とか「すべき事を三つ答えなさい」と指定された場合，似たようなことを書いてはいけません。例えば次のような例題を考えてみてください。

　例題）秘書Aは，会議に使うからと「秘」扱い文書のコピーを頼まれた。どのようなことに注意しなければならないか。三つ答えなさい。

　上記の問題に対する解答として，次のような項目が並んでいたらあなたはどのように感じますか。

①人に見られないようにコピーするタイミングを見計らう。

②コピーするとき人が来たら，見られないように注意する。

③コピーしているとき，何をコピーしているかと聞かれたら，自分もよく分からないと隠す。

　これは，「コピーするときは人に見られないようにする」という項目をいろいろと言い換えているに過ぎません。三つ書いてはいますが，点数は一つ分しかもらえないでしょう。

　この設問では，①コピーするときは人に見られないようにする。②コピーは必要枚数だけにする。③ミスコピーが出たらシュレッダーで処理する，などが正解になります。この他，「原稿台に資料を忘れないようにする」などもよいでしょう。つまり，出題者が求めているのは，「秘」扱い文書をコピーする際の「幾つかの注意点」なので，一つのことを角度を変えて書いても意味がないのです。

Lesson 1 箇条書きの要領

箇条書きとは，幾つかある要素を長々と説明するのではなく，構成要素を一まとまりごとに切り取って簡潔に述べ，番号を付けて並べることです。例えば，「来る4月15日，午後3時から5時まで，渋谷研修所の5階大ホールで新入社員懇談会を開催するので，新入社員は筆記用具を持参して集合してください」という案内を出す時に，

1. 日　　時：4月15日　午後3時〜5時
2. 場　　所：渋谷研修所　5階大ホール
3. 持参物：筆記用具

上記のように，重要な項目を箇条書きにすると説明調の文章よりもすっきりして，見た目にも分かりやすくなります。秘書検定試験の記述問題では，「このような場合どのようにすればよいか箇条書きで三つ挙げなさい」，「順を追って箇条書きで述べなさい」など，箇条書きで解答するケースが多いので，書き方の基本を身に付けておく必要があります。

箇条書きのルール

箇条書きをする場合は，以下のルールを守ります。

◆各項目ごとに番号や記号を付ける。

　　◎「1．　2．　3．」，「① ② ③」，「◎ ○ ●」など。

◆必要に応じて枝番号や記号を用いる。

　　例）　　5．当日は次のものを持参する。

　　　　　　1）筆記用具

　　　　　　2）電卓

　　　　　　3）印鑑

◆各項目ごとに改行する。

　　◎項目が2行になる場合は，2行目の頭が数字や記号と並んだり越えたりしないようにする。

例）○ 　　　1. 項目が2行になる場合の
　　　　　　　　　よい例。
例）× 　　　2. 項目が2行になる場合の
　　　　　　　　　悪い例。

◆文はできるだけ簡潔に書く。
　◎だらだら書いたら，箇条書きの意味がなくなる。
◆各項目が，文になっているときは末尾に「。」を付けるが，名詞だけなどの場合は基本的に「，」や「。」を付けない。

箇条書きの項目の出し方

　箇条書きで項目出しをする場合，思いつくままに書いていては多くの項目を挙げることはできません。基本的には次のように，「ケース」や「作業手順」を軸に項目を出していくようにします。

●ケース（～の場合）で考える
　例えば，次のような設問を考えてみましょう。

　「『秘』扱い文書を取り扱う場合に注意すべきことは何か。箇条書きで答えなさい」

　これを「ケース」で考えると，3・2級で学習したことから次のようなことが挙げられるでしょう。
　1. 「秘」扱い文書を作成する場合。
　2. 「秘」扱い文書を郵送する場合。
　3. 「秘」扱い文書をコピーする場合。
　4. 「秘」扱い文書を会議などで配布する場合。
　5. 「秘」扱い文書を持っていって他部署の各部長に渡す場合。
　6. 「秘」扱い文書を保管する場合。
　これらのケースで注意すべきことを挙げれば，少なくとも四つは列挙することができるはずです。

●作業手順で考える
　次は，上記の各ケースで注意すべき点を，作業手順を軸に考えていってみましょう。
　1. 「秘」扱い文書を作成する場合—では，上司から預かった原案をパソコン

で作成するとしたら，以下のようなことが考えられます。

①原案の文書を管理する。

②作業中の機密を保持する。

③作成したデータを保存したUSBメモリーなど，外部記録媒体を管理する。

2.「秘」扱い文書を郵送する場合——では，次のことが考えられます。

①郵送するときの文書の入れ方に注意する。

　1）封筒は二重にし，内側の封筒に書類を入れて封をし「秘」の印を押す。

　2）外側の封筒は中が透けないものを用い，内側の封筒を入れて封をする。

　3）宛名を書き，名前の左側に「親展」と記す。

②郵送したら，相手に「秘」扱い文書を郵送したことを電話で知らせる。

3.「秘」扱い文書をコピーする場合——では，次のことが考えられます。

①コピーするときには，人に見られないようにする。

②コピーは必要枚数だけ取る。

③ミスコピーが出たらシュレッダーで処理する。

4.「秘」扱い文書を会議などで配布する場合——では，次のことが考えられます。

①コピーしたものに連番を付け，何番を誰に渡したか記録を取っておく。

②会議終了後に回収する場合は，配布した枚数と合致しているか点検する。

5.「秘」扱い文書を持っていって他部署の各部長に渡す場合——では，次のことが考えられます。

①「秘」扱い文書に「秘」の印を押し，封筒に入れて封をする。

②封筒には部長名を書き，名前の左側に「親展」と記す。

③それぞれの部長に直接渡す。部長が留守の場合は秘書に預ける。部長も秘書もいない場合は，他の人に預けないで出直す。

④部長や秘書に渡した場合は「文書受渡簿」などに記入して受け取り印を押してもらう。

6.「秘」扱い文書を保管する場合——では，次のことが考えられます。

①一般文書とは別にファイルし，鍵のかかるキャビネットなどに保管する。

　以上のように「ケース」と「作業手順」を組み合わせ，注意すべき項目を考えてみると，かなりの数の項目が挙げられることを理解できたと思います。

Lesson ②　漢字の基礎知識

　準1級の試験では，記述問題も増え漢字を書くことも多くなります。また，設問などで難しい漢字も使われるので，以下のような一般常識程度の漢字の読み書きはできるようにしておきましょう。

難しい漢字の読み方

- □ 謝る　……電話で謝る。
- □ 頂く　……お中元を頂く。
- □ 悼む　……彼の死を悼む。
- □ 伺う　……明日伺います。
- □ 承る　　お話を承ります。
- □ 拝む　……神仏を拝む。
- □ 訪れる　…春が訪れる。
- □ 省みる　…学生時代を省みる。
- □ 試みる　…説得を試みる。
- □ 快い　　　快く引き受ける。
- □ 妨げる　…議事進行の妨げになる。
- □ 退く　……一歩退いて待つ。
- □ 速やか　…速やかに報告する。
- □ 背く　……会社の方針に背く。
- □ 託す　……息子に夢を託す。

- □ 携える　…手を携えて散歩に行く。
- □ 奉る　　　神と奉る。
- □ 賜る　……お言葉を賜りたい。
- □ 謹む　……謹んでおわびします。
- □ 和む　……場が和む。
- □ 挟む　……書類を挟む。
- □ 紛れる　…どこかに紛れ込む。
- □ 惑わす　…気持ちを惑わす。
- □ 自ら　……社長自ら謝罪した。
- □ 免れる　…上司の叱責は免れない。
- □ 旨　………その旨お伝えください。
- □ 専ら　……専ら開発に打ち込む。
- □ 委ねる　…判断を上司に委ねる。
- □ 漏らす　…機密を漏らす。

難しい熟語の読み方

- □ 哀悼　……哀悼の意を表する。
- □ 委託　……業務を委託する。
- □ 思惑　……彼の思惑は何だ。
- □ 割愛　……残念だが割愛しよう。
- □ 完遂　……計画を完遂した。
- □ 忌避　……それは職務の忌避だ。
- □ 吟味　……材料を吟味する。

- □ 供養　……先祖を供養する。
- □ 更迭　……会長が専務を更迭する。
- □ 成就　……大願成就を願う。
- □ 師走　……もう師走である。
- □ 真摯　……真摯な態度で臨む。
- □ 潜在　……潜在能力を引き出す。
- □ 転嫁　……責任を転嫁する。

主な同音・同訓異義語

- □ あう…………災害に遭う。
  専務と会う。
  性格が合わない。
- □ いぎ…………意義が大きい。
  その意見に異議なし。
- □ かんしょう…花を観賞する。
  絵画を鑑賞する。
- □ けっさい……常務の決裁をもらう。
  手形で決済する。
- □ じき…………時機を逃す。
  時期が悪い。
  時季はずれの桜。
- □ しょうかい…来客を紹介する。
  身元を照会する。
- □ せいさん……経費を精算する。
  借金を清算する。

- □ たいしょう…評価の対象になる。
  考えが対照的だ。
  対称的に配置した。
- □ たつ…………工場が建つ。
  看板が立っている。
- □ ついきゅう…利益を追求する。
  犯人を追及する。
  真理を追究する。
- □ つく…………新しい上司に就く。
  看護師が付く。
- □ つとめる……会社に勤める。
  司会を務める。
  問題解決に努める。
- □ ほしょう……元本を保証する。
  人権を保障する。
  損害を補償する。

書き誤りやすい熟語

- □ × 撤底的 …○ 徹底的 ○ 撤去
- □ × 裁培 ……○ 栽培 ○ 裁判
- □ × 保検 ……○ 保険 ○ 検査
- □ × 苦脳 ……○ 苦悩 ○ 頭脳
- □ × 発堀 ……○ 発掘 ○ 釣堀
- □ × 坦当 ……○ 担当 ○ 平坦
- □ × 紛飾 ……○ 粉飾 ○ 紛争
- □ × 完壁 ……○ 完璧 ○ 岸壁
- □ × 穫得 ……○ 獲得 ○ 収穫
- □ × 除行 ……○ 徐行 ○ 削除
- □ × 一諸 ……○ 一緒 ○ 諸般
- □ × 最底 ……○ 最低 ○ 底辺
- □ × 観迎 ……○ 歓迎 ○ 観光

- □ × 排棄 ……○ 廃棄 ○ 排除
- □ × 幣社 ……○ 弊社 ○ 貨幣
- □ × 講議 ……○ 講義 ○ 議論
- □ × 単的 ……○ 端的 ○ 単位
- □ × 重復 ……○ 重複 ○ 往復
- □ × 訪門 ……○ 訪問 ○ 部門
- □ × 慨念 ……○ 概念 ○ 憤慨
- □ × 殺倒 ……○ 殺到 ○ 卒倒
- □ × 講入 ……○ 購入 ○ 講堂
- □ × 予裕 ……○ 余裕 ○ 予想
- □ × 貯畜 ……○ 貯蓄 ○ 家畜
- □ × 撮映 ……○ 撮影 ○ 映写

第1章

必要とされる資質

上級秘書の資質と能力

Lesson ① 求められる人柄と資質

CASE STUDY

あなたなら
どうする？

病院に寄って
から出社する
から……

いつも出社され
ている時刻なの
に……

上司が出社していない理由を問われ……

▶秘書Aが出社すると上司から電話があり，「体調がよくないので病院に寄ってから出社する。出社は午後になる」と言われました。そのような折，取引先から上司あてに電話がありました。そこで「上司はまだ出社していない」と言うと，「いつも出社している時刻なのにどうしたのか」と尋ねられました。このような場合，Aはどのようなことを話せばよいのでしょうか。

対処例 ○△×?…

　「急用ができて出社が遅れている。午後には出社する予定なので，出社したらこちらから連絡させてもらう」と話せばよいでしょう。

スタディ ✦!!

　上司の健康状態は機密事項になるため上司の体調が悪いことを外部に漏らすことは厳禁。従って，当たり障りなく「急用ができて」などと言って対応することになりますが，相手は取引先なので，「出社したら連絡する」と付け加える気配りも必要です。

 ## 上級秘書としての人柄と資質

　秘書に求められる基本的な人柄や資質としては，「誠実，正直，明朗，謙虚，素直，責任感，きちょうめん」などが挙げられますが，上級秘書ではさらに以下のようなことも求められます。

　◆**冷静沈着な対応ができる。**

　　　予想外のことが起こっても，慌てず，冷静になって適切な方法を考えることができる。

◆寛大な心を持っている。

　　◎自分には厳しくしても，他人に対しては寛大で，相手の責任を追及したり責めたりしない。また，相手の意見や考え方，性格や人柄を尊重することができる。

◆臨機応変*1)な考え方や行動ができる。

　　◎何か異変が起こったときにも機転*2)を利かせた対応ができる。また，上司に指示された言葉通りに行動するのではなく，言外の意味や真意を理解して状況に応じた適切な行動をとることができる。

◆ユーモアとウイットを心得ている。

　　◎気まずい雰囲気やぎくしゃくした雰囲気のときに，その場を和らげるユーモア（上品で気が利いたしゃれ）やウィット（機知）に富んだ会話がとっさにできる。

◆常に向上心を持っている。

　　◎現状に満足することなく，常に新しい技術や知識を身に付けようと努力する姿勢を忘れない。個人的な趣味や教養を高めていくだけでなく，仕事に関しても，積極的に守備範囲を広げていこうとするチャレンジ精神を持っている。

機密を守る

　上級秘書になると機密を知る機会も増え，また上司から信頼されるようになると機密性の高い情報も知り得るようになります。それだけに，機密を漏らさないように十分気を配る必要があります。

●機密保持に関する基本事項

　機密を保持するためには以下のことに留意します。

◆何が機密事項なのかを知る。

　　◎機密事項とそうでないものを的確に判断することが重要。機密には，上司や上司の上役など限られた人しか知らない機密事項や部署外に漏らしてはいけない機密事項，社外に漏らしてはいけない機密事項があることを心得ておく。

◆機密書類の取り扱い方を心得ておく。

　　◎保管や廃棄の仕方，郵送や配布の仕方，コピーする際の注意事項などを心得ておく。

◆機密事項は積極的に保持する姿勢を貫き，家庭内や電車内などで話題にしない。

*1）臨機応変＝状況に応じて適切な対応をすること。
*2）機転＝何かあったとき，とっさに判断して適切な行動をとるなど機敏に心が働くこと。

序章
受験対策
基礎知識

第1章 必要とされる資質

第2章 職務知識

第3章 一般知識

第4章 接遇 マナー・

第5章 技能

第6章 面接

終章 模擬試験

◆機密について聞かれたら，「知る立場にない」ことをはっきり告げる。

◎例えば，他部署の上役などに聞かれた場合でも，「知っているが，立場上言えない」といった話し方をしない。「申し訳ございませんが，知る立場にはおりませんので，私には分かりかねます」などと話し，「知らないから話すことができない」という立場を貫く。

◆機密を守るという理由で交際範囲を狭めない。

◎機密事項をうっかり話すことを恐れて，あるいはしつこく聞かれるのを避けるために，社内での交際範囲を制限したり人間関係を希薄にするようなことをしてはいけない。秘書は，積極的に社内の多くの人とコミュニケーションを取るようにしなければならない。

● 上司の動向や私事に関することも「機密事項」と心得る

上司の自宅の住所・電話番号などのプライベート情報や上司の出張先なども「機密事項」と心得，友人だと名乗る人や懇意にしている取引先の人にうっかり教えたりしないように注意します。

次のようなことは，軽々しく漏らしたりしてはいけません。教える場合は，必ず上司の許可を得るようにします。

◆上司の動向に関すること。

◎出張・外出先，および面談の相手。

◎会合・会議とそのメンバー。

◎接待ゴルフや飲食会，およびそのメンバー。

◆上司の私事に関すること。

◎家族に関する情報。

◎入院や持病など，病気に関する情報。

◎交友関係の情報や個人的な行動に関する情報。

◎自宅の住所，電話番号，携帯電話番号，E-メールアドレスなどの個人情報。

● 機密を守るよう指導する

上級秘書は，機密を守るよう新人や後輩などに指導する立場にありますが，その際，何が機密事項なのか，なぜ漏らしてはいけないのかを分かりやすく説明する必要があります。以下の点に留意して指導しましょう。

◆機密事項の基本を教える。

◎新製品や企画情報，合併情報，業務提携情報など，進行中や未発表の情報は全て機密事項となること。

◎上司の動向やプライベート事項も機密事項に含まれること。

◆機密が漏れた場合の影響を教える。

◎新製品開発情報が漏れると，ライバル会社に先手を打たれるなどして会社の不利益になる。

◎マスコミに漏れると，進行している合併や業務提携などの話が中止になることもある。

◎機密事項が漏れることで，株価に影響を与えるなど社会的に重大な影響をもたらす。

◆社員には守秘義務があることを教える。

◎社員には立場上知り得た機密を守る義務があること。

◎機密を外部に漏らした場合，刑事罰が課せられることもある。

◎機密を漏らして会社が損害を受けた場合，会社から損害賠償を請求されることもある。

ミスへの対応

誰でもミスをするものですが，自分がミスした場合，上司がミスした場合それぞれの対応を心得ておきます。

●自分や自分が任せた後輩がミスした場合の対応

自分がミスしたことを上司に指摘されたときは，言い訳などしないですぐに素直に謝ります。そして二度と同じ間違いをしないように原因を調べ，それを防ぐ対策を実施するようにします。

また，自分が後輩に依頼した仕事にミスがあり，それを上司に指摘されたときも，自分のミスとして対応します。上級秘書になると後輩に仕事を任せることも多くなりますが，自分が任せた以上は後輩のミスも自分の責任になります。同じように，秘書が外部の人や会社に迷惑や損害を与えた場合，上司は自分のミスとしてその責任を取ることになります。

ミスをしたときは，具体的には次のような対応をします。

◆自分がミスをしたとき。

①すぐに「申し訳ありませんでした」とわび，言い訳はしない。

②わびた後は，「これからはこのようなことがないように注意いたします」と反省の言葉を述べる。

③ミスの原因を突き止めて再発防止策を考え，対策を実施する。

序章　受験対策
基礎知識

第1章　必要とされる資質

第2章　職務知識

第3章　一般知識

第4章　マナー・接遇

第5章　技能

第6章　面接

終章　模擬試験

◆任せた後輩がミスをしたとき。

①自分のミスとして受け止め，上司に対しては「自分がミスをしたとき」の①，②の対応をする。

②後輩には，ミスの原因はどこにあったのか一緒に考えるように話す。

③後輩に対する指示ミスや指示の出し方に不適切なところがあれば反省し，後輩にもそのことに対してわびる。

④ミスの原因が後輩の仕事の仕方にあることが分かったら，同じ失敗をしないように二人で防止策を考える。

● 自分に責任がないミスへの対応

秘書は他の人が集計した数字や，他部署から渡されたデータを基にグラフや表組を作成することがありますが，基になる資料が間違っていたために，結果的に作成ミスになり，上司から注意を受けることがあります。秘書にしてみれば自分に落ち度があったわけではないので，上司の指摘に対してそのことを言いたくなるのは人情でしょう。しかし，そのような場合でも，秘書は指摘されたことに対して言い訳をせず，すぐわびるようにします。秘書の本来の役目は，上司を補佐することです。自分の責任でないことを明らかにするために無用な時間を使ったり，そのことでさらに上司を煩わせるのであれば，本来の補佐業務を果たしていないことになります。上司の勘違いについて説明する必要があれば，後日，何かの折に話すようにすればよいでしょう。

● 上司のミスへの対応

上司のミスに対しては，秘書はその状況に応じて適切な対応をしなければいけません。

上司が作成した文書などで誤字脱字があったら，上司に確認して訂正するのが基本です。ただし，固有名詞の誤記など確認するまでもない明白なミスは，秘書が処理して済ませます。

また，上司の勘違いによる指示ミスなどに対しては，「～ではありませんか」とミスを指摘するような言い方をするのではなく，「私の聞き違いではないかと思うので，確認させていただきたいのですが……」などと前置きしてから尋ねる配慮が大切です。

上司のミスに対しての基本対応は以下のようになります。

◆自分勝手な判断で処理しない。

◆上司に確認し，指示に従う。

◆ミスを指摘するような口調は禁物。「私の聞き違いではないかと思いますが……」といった謙虚な態度で切り出す。

身だしなみの心得

　身だしなみとは，身の回りについての心がけのことで，人に不快な印象を与えないように，髪や衣服などの身なりを整えるとともに，礼儀作法を身に付けて言葉や態度をきちんとすることです。

　秘書としては，誰に対してもよいイメージを与えて会社や上司の評価を上げようと努める姿勢が求められます。そのためには，身なりだけでなく，言葉遣いや態度にも気を配り，常に洗練された身だしなみを心がける必要があります。

●秘書が服装に気を配る理由を心得ておく

　秘書は服装などに気を配らなければなりませんが，それには以下のような理由があることを心得ておきます。

　　◆秘書の装いが与える印象は，会社や上司のイメージにつながる。

　　　　◎秘書の装いのセンスがよいと，会社や上司に対するイメージもよくなる。

　　◆感じのよい装いは，来客に好感を与える。

　　　　◎好感を抱いてもらえば，仕事が円滑（えんかつ）に進む。

　　◆服装によって，仕事に取り組む姿勢が評価される。

　　　　◎ビジネスの場にふさわしくないカジュアルな装いでは，仕事に対する信頼性を欠くことになりかねない。

　　　　◎機能的でない服装は活動を妨げ，仕事に対する姿勢が疑われる。

　　◆装いは立ち居振る舞いに影響を与える（女性秘書の場合）。

　　　　◎大きなイヤリングなどは電話応対の際に邪魔になる。

　　　　◎短過ぎるスカートやハイヒールなどは立ち居振る舞いに支障が出る。

●秘書の装いの基本を押さえる

　秘書の装いの基本は次のようなことです。

　　◆清潔感があることを第一とする。

　　　　◎清潔感がある装いは，人に爽やかな印象を与える。

　　◆華美な服装は控える。

　　　　◎秘書が接する関係者は年配者も多いため，そのような人たちにも好印象を持たれる装いを心がける必要がある。

　　◆職場との調和を考える。

　　　　◎他の社員や職場の雰囲気と違和感がなく調和していることが大切である。

　　◆機能的であることを重視する。

　　　　◎仕事がしやすく，立ち居振る舞いに支障がない装いを心がける。

序章　受験対策・基礎知識　第1章　必要とされる資質　第2章　職務知識　第3章　一般知識　第4章　マナー・接遇　第5章　技能　第6章　面接　終章　模擬試験

SELF STUDY 過去問題を研究し理解を深めよう！

POINT 出題 CHECK

　「上級秘書としての人柄と資質」に関する出題は少ないが，仕事に対する向上心や寛大な心を持つという部分はよく理解しておきたい。「機密を守る」では，世話になった他部署の上役に機密事項を聞かれるなど，断りにくい状況が設定されることが多いが，相手が誰であっても「機密事項は漏らさない」が鉄則である。また，上司の健康状態や上司の動向などは，関係者以外に教えてはならない機密事項であると心得ておく。上司の仕事の進捗状況や動向に関しても同様だが，「例の契約はうまくいったのか」と上司が懇意にしている取引先の部長に聞かれたり，「○○への出張なのか」と何げなく他部署の上役に出張先を聞かれる……といった状況設定にも惑わされないように注意。「ミスへの対応」では，自分のミスはもちろんのこと，自分に責任のないミスを指摘された場合も，「まずわびて，言い訳をしない」というポイントを押さえておく。「身だしなみの心得」では，身だしなみとはどのようなことかを押さえておくとともに，「なぜ服装に気を使わなければならないのか」，「どのような服装を心がければよいか」について，三，四項目ほど箇条書きで記述できるようにしておきたい。

❊ 機密を守る

　人事部長秘書Aは，入社のとき世話になった営業課長に呼ばれ，「営業部長が代わると聞いたが，誰になるのか教えてもらいたい」と言われた。このような場合，Aは営業課長に，どのように対応すればよいか。その言葉を答えなさい。

〔解答例〕
「申し訳ございませんが，知る立場にはおりませんので，私には分かりかねます」
　秘書が仕事上で知った事柄を，外部に漏らしてならないことは秘書の仕事の基本である。従って，世話になった営業課長であっても，機密を話してはいけない。世話になったことと，機密を話すこととは別問題である。ただし，相手は営業課長なので，単に「知らない」と応じるのではなく，期待に沿えなくて残念だという意味で「申し訳ございませんが」と一言わびの言葉を添える配慮が必要である。

✳ ミスへの対応

　秘書Aに会議から戻った上司が，資料を作成したのは誰かと強い口調で尋ねた。数字の集計の仕方が指示と違っていて，説明するときに困ったのだという。資料は上司の部下（田村）が集計し，Aが清書したものである。このような場合Aは，集計は田村が行ったと答えてからどう対応するのがよいか。

○　①清書をしたのは自分だが迷惑をかけて申し訳ない，以後注意すると言う。

×　②自分が清書をしたのだが気付かなくて申し訳ない，後で田村からもわびさせると言う。

×　③清書をしたのは自分だが，今後は清書の前に見せるのでそれでよいか確認をしてもらいたい，と言う。

> ①資料を作成したのは田村とAだが，清書したAも指示との違いに気付かないといけない関係にある。上司からみればどちらも資料の作成者である。ここはAも田村も注意されたことになるのだから，田村のことは言わずに迷惑をかけたことを謝るだけということになる。②田村のことに言及する必要はない。③注意されたのにわびの言葉がない。また，今後の対策として「清書の前に見せる」と言っているが，それは上司を煩わせることになる。指示通り仕事をすれば済むことなので，ここでは，今後同じ間違いをしないように注意すると反省の言葉を述べなければならない。その後，田村と一緒にミスを引き起こした原因を調べ，間違いのない仕事の仕方について検討することになる。

✳ 身だしなみの心得

　秘書は身だしなみに気を配らないといけないと言われることがあるが，それはなぜか。理由として考えられることを箇条書きで三つ答えなさい。

> 〔解答例〕
> 1.　秘書の印象は上司や会社のイメージに影響するから。
> 2.　立ち居振る舞いにも影響するから。
> 3.　仕事への心構えの表れだから。

CHALLENGE 実問題

難易度 ★★★☆☆

兼務秘書Aが上司に郵便物を渡しに行こうとしたところ，同僚Cが上司から注意を受けていた。AはCに頼まれて一緒に仕事をしたが，その仕事のことで注意されているようである。このような場合，Aはどのようにすればよいか。次の中から適当と思われるものを一つ選びなさい。

1) 一緒にした仕事のことのようなので，何が悪かったのか，その場で上司に尋ねる。
2) 注意されているのはCなので，上司に断ってからCに自分に関係することかと尋ねる。
3) 自分にも関係することかもしれないので，上司から何か言われるまで，その場で待つ。
4) 一緒にした仕事であってもCが注意されている場なので，郵便物は後にすることにして自席に戻る。
5) 上司が注意をしているのでその場は引き下がり，後で郵便物を渡すとき，どのような注意だったのかを上司に尋ねる。

2 難易度 ★★★☆☆

秘書Aは，受付の担当として配属された新人Bの机上がいつも整理整頓されていないので注意することにした。このような場合，どのようなことを言うのがよいか。箇条書きで三つ答えなさい。

【解答・解説】1＝4）AはCに頼まれて仕事をしただけだから，そのことで上司から注意を受けることがあるとすれば，Cが受けることになる。このような場に出合ったら，自席に戻るのがCに対する気遣いということである。
2＝〔解答例〕
　　1. 受付は人目につく場所なので，常に整理整頓に気を使うこと。
　　2. 受付は会社の顔のようなものだから，整理整頓されていないと会社のイメージに影響する。
　　3. 整理整頓をしていないと仕事の処理に時間がかかったり，ミスの原因になったりしかねない。
　受付は会社にとってどのような場所かを教えて，整理整頓していないとどのような不都合があるかを言うことになる。解答例の他に，「受付の机上が整っていないと，Bの性格もだらしないと思われ信頼してもらえなくなる」などもよい。

Lesson ② 仕事を遂行する能力

CASE STUDY

あなたなら どうする？

時間が取れれば部長に相談したいことが……

疲れて帰るところに部下が来たが……

▶ 秘書Aの上司（部長）は，このところ忙しかったためか疲れているようで，「今日は帰るかな」とつぶやいているのが聞こえました。今午後3時ですが，この後に予定は入っていないので，Aは上司が早めに退社できるように準備していました。そこへ課員が，「時間が取れれば部長に相談したいことがあるのだが……」と言ってきました。このような場合，Aは課員にどのような対応をすればよいのでしょうか。

対処例 ○△×?…

上司が疲れているという事情を説明し，これから退社してもらうところだと言って引き取ってもらえばよいでしょう。

スタディ 💡!!

上司は疲れている様子で，早退する意向のようです。取引先や上司の上役に対しては，Aの独断で対応できることではありませんが，相手は課員で「時間が取れれば」と言っています。急いでいるわけではないので，ここは課員に事情を話して引き取ってもらうのが，適切な対応ということになります。

📁 高度な判断力

秘書に求められる基本的な能力として，「記憶力」，「判断力」，「表現力」，「行動力」，「理解力」，「洞察力*1)」などが挙げられますが，上級秘書としては，特に「高度な判断力」が求められるようになります。

ワード Check!

*1) 洞察力＝直観や観察力で人が気付かない物事の本質を見抜く力。

序章 受験対策基礎知識／第1章 必要とされる資質／第2章 職務知識／第3章 一般知識／第4章 マナー・接遇／第5章 技能／第6章 面接／終章 模擬試験

●情報を把握し，瞬時に的確な判断を下す

　突発的な状況や急いで処理しなければならないケースなど，ビジネスの場では，瞬時に判断を下して行動しなければならないことが少なくありません。そのような場合でも，秘書は的確な判断をして早急に対応することが求められます。

　判断材料となる情報は押さえておき，どのようなケースでも適切に対応できるようにしておかなければなりません。

　　◆上司が在社中か外出中かを常に把握しておく。

　　　　◎社内にいる場合，「どこで（応接室，会議室，上役の執務室）」，「誰と（来客，上役，部下）」，「何をしているのか（面談，会議，打ち合わせ）」を把握しておく。

　　　　◎外出中であれば，「帰社の時刻」，「（告げられている場合は）行き先」を把握しておく。

　　◆仕事の所要時間や費用を押さえておく。

　　　　◎上司に仕事を指示されたときは，その仕事に必要なおおよその時間を算出し，指定時刻まで間に合うかどうか判断する。間に合わないと判断した場合は，誰かに手伝ってもらってよいか，許可を得る。

　　　　◎どれくらいの費用を要するか，おおまかな数字を把握しておく。

　　◆不明な点があった場合は，誰に聞けば最適な解決方法が得られるか，普段から社内外の情報ネットワークを把握しておく。

●上司の意向を柔軟に判断する

　一人で考え事をしたいときや忙しいとき，あるいは重要な面談や打ち合わせのとき，上司はよく「電話や来客は取り次がないように」と指示をすることがあります。しかし，言葉通り一切取り次がないような仕事の仕方では，秘書としての役割を果たしたことにはなりません。以下のことを考慮し，柔軟に判断して適切な対応をしなければなりません。

　　◆上司に取り次ぐ判断基準を心得ておく。

　　　　◎緊急性や重要度を考慮して判断する。

　　　　◎相手と上司との関係を考えて判断する。

　　　　◎儀礼的なことですぐ済む用件かどうかで判断する。

　　　　◎いつでも会える人かそうでないかで判断する。

　　　　◎遠距離からの来訪者かどうかで判断する。

　　◆取り次ぐ場合の具体例。

　　　　◎緊急の用事で来た部下。

　　　　◎家族からの緊急電話。

◎会長や社長など，上司の上役からの呼び出し。

◎取引先の転任・着任のあいさつ訪問。

◎紹介状を持っている来客。

◎上司の恩師や故郷の友人の訪問。

◆取り次ぐ場合の応対の基本をマスターしておく。

① 「取り次がないように」と上司が指示した理由（考え事をしたい，疲れている，重要な打ち合わせや会議をしているなど）が何であっても，「仕事が立て込んでいて」，「取り込み中で」などと応対する。

　　例）「ただ今，○○は取り込み中ですが，聞いてまいりますので，少々お待ちいただけますでしょうか」

　　例）「ただ今，○○は取り込み中で，お目にかかれないかもしれませんが，聞いてまいります。少々お待ちいただけますでしょうか」

② 上司に事情を話して取り次ぎ，会うかどうか指示を仰ぐ。

◆取り次いだが，上司が会えない場合の対応の基本を心得ておく。

① 来客が「代理の者でもよい」と言う場合を想定して，上司の代行者に事情を話し，代理で会うことができるかどうか確認しておく。

② 来客に，やはり上司が会えないことを伝えてわびる。

　　例）「申し訳ございません，やはり○○は，仕事が立て込んでおりまして，どうしてもお目にかかることができないとのことでございます」

③ 代行者が会える状況であれば，代理の者ではどうかと相手の意向を聞く。

　　例）「もしよろしければ，代わりに課長の○○がお目にかかる，ということではいかがでしょうか」

④ 代理の者でよい場合は，その対応をする。

⑤ 出直すという場合は，上司宛ての伝言があれば聞いておく。また，次の面会を希望する場合は，二，三希望日を聞いておき，後日こちらから連絡すると話しておく。その際，初対面の人であれば連絡先も聞いておく。

⑥ 最後に，先方の希望に沿えなかったことをわびる。

　　例）「せっかくお越しいただきましたのに，申し訳ございませんでした」

●事例研究をしておく

　瞬時に的確な判断を下すためには，過去の仕事の仕方を振り返り，ケースごとに事例研究をしておくことも大切です。それぞれのケースに対して，どのように判断し行動すればよかったのかを心得ておくと，迷うことなく適切な対応をすることができます。以下はよくあるケースですが，仕事の内容に応じて事例をピックアップし，それに合った適切な対応を考えていくことが大切です。

◆事例1：上司に指示された仕事をしているとき，上司の上役から仕事を頼まれた。

①上司に指示された仕事を期日までに仕上げるのに時間的に余裕があると判断し，上役の仕事を先に済ませた方がよいと判断した場合は，

1）上役の仕事を引き受ける。

2）上司に上役からの依頼の件を報告し，上役の仕事を先にすることの了承を得る。

3）上役の仕事をする。

4）上役の仕事を終えた後に，上司に指示された仕事を続ける。

＊上司不在の場合は，2）を飛ばし，必要があれば上司が戻ったときに報告して事後了承を得る。

②上司に指示された仕事を期日までに仕上げるのに時間的に余裕がないと判断した場合は，

1）取りあえず上役の仕事を引き受ける。

2）上司に上役からの依頼の件を報告し，どのようにするか上司の指示を仰ぐ。その際，「上役の仕事を先に済ませ，その後，誰かに手伝ってもらって期日までに仕上げるということではどうか」などと具体案を提示するとよい。

3）上司の指示に従う。

＊上司不在の場合は，2）で上役に事情を話して指示を仰ぎ，それに従う。その際，「代わりの人を手配する」などの案を示したり，自分が引き受けるようになった場合は，上司の仕事を誰かに手伝ってもらうなどして，できるだけ両方がうまくいくように努力する。また，上司が戻ったときに，必要があればその間の事情を話し，了承を得ておくようにする。

◆事例2：上司が急病で入院した。

①家族から電話を直接受けた場合は，

1）入院先と差し支えない範囲で大まかな状況を聞く。

2）上司の代行者（部長代理，課長など）か秘書課長に上司の入院の件と状況を要領よく報告する。

3）上司の予定で，当面支障がありそうなものについては，上司の代行者か秘書課長に相談して処理する。

4）その後については，上司の代行者か秘書課長の指示に従う。

②入院したという伝言を受けたら，3），4）を行う。

◆事例3：上司の不在時に，上司の上役が発信した回覧文書を受け取った。回答は今日中と期限が決まっていて，回覧順は上司が最初になっているが，上司の帰

社は終業30分前の予定である。

　◎このケースに対する対応は，次のどれでもよい。

　　☆上司が不在なので，回覧を最後にしてもらうよう上役の秘書に依頼する。

　　☆上司が帰社してすぐ読めるように回覧文書をコピーしておき，「回答は直接上司の上役にする」と上役の秘書に話しておく。

　　☆上司が帰社してすぐ読めるように回覧文書をコピーしておき，回覧文書には「上司が不在のため最後にしてもらいたい」と書いて，次に回す。

理解力，洞察力

　上級秘書には，さまざまな能力が求められますが，ここでは相手の話を聞いて考えていることを理解する「理解力」，言外に隠れている真意を見抜く「洞察力」について，再確認しておきましょう。

●相手の話をよく聞いて理解する

　相手を理解するためには，まず相手が話すことをしっかり聞くことが大切です。話の途中で，「こういうことを言いたいのだろう」と勝手に推測したり，ろくに話も聞かずに「早合点」することのないよう最後まで相手の話を聞いてから判断するように心がけましょう。また，誤解や思い込みのないように，知らない言葉を耳にしたら，聞き飛ばさないで意味を確認し，話の内容を正確に理解するようにしなければなりません。

●洞察力で上司の意向を理解する

　洞察力とは，直観や観察力で人が気付かないことを見抜く力のことですが，これは秘書に求められる大切な能力です。

　上司は，指示するときに大まかな話しかしないことがあります。特に，秘書が仕事に慣れてくると，「例の資料を用意してくれ」とか「あれ，どうなった」と主語を省いて指示したり尋ねたりするようになりますが，そのようなときにも，上司が意図することを洞察力を働かせて理解し，的確な対応ができなければ有能な秘書とはいえません。

　上司の意向を理解するために，次のようなことに留意します。

◆仕事の流れや話の流れから，「あれ」「あの」「例の」「この前の」などを推測して理解する。ただし，理解したことは推測なので，「○○でございますね」などと確認してから行動しなければならない。

◆現在進行している仕事や上司にとっての優先課題が何であるかを知っておく。

◆上司の最近の関心事や人間関係を熟知しておく。

序章　受験対策　基礎知識　第1章 必要とされる資質　第2章 職務知識　第3章 一般知識　第4章 マナー・接遇　第5章 技能　第6章 面接　終章 模擬試験

SELF STUDY

過去問題を研究し
理解を深めよう！

✒ POINT 出題 CHECK

　準1級では，仕事を遂行する能力として，判断力と理解力が重視されているが，判断力を問う出題が特に多い。「高度な判断力」に関しては，さまざまなケースを想定して「どのように判断して行動すればよいか」を検証しておくとよい。業務を行う上で求められる判断と対応の仕方を順序立てて整理し，その適切な対応法を確認しておく。また，試験では「応対する際の言葉」を書くように求められることがあるので，適切な接遇用語を身に付けておく必要がある。よく出題されるのは「（取り次がないように指示されているときの）不意の来客への対応」，「仕事が重なったときの対応」，「上司が急病になったときの対応」，「上司不在時の対応」である。これらのケースで適切な判断と対応の仕方を心得ておけば，その他の状況設定にも十分対処できるはずである。「理解力，洞察力」では，受験者が問題文をきちんと理解しているかどうかを問う出題が多い。問題文の読み落としがないように，隅々（すみずみ）まで注意深く読むことと，問われていることの鍵となるフレーズをしっかり押さえておくことがポイントとなる。

✼ 判断力 ①

　秘書Aが，部長の指示で明後日の会議の資料を作成していると，常務が「出張の礼状の下書きだが，清書を頼む」と原稿を持ってきた。このような場合のAの対処について，順を追って箇条書きで答えなさい。

〔解答例〕
1．常務から原稿を預かる。
2．部長に，常務からの依頼の件を話し，先に行うことの了承を得る。
3．礼状の清書をする。
4．3．を終えてから資料作成の続きを行う。
　明後日の会議資料なのだから，時間上の融通（ゆうずう）は利く。従って，礼状の清書程度の仕事はすぐできるので引き受けられる。引き受け方としては，今は部長の仕事をしている途中なのだから，了承を得てから行うということになるが，これを順を追って答える。

✳ 判断力 ②

秘書Aは出社すると上司（営業部長）が急病のため入院したという連絡が上司の家族からあったという伝言を受けた。このような場合，Aはどのように対処したらよいか。

○　①入っている予定で，当面差し支えのありそうなものについて，営業課長の指示を受けて処理する。

×　②すぐに病院に駆け付け，お見舞いとともに，上司から今後の仕事の処理についての指示を受ける。

> ①まずしなければならないのは，スケジュールの変更である。予約のある客や出席予定の会議などについて早急に調整して連絡を取らないと，相手に迷惑をかけることになる。その際，上司の代理である課長の指示を受け，それに従うことである。②急病で入院したのに，病院に行って仕事の打ち合わせをするなどは秘書のすることではない。

✳ 判断力 ③

秘書Aは上司（部長）が外出中，常務が部長全員に宛てて発信した回覧文書を常務秘書から受け取った。その回覧の順番はAの上司が最初で，文書には回答を記入する必要があり，今日中に回覧を終えるようにと期限がついている。このような場合，Aはどのように対処すればよいか。

○　①上司が帰社してすぐに回答できるようにコピーを取り，回答は常務へ直接すると常務秘書へ連絡しておく。

×　②回覧には順番があるので受け取っておき，上司が帰社して回答した後，回覧文書に「至急」と書き入れて次に回す。

> ①常務への回答は口頭でも表明することができる。上司が帰社してからコピーを読み，直接常務に回答してもよい。もし，回覧文書に直接記入したり押印する必要があれば，上司がコピーを読んでいる間に秘書が回覧文書を取りにいけばよい。②上司の帰社を待ってから回覧したのでは，今日中に回覧が終わらないかもしれないと判断しなければならない。文書に「至急」と書いても，他の部長たちも外出していれば対応できない。

✳ 理解力

秘書Aが，新しく就いた上司から「前の上司はどのような人だったのか」と尋ねられ，話したことである。

○　①嗜好品について。

○　②生活スタイルについて。

×　③前の上司に対して望んだこと。

> ③「どのような人だったか」と質問されているのに，自分が望んだことを話しては，話の内容を理解していないことになる。

CHALLENGE 実問題

1 ┃難易度 ★★☆☆☆

　部長秘書Ａが出社すると上司から電話があり，「体調がよくないので病院に寄るが午後には出社する」と言われた。そのような折，取引先のＴ氏から上司宛てに電話が入り，上司が出社していないことを言うと，「昨日の電話では朝から出社していると言っていたがどうかしたのか」と尋ねられた。このような場合，ＡはＴ氏にどのようなことを言うのがよいか。その内容を簡単に答えなさい。

2 ┃難易度 ★★★☆☆

　秘書Ａが朝出社すると，今日の昼ごろ出張から戻る予定の上司（部長）から，「飛行機の欠航で帰社が夕方になる」と電話があった。上司は今日，午後２時から部長会議，夜は業界団体の会合に出席の予定になっている。次は，このときＡが行った対処の仕方である。中から不適当と思われるものを一つ選びなさい。

1) 部長会議の担当部長の秘書に連絡し，事情を話して上司は欠席するのでよろしくと伝えた。
2) 業界団体の会合には出席できそうなので，事務局に電話して，出張から帰ってすぐ出席すると伝えておいた。
3) 不意に訪れた上司の友人に，上司は夕方に戻るがその後に予定が入っている，と事情を話して出直してくれるように頼んだ。
4) 上司と打ち合わせがしたいと言ってきた上司の部下に，上司の帰社は夕方になり，その後に予定があるがどうするかと尋ねた。
5) 上司に相談したいことがあるので今日面談したいという取引先からの電話に，今日は立て込んでいるので難しいと思うと言って承知してもらった。

1＝〔解答例〕
　　急用のため午後から出社することになった。出社したらこちらから連絡させてもらう。
　　取引先には上司の体調がよくないことを言わない方がよいのだから，当たり障りのない「急用」などと言って対応することになる。「出社したら連絡する」という気配りも必要ということである。
【解答・解説】2＝2）上司の帰社予定が変わったのだから，それに伴って予定に変更が出れば対処が必要となる。業界団体の会合は，夜なので間に合うであろう。遅れたり欠席したりすることになれば連絡するが，予定通りであれば連絡の必要はないので不適当ということである。

Lesson ③ 新人秘書や後輩秘書の指導

CASE STUDY

あなたなら
どうする？

上司の指示を受けるときは……

指示の受け方・確認の仕方の指導法は？

▶秘書Aは上司から，「新人Bに指示の受け方や仕事の確認の仕方を具体的に指導するように」と指示されました。この場合，AはBに，どのようなことを言えばよいのでしょうか。三つ挙げてください。

対処例 ○△×?…

　以下のことに重点を置いて教えればよいでしょう。
1. 指示を受けるときはメモを取る。
2. 不明な点や疑問点は曖昧にせず，尋ねて確認する。
3. 重要な箇所や数字は，間違いがないように最後に復唱して再確認する。

スタディ 💡!!

　上司の指示を確実に遂行(すいこう)するためには，忘れたり，勘違いしないように要点をメモすることが重要であると教えます。次に，不明な点や疑問点があれば，そのままにしないで質問し，正しく指示を理解することを教えます。その際，その都度質問するのではなく，指示の最後に，あるいは一段落ついたところでまとめてするように指導します。また，指示を理解したら，重要な点や数字などは最後に復唱して確認するように教えます。
　対処例の他に，「急がないと言われても大まかな期限は必ず確認する」，「仕事が終わったら，指示通りにできているか確認する」などもよいでしょう。

📁 秘書の特性について教える

　上級秘書は，新人秘書や後輩秘書を指導する役割を担っており，具体的な仕事の仕方を指導するとともに，職業人としての自覚や秘書としてのあるべき姿を教える立場にあります。指導の際には，特に「上司の補佐」とは何かを徹底して教えることが大切です。営業などと違い，「自分の努力の成果は直接自分の実績と

なるのではなく，上司の成果として結実していくこと」，つまり「秘書の仕事は上司の期待に応えることで評価されること」を十分に理解させる必要があります。

指導に際しては，以下のようなポイントを押さえておきます。

◆秘書としての立場や心得を理解させる。

「秘書は上司の雑務を引き受け，上司が本来の仕事をスムーズに行えるように補佐するのが仕事である」など。

◆上司の人間性を理解して補佐することの重要性を分からせる。

「性格や価値観が異なるさまざまな上司がいるので，それぞれに合わせた補佐が重要である」など。

◆職業人としての自覚を持たせる。

「あいさつやマナーを身に付け，ビジネスの場での装いや立ち居振る舞いを心得る」など。

◆機密を守らせる（Lesson1の項目「機密を守る」を参照）。

「何が機密なのか，なぜ漏らしてはいけないかを理解し，機密を守るための方法を知っておく」など。

「なぜそうするか」について教える

新人秘書や後輩秘書を指導するとき，単に「このようにしなさい」と指示するのではなく，「なぜそうするのか」について話し，それを理解させることが重要です。特に，他部署からの異動で初めて秘書の仕事をする新人や途中入社で配属された秘書経験がある新人などは，それまでの仕事の仕方が身に付いているため，中途半端に指摘されても，自分のやり方が「なぜ」否定されるのか理解できないでしょう。指導するときにはそのことに十分留意する必要があります。

●事例研究をしておく

指導に当たっては，次のようなケースごとに基本的なポイントを押さえておくようにしましょう。

◆新卒採用で配属されたケース。

◎新卒者はまだ学生気分が抜け切れず，昼休みなど学生言葉で話すことがある。その場合は，次のような手順で指導するとよい。

①ビジネスの場での会話はいつも誰かに聞かれていると考えなければならない。例えば，社員食堂や会社周辺のレストランには取引先など関係者がいることもある。また，誰かが電話している場合，受話器を通して話し声が漏れ聞こえることもある。従って，どのようなときも，どのよう

な場所でも気を抜かず，社会人として恥ずかしくない言葉遣いをしなければならない。

②特に秘書は，関係者と上司の橋渡しをするパイプ役として多くの人と接することになる。そして，秘書の言葉遣いの良しあしはそのまま会社や上司のイメージにつながってしまう。

③普段から正しい言葉遣いをしていないと，うっかり学生言葉が出てしまって会社や上司のイメージを落としてしまうことになりかねない。

④従って，常に秘書としてふさわしい接遇用語や敬語，適切なビジネス用語を使うように努めなければならない。

◆他部署からの異動で配属されたケース。

◎仕入部や広告部など，取引先との関係が優位な立場にある部署では，来客に対する言葉遣いや立ち居振る舞いが粗雑になりやすい。そうした部署から秘書課へ異動した新人秘書は，指摘されても「今までそんな注意を受けたことはない」と態度を改めないことがある。その場合は，次のような手順で指導するとよい。

①仕入部と違って，秘書課は秘書の立ち居振る舞いや言葉遣いが上司や会社のイメージに影響を与える部署である。

②従って，イメージを悪くするような言葉遣いや立ち居振る舞いには十分注意しなければならない。

③仕入部は，仕事の性質上，取引先より優位に立った仕事の仕方をすることもあるので，多少粗雑な話し方をしても許される雰囲気がある。従って，これまで注意されることもなかったのだろう。しかし，今は秘書になったのだから，秘書としてふさわしい言葉遣いや立ち居振る舞いをしなければならない。

◆中途採用で配属されたケース。

◎中途採用で秘書経験者が配属された場合，よく問題になるのは，前の会社でのやり方を押し通そうとして課内の不和を招くケースである。その場合は，次のような手順で指導するとよい。

①会社によって仕事の仕方は違うので，前の会社のやり方を押し通すのではなく，この会社のやり方に早く慣れてほしい。

②前の会社のやり方にもよい点があると思われるので，この会社のやり方に疑問を抱いたり，よい提案があれば前もって話してほしい。

③分からないことが出てきたら，何でも自分に聞いてもらいたい。

序章 受験対策 基礎知識

第1章 必要とされる資質

第2章 職務知識

第3章 一般知識

第4章 マナー・接遇

第5章 技能

第6章 面接

終章 模擬試験

SELF STUDY

過去問題を研究し理解を深めよう！

 POINT 出題 CHECK

　新人秘書や後輩秘書の指導に関しては，「新卒新人秘書の指導」，「後輩秘書同士の不和」，「中途採用の秘書経験者の指導」などについての問題が出題されている。選択肢から選ぶ問題だけでなく，「具体的な指導方法」を記述する問題もあるので，ケースごとに指導手順が書けるように学習しておく。①なぜ，そうしなければならないか，②従ってそうしてはいけない，という順で述べ，必要に応じて，①の後に「なぜなら～であるから」，②の後に「つまり，このようにしなければならない」などを加えるとよい。

✎ 新卒新人秘書の指導

　秘書Aのところに新人Bが配属になった。Bは学生のような言葉遣いをすることがあり，仕事に対して自覚に欠けるのではないかと思われる。そこで注意をしたところ，「秘書課長から何も言われたことはない」と言って改めようとはしない。

○　①Bに「課長に何も言われなくても，自発的に言葉遣いを改めないと，いつまでも一人前の秘書にはなれない」と言う。

×　②課長が気にしていないとしたら，自分がそれほど神経質になる必要もないので，気が付いても何も言わない。
　　②学生のような言葉遣いをして，仕事に対して自覚が足りないと思うのであれば，何らかの方法でそれを指導するのが先輩としての責任である。

✎ 後輩秘書同士の不和

　秘書Aは後輩Bから，会社を辞めたいのだがと相談を受けた。原因は同僚Cと気が合わないからだという。これから忙しい時期を迎えるので，今Bに辞められては困る。

×　①「今，辞められては困るので，Bと気を合わせてやっていくようにCを説得してみるからしばらく待ってくれないか」と言う。
　　①気が合う合わないは本人の問題であり，Aが説得して解決する問題ではない。それより，どの職場に行っても気の合わない人はいると話し，気持ちを切り替えて仕事に前向きになるように促す方が効果的。

CHALLENGE 実問題

序章　受験対策 / 基礎知識

第1章 必要とされる資質

第2章 職務知識

第3章 一般知識

第4章 マナー・接遇

第5章 技能

第6章 面接

終章　模擬試験

1 難易度 ★☆☆☆☆

　部長秘書Aの勤務する会社では，各部署の部長秘書が部内の新人指導をしている。次は，その指導についてそれぞれが行っていることである。中から不適当と思われるものを一つ選びなさい。

1）A ── ミスの多い新人には，今までのミスについて時折話題にしてミスの確認をさせている。
2）B ── 返事やあいさつをしっかりとせず，しても声が小さい新人には，注意するだけでなく模範を示している。
3）C ── 仕事で漏れの多い新人には，一度に多くの仕事を与えないようにし，簡単な指示でも必ず復唱をさせている。
4）D ── 部内の人となかなか打ち解けられないでいる新人には，雑談などをしている輪に誘ってみるようにしている。
5）E ── 同じことを何度も尋ねてくる新人には，すぐに答えてしまわずにどこがどのように分からないかを説明させている。

2 難易度 ★★☆☆☆

　秘書Aの下に，前の会社で秘書の経験があるという年上のKが配属された。Aは後輩から，「Kは前の会社ではこうだったと仕事のやり方に口を出すので，とてもやりにくい」と言われた。Aも同様に感じていたため，Kに注意することにした。このような場合どのようなことを言えばよいか。次の中から不適当と思われるものを一つ選びなさい。

1）前の会社の仕方にもよい点はあると思うので，取り入れたいことがあったら自分に話してもらいたい。
2）仕事の仕方の善しあしは入社年次の古い者が決めることなので，Kはここの仕方でやってもらいたい。
3）会社によって仕事の仕方が違うのは当たり前のことなので，前の会社のことは当分言わないでもらいたい。
4）仕事に対して問題意識が高いのはいいことだが，後輩に言うと混乱するのでそういう話は自分にしてもらいたい。
5）仕事の仕方は取りあえずこの会社の仕方に従ってもらいたい。分からないことは何でも自分に聞いてもらいたい。

【解答・解説】1＝1）ミスの多い新人を指導するには，ミスの原因を探りその対処の仕方までを本人にしっかりと自覚させる必要がある。今までのミスについて時折話題にしても指導になっていないので不適当ということである。
2＝2）Kは前に秘書の経験があるから，今の仕事の仕方が気になって口を出すのだろう。しかし，Aの下に配属されたのだから，よいことは取り入れるにしてもそれはAの裁量で決めることだと理解させないといけない。入社年次の古い者が決めるというのは不適当である。

Lesson ① 来客・取引先への対応

CASE STUDY

あなたなら
どうする?

「秘書から見た上司の横顔」という特集を……

秘書を取材したいと申し込まれて……

▶秘書Aの上司(社長)が出張中，上司と懇意にしている業界紙の記者が訪れました。上司は出張中であると伝えると，「来月号で『秘書から見た上司の横顔』というタイトルで特集を組むので，あなたがインタビューに応じてほしい」と言います。このような場合，Aはどのように対処すればよいのでしょうか。

対処例 ○△×?…

　記者に，どのようなことを聞きたいのかを尋ね，「上司が出張から戻ってから返事をさせてもらいたい」と応じればよいでしょう。

スタディ 💡!!

　自分が取材を受けるのだからといって，勝手な判断で引き受けたり断ったりしてはいけません。取材を受けるのは秘書でも，会社名や上司の名前などが公表されるわけですから，上司の指示に従って返事をするようにしなければなりません。

📁 来客への対応

　秘書は受付で来客応対することがありますが，その際は誰に対しても公平に対応し，気持ちよく来客を迎えるようにしなければなりません。来客は顧客や取引先だけとは限りません。ときには寄付や広告依頼が目的で来社する招かれざる客もいます。しかし，そうした来訪者に対しても丁寧さを欠くような扱いをしてはいけません。上司から断るように言われている場合には，はっきりと断ることは重要ですが，わざわざ足を運んできた相手を思いやり，丁寧に応対するよう心がけましょう。

　受付業務は，新人秘書が担当することが多いので，上級秘書はそうした受付の心構えも指導しておくようにします。しかし，受付応対の指導をしていても，新人秘書が来客とトラブルを起こしてしまうケースも少なくありません。ときには，なぜ来客が怒っているのか分からず，新人秘書が対応に困惑（こんわく）している場面を目にすることもあるでしょう。そのような場合，上級秘書は，すぐ駆（か）け付けて新人秘書に代わって対応しなければなりません。

　受付で新人秘書がトラブルを起こした場合は次のような対応をします。

◆新人秘書が来客に注意を受けていた場合。
　　◎来客に対する対応。
　　　①来客にどのようなことなのか事情を尋ねる。
　　　②新人秘書の不手際や失礼をわびる。仮にこちらに非がなくても，来客に不愉快な思いをさせたことに対してわびる。
　　　③わびた後は，相手の意向を聞き，上級秘書がその後の対応をする。
　　◎新人秘書への対応。
　　　①なぜ来客が注意したのかを理解させる。
　　　②新人秘書に不手際があれば二度としないように反省させる。
　　　③失敗は誰にでもあることだから，落ち込んだりしないで前向きに取り組むように励ます。

取引先への対応

　取引先とは常に好ましい関係を続けていかなければなりません。しかし，上司が約束を忘れたり，無理な依頼をするなどして関係が必ずしもスムーズにいかなくなる場合もあります。そういうときに，秘書は上司をうまく補佐できるよう最大限の努力をしますが，その際，自らの領域を心得ておかなければいけません。あくまでも秘書の職務の範囲の中で最善の対応をすることが求められるのです。

　また，秘書は，日ごろ世話になっているからと，取引先から贈り物をもらったり，食事の誘いを受けたりしますが，そのような際，秘書のちょっとした言葉や態度が，先方に気まずい思いをさせたり，不愉快な気持ちにさせたりすることがあるのでくれぐれも注意しなければなりません。

●事例研究をしておく
　取引先と好ましい関係を保持していくために，よくあるケースをピックアップして，「どのようにすれば最善の対応になるか」研究しておくことが大切です。
　ここではいくつかの具体例を挙げてその対応例を示しておきます。

◆「今日中にもらえるはずの返事がまだ来ない」という苦情への対応。

　◎上司が返事をするのを忘れていたり，事情があって返事ができないケースが考えられる。上司が出張中，外出中などで不在の場合は以下のような対応をする。

　　①上司が不在であることを告げ，返事が遅れて心配・迷惑をかけたことに対してわびる。

　　②すぐ上司と連絡を取ることを話し，上司から直接連絡するとき，何時ごろどこに電話すればよいかを聞く。その際電話番号を確認しておく。また，何時までなら待ってもらえるかも聞いておく。

　　③上司とその時間までに連絡が取れない場合はどのようにすればよいか，次善の策としての希望を聞いておく。

　　④すぐ上司に連絡を取って事情を話し，指示に従う。上司が直接連絡する場合は，先方の希望時間と連絡先の電話番号を教える。

◆上司の指示で面会の申し込みを断る場合の対応。

　◎何らかの理由で上司が会うのを避けていて，「面会の申し込みは断るように」と指示されている人から面会の申し込みの電話を受けた場合の対応の仕方。

　　例）「申し訳ございません。あいにく○○は当分の間日程が詰まっております。せっかくのお申し出ですが，お時間をお取りすることは無理かと存じます」

　◎「上司から申し込みを断るように言われている」などとストレートに伝えては角が立つ。「上司の意向」とは無関係に，多忙で日程が詰まっていることを理由に断るのが最善である。

◆商談の結果について聞かれた場合の対応。

　◎上司の不在中，取引先から商談の結果について，何か聞いていないかと探りを入れられたときの対応の仕方。

　　例）「申し訳ございませんが，私は何も聞いておりません。○○が戻りましたらご返事をお待ちになっていると申し伝えます」

　◎仮に，商談の成否を聞いていたとしても，そのことを話したり，ほのめかすようなことを言ってもいけない。そのようなことをすれば越権行為になることを心得ておく。

◆上司の外出中，取引先の使いの人から上司宛ての書類を託されたときの対応。

　◎取引先の使いで，先方の秘書などが持ってきた書類を預かる際の対応の仕方。

　　例）「（承知いたしました）確かにお預かりします。私，○○の秘書

　　　　の××と申しますが，○○に何か伝えておくことはございませんでしょうか」

◎重要なことは，書類を受け取る際に「確かにお預かりします」と，責任を持って預かることを伝え，自分の身分を明らかにして相手に安心感を与えることである。また，上司に伝えることはないか確認するのは，このような場合の基本事項。

◆取引先から贈り物をもらったときの対応。

◎秘書は，日ごろ世話になっているお礼にと，取引先の部長などから贈り物を渡されることがあるが，その場合は以下のような対応をする。

①心遣いをしてもらったことに礼を言って受け取る。

　例）「お心遣いをいただきましてありがとうございます」

②仕事としてしていることなので，今後このような気遣いは不要であると言う。

　例）「仕事でしていることですので，今後はどうかこのようなお気遣いはなさらないでくださいませ」

③上司に，贈り物をもらったことを報告する。

◎このほか秘書は，中元や歳暮を個人的に贈られたりすることもある。いずれのケースも基本的には「気持ちだけいただく」という姿勢で応対するのが原則だが，せっかくの心遣いをむげに断るのも失礼に当たるので，社交儀礼の範囲内の品であれば，受け取っても差し支えない。受け取るときは素直に喜んで礼を言う。しかし，高価な品や現金は丁重に断るようにする。

◆取引先の部長などから会食に招かれたときの対応。

◎日ごろ世話になっている，いろいろと迷惑をかけているなどの理由で，会食に招かれることもあるが，その場合は以下のような対応をする。

①心遣いに礼を言う。

②仕事でしていることなので，今後このような心遣いは不要であると言う。

③受けるかどうかは即答せずに，「（日を指定された場合）先約があるが，調整可能かどうか後日連絡する」，「（都合のよい日をと言われた場合）いろいろと仕事が立て込んでいるので，後ほど連絡する」などと話し，保留にしておく。

④上司に，会食に招かれたことを報告する。

⑤先方に返事をする。

⑥会食をした場合は，翌日上司に報告をし，先方には電話でごちそうになった礼を述べておく。

序章　受験対策　基礎知識

第1章　必要とされる資質

第2章　職務知識

第3章　一般知識

第4章　マナー・接遇

第5章　技能

第6章　面接

終章　模擬試験

SELF STUDY

過去問題を研究し
理解を深めよう！

 ## POINT 出題 CHECK

　「来客への対応」では，上司の不在時に来訪したマスコミ関係者への対応，苦情を持ち込んできた客への対応，新人が来客に注意を受けている場合の対応などを押さえておく。マスコミ関係者への対応では，取材対象が自分であっても，必ず上司の指示に従うことがポイントになる。来客の苦情や新人への注意に対しては，来客の話を聞き，不手際をわびるという対応手順を押さえておく。「取引先への対応」では，取引先から贈り物をもらったとき，食事などの誘いを受けたときの対処の仕方を問う問題が多いが，いずれの場合も相手の心遣いに感謝することと，仕事でしていることなので以後心遣いは不要であることを告げるのが対応の手順になる。食事への誘いは，「上司の承諾を得てから応じること」も忘れないようにする。この他，取引先から商談の結果を聞かれた場合，取引先の秘書などから書類を預かった場合，上司からの返事がないと催促を受けた場合，面談の申し込みを断る場合などを想定して，それぞれ適切な対応を考えておく。

❋ 新人秘書が注意を受けたとき

　秘書Aが受付へ行くと，受付担当の新人Bが来客から何か言われていた。Bにミスがあって注意されているらしいが，Bはきょとんとしている。このような場合Aは，この場にどのように対応するのがよいか。順を追って箇条書きで三つ答えなさい。

　〔解答例〕
　1．来客に事情を尋ねる。
　2．不行き届きだったBの対応をわびる。
　3．以降の来客への対応はAが行う。
　　Bはきょとんとしているのだから，何がいけなかったのか分からないのであろう。とすればAとしては，Bに代わってこの場に対応しなければいけないことになる。解答例の他に，「Bは新人であること，今後気を付けさせると言ってBにもわびさせて許してもらう」などもよい。

❀ 食事に誘われたとき

秘書Aは，上司をよく訪ねてくる取引先のN氏から，「Aさんにはいつもお世話になっているので，そのお礼に食事に招待したい」と言われた。N氏の秘書も一緒だという。このような場合，AはN氏にどのようなことを言えばよいか。箇条書きで二つ答えなさい。

〔解答例〕
1. 誘ってくれた心遣いに礼を言う。
2. 自分がしているのは仕事としてなので，今後はこのような心遣いは不要だと言う。
　このような場合，食事に招待されたことを上司に報告しなければいけないので，解答例の他に「上司に相談して返事をさせてもらうと言う」などもよい。

❀ 商談の結果を聞かれたとき

秘書Aの上司（田中部長）が出張中，取引先の部長から上司宛てに電話があった。上司は出張中だと伝えると，「先日の商談の返事を待っているのだが，何か言われていないか」と尋ねられた。Aは上司から何も聞いていないが，その後の様子から商談はまとまりそうにないことが分かっている。このような場合Aは，申し訳ないと言った後取引先の部長にどのように言えばよいか。

○　①「私は聞いておりませんので，田中が戻りましたら，ご返事をお待ちになっていると申し伝えます」

✕　②「田中からは何も言われておりませんが，出張から戻り次第，こちらからお電話を差し上げるようにいたします」

　　このような場合は知っていても知らないことにするのがよい。②は，知らないことにしているのはよいが，出張から戻り次第電話するというのはよくない。上司が判断すべきことに秘書が立ち入ってはいけない。

❀ 来客が重なったとき

　秘書Aの上司（部長）のところへ，取引先のK部長が転任のあいさつに訪れた。同時に上司の親しい友人が，「近くまで来た。昼食を一緒にと思いちょっと寄ってみた」と言って訪れた。上司はAに何も言わず席を外しているが，特に用事はないはずなのですぐに戻ると思われる。このような場合，Aはどのように対処すればよいか。

○　①K部長は課長に取り次ぎ，友人には「上司は席を外しているがすぐに戻ると思う。待てるか」と尋ねる。

✕　②K部長を応接室に案内して「上司はすぐに戻ると思う」と言って待ってもらい，友人には「先客があるが長くはかからないと思う。どうするか」と尋ねる。

　　転任のあいさつは儀礼的なものだから，上司が不在なら課長に取り次げばよい。また，上司はすぐに戻ってくると思われるのだから，上司の友人には待てるなら少し待ってもらうという対処が適当ということである。

CHALLENGE 実問題

難易度 ★☆☆☆☆

　秘書Aの上司が出張中，上司と懇意にしている業界誌の記者が訪れ，「秘書から見た上司の横顔」という連載記事でAにインタビューをしたいという。このような場合，Aはどう対応するのがよいか。次の中から適当と思われるものを一つ選びなさい。

1）「普段の秘書業務で感じたことでよければ応じる」と言う。
2）「そのタイトルの範囲で答えられることは話す」と言って応じる。
3）記者に他の会社の秘書はどのような話をしたかを聞き，それらを参考にするのでよいなら応じると言う。
4）記者に上司のよい面を話し，話した内容の掲載について記者から上司の許可を取ってもらいたいと言う。
5）記者にどのようなことを聞きたいのかを尋ね，「上司が出張から戻ったら，返事をさせてもらう」と言う。

難易度 ★☆☆☆☆

　秘書Aは上司から，「Q社のZ氏に頼みたいことがある。面会の予約を取ってもらいたい」と指示された。このような場合，AはZ氏の秘書に電話をする前に，上司にどのようなことを確認しておけばよいか。箇条書きで三つ答えなさい。

【解答・解説】1＝5）上司の横顔についてのインタビューとは，上司はどういう人か，あまり知られていない一面を秘書が紹介するということであろう。このような内容は，秘書が勝手に話さない方がよいので，上司の確認を得てから返事をすると言うのが適切な対応となる。
2＝〔解答例〕
　　1．面会日はいつごろまでを希望しているか。
　　2．面会時間はどのくらいか。
　　3．おおよその用件。
　面会の申し込みだから，日程の調整などに必要なことが答えになる。解答例の他に，「同行者はいるか」などもよい。

Lesson ②2 上司への対応

CASE STUDY

あなたなら どうする？

この資料の基データは……と……？

何かお手伝いできることはございませんでしょうか？

仕事の違いに戸惑う新上司にどう対応する？

▶秘書Aの上司である営業部長が，K部長に代わりました。K部長は，総務部が長かったので，仕事の違いに戸惑っている様子です。このような場合，Aはどのように対応すればよいのでしょうか。

対処例 ○△×?…

秘書の方が営業部について知っていることも多いので，上司が気軽に尋ねられる雰囲気をつくるように心がければよいでしょう。

スタディ 💡!!

新しい上司が，慣れない仕事に戸惑っていたとしても，秘書が上司に「教える」というのは上下関係からいって適切ではありませんし，前の上司の仕事の進め方を話すようなことも秘書としてしてはならないことです。また，営業課長に業務について話すように働きかけたり，前の上司に事情を話して引き継ぎの徹底を頼んだりすることも，秘書の仕事の範囲を超えることになります。このような場合は，上司が業務についても秘書に気軽に聞けるような雰囲気をつくることが先決。それが秘書としてのよい気遣いといえます。

📁 上司を積極的に理解して対応する

秘書は，さまざまなタイプの上司がいることを心得ておかなければなりません。上司は，企業のトップマネジメントを引き受けているのですから，それにふさわしい経験や実力，見識を持っていて，社会的にも立派な人物と見なされています。しかし，遠大な構想や独創的な発想，確固たる信念を持っているだけに，頑固で

あったり，気難しかったり，あるいは，せっかちだったり，気まぐれだったりします。また，目まぐるしく変動する社会情勢に対応していくため気苦労も多く，急にいら立ち，声を荒げて部下に指示をしたり，自席で沈思黙考*1)を続ける……といった，秘書には理解し難い行動を取ることもあるかもしれません。

　しかしいずれにしても，上司にはその地位を得ただけの実力や立派な実績があり，本人もそれなりのプライドを持っています。従って秘書は，上司のプライドを損なうことがないように，秘書という立場をわきまえて仕事をするとともに，上司の性格やさまざまな状況に対応する際の上司の心情をよく理解した上で補佐するように心がける必要があります。

 ## 上司の真意を測って対応する

　秘書は上司と話をする際，上司が自分に何かアドバイスを求めているのか，感想や意見を聞いているのか，単なる独り言なのか，上司の真意を正しくつかんで的確に判断し，秘書の立場をわきまえて対応しなければなりません。単に感想を聞かれているのに，「このようにした方がいいのではないか」とアドバイスするなど，求められている以上のことを話してはいけません。また，上司を気遣うことも秘書の仕事ですが，「疲れているようだから以後の予定はキャンセルしたらどうか」と指示するような行き過ぎた対応がないように注意しなければなりません。アドバイスや感想・意見を求められたとき，あるいは上司への気遣いをするときは以下のことに留意します。

◆上司へのアドバイスの仕方。

　◎本来アドバイスは，経験豊富な人や専門的な知識を持っている人が経験や知識が乏しい人にするものなので，アドバイザーはともすれば上位に立って話しがちである。しかし，秘書は補佐役としての立場をわきまえ，「あくまでも私の考えですが，〜というのはいかがでしょうか」などと謙虚な話し方をしなければならない。

　◎アドバイスは，上司に求められた場合にのみするのが原則。求められもしないのに口出ししたり，知識をひけらかしたりしない。

　◎上司が求めなくても，アドバイスをした方がよいと判断した場合は，「〜するのはどうか」と提案するような言い方ではなく，「〜してもよいか」と伺いを立てるような言い方をする。

---

*1) 沈思黙考＝黙って深く考え込むこと。

例）急ぎの仕事を依頼した際，相手に忙しいからと断られたが，上司から
再度頼んでみるように指示された。上司としては，何とか相手の承諾
を得たいと気が急いているのだろうが，秘書としては，断られた直後
にまた電話を入れれば，先方は気分を害するに違いないと考えた。こ
のケースでは，すぐに電話を入れるのは上司にとっても得策ではない
が，かといって上司に「少し時間を置いた方がよいのではないか」と
言うのも不適切。「今は忙しそうなので，少し時間を置いてからでも
よいか」と伺いを立てるように助言しなければならない。

◆意見や感想を求められたときの対応。

◎上司から，前の上司や上司の部下，また他部署の課員の人物評などを求め
られることがある。そのような場合は，以下のような対応をするとよい。

☆前の上司やよく知っている人の場合は，できるだけその人のよい面を話
すようにする。

☆うわさでは聞いていても，実際には知らない場合は，「よく知らないので
分からない」と話す。

☆上司が，前の上司の悪い面を指摘し，秘書に感想を求めたときには，「あ
まりそのようには感じませんでしたが」などと述べ，できるだけその話
が続かないように心がける。

☆上司が，新人などの悪い面を評して，意見を求めたときは，仮に違う考
えを持っていても，上司の見解を肯定的に受け止め，新人の悪い点は指
導すると応じる。

◆上司の独り言への対応。

◎上司は，上役や他部署の部長，あるいは取引先の部長などへの不満を独り
言のように秘書に漏らすことがある。その場合は，「いろいろ大変ですね」
などとさりげなく応じるが，次のような応対をしてはならない。

☆上司に同調して悪口を言ったり，反論してはいけない。

☆「何かあったのか」とか「そのことは，直接本人に話した方がよい」な
どと立ち入ったことを聞いたり，言ったりしてはいけない。

◆上司への気遣い，上司からのねぎらいに対する心得。

◎上司の行動や様子を常に気にかけ，疲れているようであれば，飲み物を用
意したり，「何かできることがあればおっしゃってください」などと声をか
けるようにする。

◎上司から食事に誘われたら，残業などに対するねぎらいの気持ちからなの
で，心遣いに感謝するようにする。

SELF STUDY

過去問題を研究し
理解を深めよう！

✎ POINT 出題 CHECK

　「上司への対応」では，アドバイスの仕方や意見・感想を求められたときの対応について問われることが多い。上級秘書になると，上司に求められない場合にもアドバイスをした方がよいと判断する局面も出てくる。その際の留意点もしっかり押さえておきたい。意見・感想は「人物について聞かれる」ケースが多く，その対象として前の上司や上司の上役，他部署の部長や課員などが設定されているが，考え方の基本は，「よい面を話し，うわさなど不確かなことは話さない」，「上司の意見に反論するようなことを言わない」ということである。また，上司の独り言への対応では，「上司の言葉に同調したり反論したりしない」，「立ち入ったことを聞いたり話したりしない」ことがポイント。あくまでも「さりげなく応じる」ということを心得ておく。

❋ 上司へのアドバイス

　秘書Aは上司から，「T氏にお願いしたいことがあるので，面会の申し入れをしてもらいたい」と言われた。T氏に連絡すると，仕事が立て込んでいて予定が立たないと言う。以前にも同じようなことがあり，どうやら上司を避けている様子である。Aが上司に，T氏から断られたことを報告すると，もう一度連絡するようにとのことである。

× ①こちらからのお願い事なのだから，上司からT氏に直接連絡をした方がよいのではないかと言う。

× ②T氏は上司と会うことを避けているように思えるので，お願い事は控えた方がよいのではないかと言う。

○ ③T氏は忙しそうだったし，こちらからのお願い事なのだから，少し間を置いてから連絡してもよいかと言う。

　　①上司に電話しろというのは，秘書として補佐していることにはならない。②「願い事を控えろ」などは秘書が言うことではない。③T氏は予定が立たないと言っているのに，上司はもう一度と言う。が，今は断られたばかりである。秘書としては連絡しないといけないが，上司の意向がかなえられるようにと考えるのであれば，少し間を置いてからするなどがよい対応である。また，このようなアドバイスは伺いを立てる話し方がよい。

✳ 意見・感想を求められたとき ①

秘書Aは上司（人事部長）から，「営業部のS係長を知っているか。営業成績が抜群の好人物だと営業部長は言っていたが」と尋ねられた。AはS係長と直接話したことはないが，同僚から「S係長は裏表があって信用できない」と聞いたことがある。

× 　①S係長とは面識がないが，よくないといううわさを聞いていると言う。

× 　②営業成績はともかく，好人物かどうかは営業部員に確かめた方がよいと言う。

○ 　③S係長とは直接話をしたことがないので，どういう人かよく分からないと言う。

> ①うわさについては話さない方がよい。②うわさを根拠に「確かめた方がよい」などと話してはならない。また，上司は知っているならどのような人物と思うかと聞いているのであって，アドバイスを求めてはいない。

✳ 意見・感想を求められたとき ②

秘書Aは上司から，「営業部から異動してきたBは，私の見るところでは秘書向きではないと思うが，先輩秘書として，君はどう思うか」と尋ねられた。

× 　① 「Bが秘書に向いているかどうかは，人によって見方が違うのではないかと思う」と言う。

○ 　② 「営業と秘書とでは仕事の性格が違うので，Bにそこのところから教えていこうと考えている」と言う。

> ①人によって見方が違うと言うのは，上司の見方を否定していることになる。②上司の質問に直接答えてはいないが，言外に上司の言葉に同意して，今後の指導を課題にしていると応じるのはよい。

✳ 上司の独り言への対応

秘書Aが社内会議から戻ってきた上司（総務部長）にお茶を入れて持っていくと，「経理部長はせっかちだ。事前に打ち合わせてから意見を言えばよいのに」と独り言のようにAに言った。会議で何かあったらしい。

× 　① 「確かに経理部長にはそういうところがございますね」と上司の言葉に応じる。

○ 　② 「いろいろ大変でございますね，冷めないうちにどうぞ」とさりげなく上司の言葉に応じる。

> ①上司の言葉に同調して経理部長を批判してはいけない。秘書はそのような立場にないことを心得ておく。

CHALLENGE 実問題

1 　難易度 ★★☆☆☆

　秘書Aはざっくばらんな性格で誰からも親しまれている。そのAの上司が代わった。新上司はAと年齢が近く，秘書が付いた経験はないということである。このような場合，Aは秘書として上司にどのように対応するのがよいか。次の中から不適当と思われるものを一つ選びなさい。

1）年齢があまり変わらなくても自分は秘書なのだから，何でも言い付けてもらいたいと言うようにする。
2）ざっくばらんな性格は秘書向きではないと思われるので，親しまれるような態度は取らないようにする。
3）新上司も年齢が近いことで気を使うといけないので，自分から積極的にサポートを申し出るようにする。
4）身の回りの世話などは前上司にしていた仕方を話し，何も言われなければ前と同じ仕方でするようにする。
5）今までは自分から上司に気軽に話したこともあったが，新上司には様子を見ることにして，当分気軽には話しかけないようにする。

2 　難易度 ★★★☆☆

　総務部長秘書Aは，社員食堂の味が落ちたといううわさを耳にした。Aが上司にそのことを話すと，上司は近々自分で試食をしてみると言う。このような場合，Aは上司を気遣ってどのように言うのがよいか。次の中から適当と思われるものを一つ選びなさい。

1）自分が試食して報告をするので，部長が食堂に行くのはその後でよいのではないかと言う。
2）部長が食堂に行くと周囲が気を使うだろうから，料理を取り寄せて，ここで試食したらどうかと言う。
3）食堂のメニューを調べて教えるので，一般社員と同じように食堂で注文し試食してみたらどうかと言う。
4）食堂の人に理由を言って準備をしておいてもらうので，行く日が決まったら教えてもらえないかと言う。
5）食堂に行ったら，そこにいる何人かに集まってもらい，食事をしながら味についての感想を聞いてみたらどうかと言う。

【解答・解説】1＝2）ざっくばらんな性格で誰からも親しまれているなら，そのような面も生かして秘書業務を行えばよい。ざっくばらんさは度が過ぎると不向きと思われることもあるが，親しみは必要。従って，親しまれるような態度は取らないというのは不適当である。
2＝3）社員食堂の味の低下を上司が自分で確かめるということだから，実際に即した状況で試食しないと意味がない。このような場合の秘書の気遣いは，上司がスムーズに試食できるようにすることだから，メニューを事前に決められるよう3）のように言うのがよいということである。

Lesson ③ 社内関係者への対応

CASE STUDY

あなたなら
どうする？

上司の部下にミスをどう注意すればいい？

▶秘書Aの上司は提出された資料に目を通していましたが，ミスがあることに気付き，作成者（上司の部下）に注意しておくようにとAに資料を渡しました。この場合，Aは作成者に，このことをどのように伝えればよいのでしょうか。

対処例 〇△×?…

作成者に「上司が，この資料にミスがあると言っていたので，もう一度チェックしてもらえないか」とお願いする形で伝えればよいでしょう。

スタディ 🗲!!

上司から「注意しておくように」と言われたのですから，Aとしては上司の指示が伝わるように話します。しかし，Aは上司の伝達者として話すわけですから，「注意してください」とストレートに言うのではなく，「もう一度見直してもらえないか」などと表現を和らげて話すのがよいでしょう。またその際，ミスは，Aではなく上司が指摘したことを明確に伝える必要があります。そのことをはっきり伝えないと，Aが指示しているように受け取られてしまいます。

それぞれの関係を心得て対応する

秘書は，上司の上役や同格の役職者などとのパイプ役を果たすことになります。例えば上司が営業部長であれば，営業本部長，常務，専務，副社長，社長，会長は上司の上役になります。また，経理部長や総務部長，企画部長などの部長職は上司の同僚ということになります。課長や係長は上司より下位の役職です。秘書は，こうした役職者と上司との上下関係をしっかり心得て対応する必要がありま

す。例えば，上司が「誰も取り次がないように」と指示して自分の執務室に入っていた場合，同格の部長以下の人の内線電話や来訪は，急用でない限り取り次がないようにします。しかし，上司の上役から呼び出されたときは，急用であるかないかにかかわらず，上司に取り次いで指示を受けなければなりません。

社内の関係者には，以下のことに留意して対応するようにします。

◆上司の上役への対応。

　　◎上役の指示や命令は絶対なので，仕事を指示されたら取りあえず引き受け，上司に報告してその後の指示を受けるようにする。

　　◎上役の呼び出しがあれば，速やかに上司に取り次いで指示を得る。

　　◎上司が重要な会議や面談をしている場合は，その旨を上役に告げて指示を仰ぐ。

◆上司の同僚への対応。

　　◎相手と上司の仲がよくても悪くても，他の同僚に対するのと同じ態度で接するように心がける。

　　◎取り次ぎに関しては，上役を除く他の関係者と同じ対応をすることになるため，上司の指示通り対応する。

　　◎商談などの経過や結果を聞かれた場合，相手が商談について承知している場合は，あえて秘密にする必要はない。しかし，「うまくいったようだ」「状況はあまりよくないようだ」などおおよそのことは話しても，「詳しいことは知らない」と答えておく。

　　◎上司への批判に対しては，「自分はそのようには感じないが，それより何か急ぎの用ではないか」などと，話題をさりげなく仕事の方に向ける。

◆上司の部下への対応。

　　◎上司が部下のミスなどを指摘して，「注意しておくように」と指示された場合は，「上司からの指摘であること」を明確に伝え，ミスの訂正などは，秘書がお願いするように話す（「CASE STUDY」参照）。

　　◎商談などの経過や結果は，課長など関係者以外には話さないようにする。

　　◎上司への批判に対しては，同調したり反論したりしない。余計なことを言わずに，「さあ，どうでしょうか」などと，さらりとかわすのがよい。

　　◎自分が上司へ話して何とかすると請け合うなど，秘書が上司に対して影響力を持っているかのように振る舞ってはならない。秘書はあくまでも，上司と関係者との間の伝達者であることを心得ておく。

　　◎上司に部下を呼ぶよう指示された際，秘書が伝達役として出向いた場合は，部下からなぜ呼ばれたのかその理由を聞かれることがある。そのような場

合は，憶測を基に対応してはならないが，かといって，「理由は分からない」などとそっけない態度をとることも感心しない。本当に分からなければ仕方がないが，例えば，取引先のK社から発注の件で電話を取り次いだら，課長を呼ぶようにと指示を受けた……というような場合は，その事実は伝えてもよく，それが課長への心遣いといえる。それによって，課長はおおよその理由が分かるし，上司の質問に対して考えを整理するなど心の準備ができるからである。

◆同僚*1) への対応。

　◎人事情報など，一般社員に関わる情報をよく聞かれるので，うっかり機密を漏らさないように注意する。ただし，機密を守るためにと，同僚との交際範囲を狭めたりしない。

　◎秘書であることを意識せず，他の一般社員と同様に，誰とでも気軽に交際するようにする。秘書は企業のトップマネジメントに付いて仕事をするので，どこかで「他の社員とは違う」という意識を持ちがちだが，それが他の社員の反感を買い，いろいろと批判されたり，陰口を言われる原因になることもある。また他部署から秘書として配属された場合は，今までの同僚からこれまでとは違った目で見られることが多いので，以下のようなことを心がけておく。

　　①同僚と会ったらあいさつを欠かさず，誰に対しても気軽に話しかける。

　　②共通の話題を持つように心がけ，自分から積極的に話しかける。

　　③常に謙虚であることを心がけ，相手に優越感を持っていると思わせるような態度は絶対に取らない。

　　④プライベートな交際もこれまでと変わりなく続ける。

◆先輩秘書への対応。

　◎仮に相手が自分より年下であっても，敬意を表して接する。

　◎注意や指導を受けたときは素直にわび，教えに従う。

◆同僚秘書への対応。

　◎お互いの仕事をスムーズに進めるために協力し合える関係をつくる。

◆後輩秘書への対応。

　◎注意や指導をするときは，相手を思いやることを忘れない。叱るのではなく励ますように指導することを心がける。

　◎困ったときはいつでも気軽に相談するようにと声をかける。

*1) 同僚＝同じ職場で働く同格の仲間のこと。同僚秘書などとも使うが，ここでは，特に秘書ではない同格の一般社員のことを指す。

SELF STUDY

過去問題を研究し
理解を深めよう！

POINT 出題 CHECK

　「社内関係者への対応」では，上司の上役，上司の同僚や部下に対する対応が
よく取り上げられる。上司の上役への対応では，上役の指示や命令は最優先され
るという原則を押さえておく。上司の同僚に対する対応では，同僚がどのような
立場にいるのかなど設問の状況設定にも注意しなければならない。例えば，上司
から機密事項と口止めされている商談などを話すのは厳禁だが，事情を知ってい
る関係者に，商談などの経過や結果を尋ねられた場合には，差し支えない程度で
大まかなことを話すのは許容範囲とされている。上司の部下への対応については
さまざまな角度から出題されるが，上司の指示で部下のミスを伝えるケースは，
よく出てくるのでしっかりポイントを押さえておきたい。このほか，秘書の「出
過ぎた言動」に関する問題，上司が約束を破ったときの対応などが出題されてい
る。また，秘書と同格の同僚への対応では，秘書の職務の特殊性を理解した上で，
他部署の同僚とどのように付き合えばよいかを考えておく。一般社員の同僚から
秘書の職務を色眼鏡で見られないためのポイントを書かせる問題も出題されるの
で，箇条書きで三つ以上書けるように，それぞれのキーワードを押さえておくよ
うにしたい。

✳ 上司の上役への対応

　秘書Aが出社すると，上司（部長）は急用で出社が遅れるとの電話が入って
いた。そこへ社長室から，上司に「すぐ来てほしい」と呼び出しがあっ
た。

○　①上司は急用で出社が遅れることを伝え，「必要なら連絡を取ってみるが
　　どうか」と尋ねる。

×　②まず用件を尋ね，用件によっては，上司から出社が遅れるとの電話が
　　あったことを伝える。

　　　②上司の上役からの問い合わせである。上司は出社していないのだから，
　　　そのように言わなければならない。「用件によって」状況を伝えるという
　　　のは，上役に対する適切な対応になっていない。

✳ 上司の同僚への対応

秘書Aの上司（山田部長）が外出中，経理部長が訪れた。上司は外出中と伝えると，「この間山田部長からR社との商談のことを聞いたが，うまくいったのかな」と聞かれた。Aは上司から，「予想通りの結果でまとまった」と聞いている。

× ①「上司が戻ったら，結果を経理部長に知らせるよう伝える」と言う。

○ ②「詳しいことは分からないが，予想通りの結果でまとまったと聞いている」と言う。

　　「予想通りの結果でまとまった」と上司から聞いているのだから，②のように言うのが経理部長の心配に応えることになる。

✳ 上司の部下への対応

秘書Aの上司は最近忙しいせいか，イライラして部下に当たることがある。Aは部下の人たちに，どのように言ってあげるのがよいか。

○ ①部下に当たるというよりは仕事の忙しさへのいら立ちだろうから，あまり気にしない方がよいと思うと言う。

× ②用事があって上司のところに行ったとき，自分が近くにいるようにしようか，上司は少しは気にするかもしれないからと言う。

　　②自分が近くにいれば上司が少しは気にするだろうと言うのは，秘書が上司に影響力を持っているかのような印象を与えるので不適当。

✳ 同僚への対応

Aは営業部員から営業部長秘書に仕事が変わった。しばらくすると同僚から，秘書になってよそよそしくなったと言われた。Aは，自分では以前と変わっていないと思っていたが，同僚はそうは思わないらしい。このようなことを言われないようにするには，Aはどのようなことをすればよいか。箇条書きで三つ答えなさい。

　　〔解答例〕
　　1. 同僚と顔を合わせたら，どのような場合でもあいさつをしたり，ちょっと声をかける努力をする。
　　2. 世間話など，何か話をする機会を自分から求めるようにして，同僚と共通の話をする機会を減らさないようにする。
　　3. 雑談のときは，優越感を持っていると思わせるような仕事の話を絶対にしないようにする。
　　　同僚からよそよそしくなったと言われたのは，その同僚とは無関係になったというような態度を取っているからである。とすれば，意識して同僚との間が従来通りになるように努力すればよいということになる。

CHALLENGE 実問題

難易度 ★☆☆☆☆

秘書Aは新しく二人の常務に付くことになった。二人の常務はライバル意識が強く，お互いに相手の仕事や行動を気にしているようである。このような場合，Aは二人の秘書業務を行うに当たって，どのようなことを心がけなければいけないか。次の中から不適当と思われるものを一つ選びなさい。

1) 二人のうわさ話がAに入ってきても，聞き流して気にしないようにする。
2) Aはあくまでも二人の常務の秘書なので，二人には公平に接するようにする。
3) それぞれの常務のよい点を，機会を見てもう一方の常務に話してみるようにする。
4) 常務同士のことはAには関係のないことなので，仕事はきちんと冷静に行うようにする。
5) 一方の常務からもう一方の常務のことを尋ねられたときは，当たり障りのないことを話すようにする。

難易度 ★★☆☆☆

部長秘書Aは課長から，「部長は最近，忙しいからかイライラしているので仕事の相談がしにくい」と言われた。このような場合，Aは課長にどのように言うのがよいか。次の中から不適当と思われるものを一つ選びなさい。

1) 部長に相談があるときは，前もって教えてもらえれば部長の様子を知らせてもよいと言う。
2) 今仕事が立て込んでいるからなので，落ち着くまでしばらくの間は我慢してもらえないかと言う。
3) 部長は忙しくて疲れているのだろうから，急がない相談事は先に延ばすことにしてはどうかと言う。
4) 部長に相談するときは，よければ自分が同席してその場の雰囲気を和らげるようにしようかと言う。
5) イライラしているのは仕事の忙しさへのいら立ちだろうから，あまり気にせず必要なら相談して構わないと思うと言う。

【解答・解説】 1＝3) 二人のライバル意識が強いことはAには直接関係はなく，二人に対する秘書業務に影響しないように気を付けるのが心がけになる。従って，聞かれてもいないのに機会を見て話すなどは，よい点についてであっても不適当ということである。
2＝4) 課長の相談は仕事上のことなので，秘書が同席するようなことではない。それに，自分が同席して雰囲気を和らげようかなどは，秘書が上司の言動に影響を与えるかのような言い方であり不適当ということである。

第2章

職務知識

SECTION 1 秘書の機能と役割

Lesson 1 上司と秘書の機能と役割の違い

応接室で，声を荒げる客への対応は？

▶秘書Aが，来客と面談中の上司（総務部長）に出すお茶を持って応接室の前に来たところ，中から怒鳴り声が聞こえてきました。室内をうかがうと，「その件は前にもお断りしたので……」と言う上司に，来客は「それでは話が違う！」と語気を荒らげて抗議しています。このような場合，Aは，どのように対応したらよいのでしょうか。

対処例

そのまま応接室に入り，お茶を出してから，応接室の様子を総務課長に知らせるとよいでしょう。

スタディ

応接室での上司と来客のやりとりはAには関係がないことなので，お茶はそのまま出すことになります。しかし，客が声高に抗議しているとなると，普通の雰囲気ではありません。今その客に対応しているのは総務部長なので，総務課長に様子を知らせておくのが適切ということになります。

📁 上司の機能・役割と秘書の必要性

上司（部長職）は，経営管理を遂行し，経営陣を側面から支えています。そしてその役割は，経営計画を策定したり，組織の指揮・命令を具体的に執り行うことです。上司は，その役割を実行することによって実績を上げ，企業の期待に応えていきます。

しかし，仕事を遂行していく際には，処理していかなければならないさまざま

な雑用が発生してきます。例えば，取引先や新規の業者から面談申し込みの電話があれば，その都度スケジュールを確認して応対していかなければなりませんし，マスコミや業界団体などからかかってくる電話にも応対しなければなりません。また，電話応対だけでなく，出張や会議のための資料作成，交通機関や宿泊先，会議場の手配や経費の精算など，数多くの雑務もついて回ります。これらのことに上司が関わっていると，会議に出席したり面談をして多くの意思決定や業務の指示をしていくという本来の業務ができなくなってしまうため，周辺の雑務や身の回りの世話を引き受ける秘書が必要になってきたのです。

秘書の機能と役割

　秘書の機能は，上司が本来の仕事に専念できるように，さまざまな雑用や身の回りの世話を引き受けて上司を補佐することです。

　秘書はその機能に基づいて，上司の日程管理や電話応対，来客接遇などの役割を担っていきます。そして，秘書はその役割を果たすことで，上司の期待に応えていくことになります。例えば，日程管理について考えてみましょう。

上司と秘書の機能と役割の違い

上　　司（部長）	機能／役割／仕事	秘　　書
経営陣の補佐 事業方針に基づいて，経営陣を側面から支えること。	機能	**上司の補佐** 上司の雑務を代行し，上司が本来の仕事に専念できるようにする。
事業目標の達成を図る 利益追求のために戦略を練り，部の課長に命じて，事業目標の達成を図っていくこと。	役割	**上司の期待に応える** 日程管理，来客接遇，電話応対，環境整備，出張事務，文書事務など各種の業務を行う。
個々の仕事を遂行する 決裁業務や会議への出席，来客との面談，部下への指示，判断などを行う。	仕事	**個々の仕事を遂行する** 例えば，日程管理では，予定表の作成や日程変更の調整などの仕事を行う。

　上司にどうしても外すことができない緊急会議が入った場合，上司は「後はよろしく頼む」と秘書に後の処理を任せ，会議のための準備に取りかかりますが，その間秘書は，次のようなことを行います。

　①面談の予約をしていた取引先に連絡する。急用のため予約を取り消すことを話して，約束を果たせなかったことを謝罪する。

　②こちらの都合のよい日時を，二，三挙げて，先方の都合を聞く。

　③先方の希望に沿って再予約の日時を仮に押さえておく。

　④緊急会議から戻った上司に，再予約の日時を告げ了承を得る。

　⑤先方に面会日時が確定したことを報告する。

　⑥上司と秘書用のスケジュール表を書き換える。

　秘書がこの一連の作業を行うことによって，上司は本来の会議に集中することができます。つまり，秘書は日程管理の役割の中の日程調整という仕事を遂行することで，上司を補佐し，上司の期待に応えたということができるのです。

上司を補佐する際の基本姿勢

　秘書は上司の性格や人柄をよく心得た上で，上司の意向に沿った補佐をしていかなければなりません。

　例えば，「スケジュールをよく忘れる上司」を補佐する場合は，前日に明日の日程を確認する，あるいは当日の朝に再確認するというだけではよい補佐をしているとはいえません。次のようなことも心がけておきましょう。

　◆スケジュールをよく忘れる上司を補佐する場合。

　　◎会議，面談，外出などの予定があるときは，その都度上司に確認し，時間が近づいたら準備や行動を促すような声かけをする。

　　◎外出先から直接次の立ち寄り先へ行く場合は，行き先や時間を記したメモを上司に渡しておく。

　　◎上司が外出する際は，随行者や運転手にスケジュールを書いたメモを渡すなどして，協力してもらう。

●行き過ぎた補佐に注意する

　上記のように，上司に合わせた補佐をすることは重要ですが，それが行き過ぎた行為にならぬよう十分注意しなければなりません。例えば，「せっかちな上司」が部下の仕事が遅いといつも不満を漏らしている場合，「上司の意を酌んで」何とかしようと思うかもしれません。しかし，部下にそのことを話して注意を促したり，上司の不満を解消するよう協力してもらうなどといった出過ぎたことをし

てはいけません。そのような行為は，一歩間違えると越権行為*1) になってしまいます。

　また，そのようなせっかちな上司に就いた場合は，秘書自身も機敏な行動を心がけ，スピーディーに仕事をこなしていけるよう努めなければなりません。補佐役としては，特に次のようなことに留意します。

　　◆せっかちな上司を補佐する場合。

　　　　◎上司が求める資料をすぐ取り出せるように整理整頓を徹底し，現在上司が関係している仕事の資料の在りかをチェックして書き出しておく。

　　　　◎仕事の区切りごとに途中経過を報告し，終了したら期限前でも時間を置かずにすぐ報告に行き，次の指示を仰ぐ。

　　　　◎日程を作成するときには，予定と予定の間の余裕時間を少なくする。

●補佐の忌避は厳禁

　自分ではそのつもりはなくても，結果的に補佐を忌避*2) するような対応をしていることがあります。以下のようなことは全て補佐の忌避になると心得ておきましょう。

　　◆例）上司の不在時，重要文書を持ってきた他部署の秘書に，機密文書は直接上司に渡した方がよいので帰社した後に持ってくるよう依頼した。

　　　　◎重要文書であっても上司が不在のときに預かって確実に保管しておくのが秘書の仕事である。

　　◆例）上司の不在時，取引先から込み入った伝言を頼まれたときに，間違えると大変なので直接上司に話してほしいと依頼した。

　　　　◎伝達が困難と思われる内容であっても，頼まれた伝言を上司に伝えるのが秘書の仕事である。

　　◆例）面会申し込みの電話をして相手に断られたが，再度電話するように上司から指示されたとき，自分よりも上司が話した方が重みがあってうまくいくのではないかと提案した。

　　　　◎上司に指示されたら，いかに効果的にするかを考えて遂行するのが秘書の仕事である。

　　◆例）急ぎの仕事を指示されたとき，「間に合わなかったらどうするか」と尋ねた。

　　　　◎指示されたら，どうにかして間に合わせるのが秘書の仕事である。「間に合わなかったら」ではなく，「間に合わせるにはどうするか」を考えなければならない。

　*1）越権行為＝許されている権限の範囲を越えたことを行うこと。
　*2）忌避＝嫌がって避けること。

SELF STUDY

過去問題を研究し
理解を深めよう！

POINT 出題 CHECK

　「上司と秘書の機能と役割の違い」を具体的に問うような問題は少ない。秘書の機能である補佐の基本姿勢を問うものが大半で，非常時の補佐の仕方や上司に応じた補佐と行き過ぎた補佐，補佐の忌避などがよく出題される。特に補佐の忌避は，状況設定をさまざまに変えて出題されるが，もっともらしい理由を付けて秘書の仕事を人に押し付けていないかどうかをよくチェックすればよい。

❀ 補佐の忌避 ①

　秘書Aは，上司が多忙で外出も多いため，処理しなければならない書類や決裁が滞り，仕事に支障を来すと部下からの不満を聞くことがある。このことにAはどのように対処すればよいか。

○　①上司に「空き時間ができたら，書類に目を通してほしい」と折に触れてお願いする。

×　②急ぎの決裁などを持ってきた場合は，上司が在席のときは，直接上司に頼むように言う。

　　②急ぎの決裁などは，多忙な上司の様子を見ながら，間に入れてでもしてもらう，というようなことをするのが秘書の役割である。上司の仕事の様子を無視して直接頼むように言うのは，秘書が役割を果たしていないことになる。

❀ 補佐の忌避 ②

　秘書Aは異動することになり，今まで就いていた上司にはBが就くことになった。次はそのときAが，引き継ぎ事項としてBに教えたことである。

○　①上司は，簡単な文書は秘書に清書させずに自分で入力してしまうが，気にしなくてよい。

×　②上司は，仕事の期限前には出社時刻が早くなることがあるが，Bはいつもと同じように出社してよい。

　　②仕事の期限前に出社時刻が早くなるのなら，手助けが必要かなどを上司に確認するのが秘書としての行動。いつもと同じように出社してよいというのは，何もしなくてよいと教えたことになるので不適当。

CHALLENGE 実問題

---

1 難易度 ★★☆☆☆

　部長秘書Aは上司から，作成はいつでもよいと指示されていた資料が「急きょ明後日の昼までに必要になった」と言われた。急いでも間に合うかどうかの期限である。このような場合，Aは上司にどのように対応すればよいか。次の中から不適当と思われるものを一つ選びなさい。

1）修正に必要な時間を含め，おおよその所要時間の見込みを言う。
2）今日できるだけ作成して，明日朝一番に状況を報告すると言う。
3）進み具合によって残業することを，あらかじめ承知してもらう。
4）手伝いを頼む場合は，課長に話して進めることの了承を得ておく。
5）手を尽くしても間に合わなかったら，どのようにするか確認しておく。

---

2 難易度 ★★★☆☆

　秘書Aの上司は多忙で常に時間に追われている。次はそのような上司へのAの気配りである。中から不適当と思われるものを一つ選びなさい。

1）交通手段の新しい知識を常に持ち，移動時間に無駄が生じないようにしている。
2）上司の部下に上司の指示を伝えるときは，実際の期限より少し早めに言うようにしている。
3）取引先の都合で保留になっている面談予定などがあれば，返事を催促してスケジュールを早く確定するようにしている。
4）上司から資料探しを指示されることがあるが，A以外の人でもすぐに見つけられるよう資料整理には特に気を使っている。
5）面談などのキャンセルで時間が空いたときは，上司の好むコーヒーを出しながら，後回しになっていた報告をまとめてしている。

【解答・解説】1＝5）間に合うかどうかの期限であっても明後日の昼までにはまだ時間があるから，間に合わせるための段取りや必要な手配の確認などがこの場合の対応になる。間に合わないことを想定した確認は不適当ということである。
2＝2）期限は，全体の計画や進行状況に基づいて決められ，守ることが前提のルール。上司が多忙だからといって秘書が勝手に変えるようなものではないので，実際の期限より早めに言うなどは不適当ということである。

序章
受験対策 基礎知識
第1章 必要とされる資質
第2章 職務知識
第3章 一般知識
第4章 マナー・接遇
第5章 技能
第6章 面接
終章 模擬試験

Lesson (2) 仕事に対する基本姿勢

緊急の用件なので出張先を教えていただけませんか。

出張中でございますが……

今の時間だと打ち合わせの真っ最中のはず……

出張先を教えてほしいと言われたが……

▶秘書Aが上司(部長)宛ての電話を取ると，取引先のF氏からでした。上司が出張中であることを伝えると，「緊急の用件で部長と直接話したいので，出張先を教えてもらえないか」と言われました。上司は今の時間，出張先の支店で打ち合わせ中です。このような場合，Aはどのような手順で対応すればよいのでしょうか。

対処例 ○△×?…

　次の手順で対応すればよいでしょう。
1. F氏に，上司と至急連絡を取り，F氏から連絡があったことを伝えると言う。
2. F氏に次のことを尋ねる。
   a　差し支えなければ用件。
   b　上司から折り返し連絡をする際に，都合のよい時間と連絡先。
3. 出張先の支店に電話し，打ち合わせ中の上司を呼び出してもらう。
4. 電話に出た上司に，F氏からの伝言を伝え，電話をしてくれるように頼む。

スタディ 💡!!

　緊急で上司と直接話をしたいということであっても，上司の出張先を知らせるのはよくありません。そのときの出張先が特別秘密にするようなところでなくても，外部の人には上司の出張先を話さないというのが基本原則です。

　従って，上司の行き先を告げずにF氏の要望に応えることが秘書としての仕事の仕方になります。F氏の目的は上司と直接話をすることですから，話ができるように計らえばよいことになりますが，上司に連絡を取る前に，できればF氏の用件を大まかに聞いておきます。そうすれば，用件を聞いた上司はF氏に電話する前に考えをまとめておくことができ，適切な対応が可能になります。

　また，F氏の会社の電話番号が分かっていても，F氏が会社にいるとは限らないので，都合のよい時間と連絡先の電話番号は必ず聞いておくようにします。

機密を守ることを忘れない

　第1章（SECTION1／Lesson1）の項目，「機密を守る」でも述べたように，企業にはさまざまな機密がありますが，その中で「ついうっかり」口にしてしまうのが上司の動向や健康状態に関することです。

　例えば，上司の出張先や外出先が，外部に知られても特に問題ない場合は，話してもよいような気になります。しかし，問題があるかないかは秘書が判断することではありませんし，話して支障があるかないかで異なった対応をしていると，相手からあれこれ詮索されることになります。なぜなら，機密があるときだけ話さないとなれば，「話さない」ということが，相手に「何か重要なことがあって上司がひそかに動いている」という情報を与えていることになるからです。従って，どのような場合も上司の動向はささいなことでも一切話さないという原則を貫かなければならないのです。

　また，上司の健康状態について話すのも厳禁ですが，予約をキャンセルする理由を説明する際にうっかり漏らしてしまったり，上司と会食をする相手に上司の健康に気を配ってもらうために，持病のことを話してしまうなど，こういったことはよくあることなので注意します。

職務の限界を知り，越権行為をしない

　秘書は上司の本来の機能や役割を代行することはできません。仕事に慣れてきたり，上司の仕事の仕方が分かってくるようになると，秘書の判断で仕事を進めることも多くなりますが，秘書が代行できるのは，あくまでも上司の雑務だけです。例えば，「いつも出席しているから今回も出席に」とか，「その日ゴルフに行くと話していたから欠席に」などと勝手な解釈をして出欠の返事を出したり，「何度かこちらの都合でキャンセルした相手だから」と上司の意向も確認せずに，再予約の日時を決めてしまうなど職務範囲を越えた代行行為をしてはいけません。どのような理由があろうとも，上司の機能や役割を代行すると越権行為になるので注意しましょう。

　以下のような行為は越権行為になります。

◆**上司に代わって取引先などと面談したり各種行事に参列する。**

◆**決裁書や稟議書*1)に押印する。**

 ＊1）稟議書＝担当者の権限を越える案件について，関係者に伺いを立てて承認を求めるための文書。

◆上司の部下に指示する。

◆無断で面会予約を決めたり，スケジュールを変更する。

◆取引先などに秘書の名前で贈答をする。

◆上司が出張先などで世話になった人に勝手に礼状を出す。

●上司に指示を受けた場合は代行行為をしてよい

　上級秘書になると仕事の仕方や人間性も信頼されるようになり，上司の多忙時や不在時に，上司の機能や役割を代行するよう指示されることがあります。

　例えば，来客との面談を代行する場合は以下のようなことに留意します。

　◆来客との面談を指示された場合の対応。

　　◎指示された範囲を越えてはいけない。

　　　☆取引先の用件や依頼内容などは聞いても，交渉や決定をしてはいけない。

　　　☆一度指示されたからといって，以後も任されていると解釈してはいけない。指示された内容，指示された期間など条件を厳しく守る。

　　　　例）上司から不在中に来社予定のY社の用件と，アポなしでもセールスマンが来た場合は話を聞いておくようにと指示されたら，明日以降も同様の応対をしてよいと考えてはいけない。代理応対を任されたのは，あくまでも，「今日」の「上司が不在中」に来訪するY社とセールスマンに限られる。

　　◎新規の来客には，上司の代理で面談することを最初に話して了承してもらう。

　　◎顔見知りの来客には，上司が忙しくて応対できないので，申し訳ないが自分が代理で話を聞くと言って了承を得る。

　　◎あくまでも上司の「代理」であることを心得，失礼がないように応対する。

上司への進言は失礼がないように

　上司への進言*1)は，原則として求められたとき以外にはしませんが，必要な場合には次のようなことに留意して意見を述べるようにします。

　　◆健康・服装・食事について助言する場合は，失礼のない言い方を心がける。

　　◆上司の勘違いやミスが仕事に悪影響を与えると思える場合は，「差し出がましいようですが」などと前置きし，言葉遣いに注意して進言する。

　　◆人物評価などについて意見を求められたら，うわさや個人的な感情を差し挟まずに，よい面や事実だけを話すようにする。

*1）進言＝上位の人や目上の人に対して意見を述べること。

新しい上司に就くときの心構え

　人事異動などで上司が代わった際は，できるだけ早く新しい上司の仕事のやり方に慣れ，意向に沿った補佐ができるように努力しなければなりません。次のようなことに留意します。

◆上司の仕事内容を把握する。

　◎業務内容は営業，総務，広告宣伝，企画開発など，部署によって大きく異なり，上司の関心事も違ってくるので，的確な補佐をするためにはまず上司の仕事内容を把握することが先決である。

◆上司の仕事の仕方を早く覚える。

　◎上司によって仕事の仕方が異なるので，仕事の手順，処理の仕方を早く覚えて意向に沿った補佐ができるようにする。

　◎補佐の仕方に迷ったり，要領がうまくつかめないときは，それまで担当していた秘書にアドバイスを受けるようにする。

◆上司の人間性や人柄を理解するよう努める。

◆上司の関係者や人的ネットワークを把握する。

　◎上司が関わっている取引先や社外団体との関係についてよく理解し，関係者の役職や性格なども把握しておく。

　◎上司の友人・知人など個人的な関係者も早く覚えるようにする。

◆前の上司と比較しない。

　◎仕事の仕方は全面的に新しい上司に合わせる。仮に不満があっても前の上司のやり方を持ち出して比較したり，論評したりしない。

　◎前の上司の悪口を言わない。

●上司に関する基本的な事柄を把握しておく

　上司については，補佐するために必要な範囲で知っておかなければなりません。以下のようなことは基本的に把握しておくようにします。

◆仕事関係で知っておくこと。

　◎主な仕事内容や職務権限，所属団体，人脈など。

◆生活環境で知っておくこと。

　◎自宅の住所と電話番号，利用駅，家族構成など。

◆人物特性で知っておくこと。

　◎性格，趣味，信条，好みなど。

◆健康管理をする上で知っておくこと。

　◎持病，主治医の連絡先など。

SELF STUDY

過去問題を研究し
理解を深めよう！

POINT 出題 CHECK

「仕事に対する基本姿勢」では，機密保持や越権行為，上司への進言などについて出題される。機密に関しては，上司の出張先や外出先はどのような場合も話してはならないこと，上司の病状や持病なども機密事項に属することを心得ておく。また，出張中の上司と直接話したいという相手にどう対応するか対応手順を問う記述問題もよく出るので，「出張先を教えず相手の要望に応える」対応の仕方を考えておきたい。越権行為については，例えば上司宛ての案内状に勝手に出欠の返事を出すなど，秘書の行動に独断専行がないか注意する。どのような理由があっても，上司が決めるべきことを秘書の一存で決定してはならず，「上司の代行はできない」原則を忘れない。上司への進言では，基本的な留意点とともに，意見を求められた場合は，「何を求めて聞かれているか」を理解し，「上司に益のある意見を述べなければならない」ということも押さえておく。

 機密を守る

秘書Aは上司から，「最近体調がよくないので面会の負担を減らしてもらいたい」と言われた。そこでAは，どのようにしたらよいのかを次のように考えた。

○ ①上司の代理の人で済む用件は，なるべく代理の人に受けてもらうようにしようか。

○ ②重要な用件や先へ延ばせない急ぎの用件以外は，断るか先に延ばしてもらうようにしようか。

× ③面会の予約を受けるとき，上司は体調が優れないからと，先に話して予約の調整をしようか。

　　①，②できるだけ上司に負担をかけないような配慮なのでよい。ただし，そうする場合も上司の了承を得る必要がある。③上司の体調のよくないことは余計な憶測を生むことになるので，他人に知られないようにするのも秘書の仕事である。従って，面会の予約を受けるとき，体調が優れないなどと話して面会を避けたり，調整をするなどは不適当ということになる。

✤ 越権行為 ①

秘書Aは，上司（営業担当常務）が外出中に営業部長から，「常務は来月第一土曜日に取引先とのゴルフコンペに参加できるか」と尋ねられた。その日は休日なので，上司の業務上の予定は何も入っていない。しかし，Aは上司が週末旅行の手配を旅行社にしていたことを知っている。このような場合，Aは営業部長にどう対応すればよいか。

○　①「ゴルフコンペには取引先からは誰が参加するのか」を尋ねて，「上司に伝えておく」と言う。

×　②「上司はその日旅行に出かけるはずなので，他の候補日を二，三挙げてもらいたい」と頼んでおく。

○　③「上司はその日用事があるようで，何とも言えないが，返事は保留しておいてもらいたい」と頼んでおく。

> ①誰が参加するかによって上司の考えが変わることもあるので，メンバーを聞いておくのはよい。②上司は営業担当常務である。取引先のゴルフコンペということであれば予定を変更して参加するかもしれない。Aは上司の週末旅行のことを知っていたとしても，Aの一存で，参加できないような言い方をしてはいけない。

✤ 越権行為 ②

秘書Aの上司は，外出先から他へ寄るなどの予定外の行動を取ることがある。そのため，周囲に迷惑をかけることがあるが，このようなことをなくすために，Aはどのようにするのがよいか。

○　①スケジュール作成のとき，上司の外出の予定には，時間がかかってもよいように余裕を持たせておく。

○　②上司が外出先から他へ寄る場合などには，なるべく連絡をしてくれるようにお願いしておく。

×　③スケジュール作成のとき，重要な予定がある場合には，その前に上司の外出の予定は入れないようにする。

> ①上司の外出予定の後にどうしても余裕が取れないケースは別として，余裕を持たせておくなどの工夫はよい。②連絡があれば，入っている予定をキャンセルしたり，別の日時に調整するなど手を打つことができる。③先に仕事があって，その仕事をスムーズに行うために予定が組まれるのである。従って，重要な予定があったとしても，その前に外出しなければならないことが生じたら，外出の予定を入れなければならない。それを秘書の一存で，重要な予定の前には外出の予定は入れないなどとするのは秘書の職務の範囲を越えた越権行為である。

CHALLENGE 実問題

1 難易度 ★★★☆☆

秘書Aの上司は来客との面談や部下との打ち合わせが長引くことが多く，次の予定に影響することもある。次はAが，その対処として考えたことである。中から不適当と思われるものを一つ選びなさい。

1) 打ち合わせに来た部下には，上司の次の予定を伝えるようにする。
2) 上司が面談に入る前に，次の予定を10分早めた時間で伝えるようにする。
3) スケジュールを決めるときは，予定と予定の間に余裕を多めに取るようにする。
4) 来客との面談が長引いているときは，指示がなければ替えのお茶を出さないようにする。
5) 約束の時間に遅れて来た客や不意に訪れて会うことになった客には，面談できる時間を伝えるようにする。

2 難易度 ★★★☆☆

秘書Aは上司（部長）から，「私が忙しいときの不意の来客には，用件によっては私の代わりに対応をしてもらいたい」と言われた。次は，このことを踏まえてAが考えた対応である。中から不適当と思われるものを一つ選びなさい。

1) 顔見知りの客の場合は代わりに対応することはせずに，上司に取り次ぐのがよい。
2) 転勤のあいさつなどは時間がかからないのだから，できるだけ上司に取り次ぐのがよい。
3) 来客には最初に上司の代わりに自分が対応することを話し，了承してもらってから対応するのがよい。
4) 自分が対応できる用件でも客が上司と直接話したいと言う場合は，予約をしてもらえないかと言うのがよい。
5) 上司の代わりに対応するように言われていても上司本人ではないのだから，そのことを踏まえて対応しないといけない。

【解答・解説】1＝2）10分早めた時間で伝えれば，面談が長引くことを防げるかもしれない。が，次の予定が会議だとしたら，上司は10分早い時間に会議室などに出向くことになる。これではスケジュール管理にならないので不適当ということである。
2＝1）用件によってとは，Aの対応で済む用件のこと。顔見知りの客でも，Aの対応で済む場合はある。従って，顔見知りというだけで上司に取り次ぐのがよいと考えたのは不適当ということである。

86

Lesson 3 気遣いのある対応

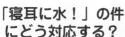

「寝耳に水！」の件にどう対応する？

▶秘書Aが出社すると業界紙の記者から，昨日返事をもらうことになっていた取材の件はどうなったかと電話がありました。一昨日上司への取材を申し込んだとのこと。そのとき電話を受けたのは同僚のCであることが分かりましたが，彼女はその件をAに伝え忘れていたようです。上司は出張していて，今日は朝から大事な会議があるため，午後3時まで連絡ができない状況です。このような場合，Aはどのような対応をすればよいのでしょうか。順を追って挙げてください。

対処例 ○△×?…

次の手順で対応すればよいでしょう。
1. 記者に，返事が遅れていることをわび，今日の夕方まで返事を待ってもらえないかと頼む。
2. Cに，申し込みのあった取材についての詳細を尋ねる。
3. 上司に取材を受けるかどうか確認する際，受けるとすれば都合のいい日時なども聞いておく。
4. 上司の指示を受け次第，記者に上司の返事を伝える。

スタディ 💡!!

この場合の対処の仕方で重要なことの一つは，「Cの連絡ミスで……」などと言い訳をせず，返事が遅れていることをまずわびること。その上で上司の意向が確認できる時間まで待ってもらうことです。次に大切なのは，取材の話の詳細は記者からではなくCから聞くことです。記者は，既にCに話しているわけですから，記者に聞くことは相手に二度手間をかけさせることになります。秘書は，常に相手を思いやった対応をしなければなりません。

後は，Cから聞いた内容を上司に伝え，返事を記者に伝えれば，処理は終わります。その際，上司から返事をもらったら，できるだけ早く記者に連絡するという心遣いが求められます。また，Cに対しては，今後このような連絡ミスを起こさないように，「伝言メモを必ず書く」など指導することも忘れてはいけません。

相手を思いやった対応をする

　秘書は，常に気遣いのある対応を心がけなければなりません。例えば，上司への電話を取り次ぐ際，先方が，秘書に話した用件の詳細を上司に対しても繰り返して話さなければならないような取り次ぎの仕方は，相手を気遣った対応とはいえません。上司にきちんと話を伝えて電話を代わるなど相手に二度手間をかけさせないように配慮することが大切なのです。

　以下のようなケースでは特に相手に対する気配りを忘れてはいけません。話し方や対処の仕方にも十分注意して対応しましょう。

◆断る場合の対応。

　◎別の用があるために，会議などへの出席を断る場合は，「どうしても外せない先約があるため」などとする。「先にした約束を優先する」のは社会的ルールなので，相手は納得する。

　☆「別の重要な会議に出席する」などの理由は，重要度を比較した上で決定したかのような印象を与えるので注意。そういう意図はなくても，「こちらの会議を軽く考えているのか」と相手を不愉快な気持ちにさせる場合がある。

　◎約束していた面談などをキャンセルする場合は，「急用のため」とする。「上司の急病」，「緊急会議を開く」，「重要な事件が起こった」などの断る正当な理由があっても，それらは外部に公表できない場合が多いので，「急用」にするのが無難。急用は，キャンセルしても仕方がないこととして一応社会的に容認されている。

　☆実際にそうであっても「どうしても外せない重要な用件が入った」などと断ってはいけない。「自分との面会は外してもよい軽いものか」と考える相手もいる。

◆上司の外出中に苦情電話を受けたときの対応。

　◎話を最後までよく聞き，できるだけ相手の意向に沿った対応を心がける。

　☆上司の留守を理由に早く電話を切ろうとしたり，相手の意向も聞かずに勝手に代行者と電話を代わるなどしてはいけない。

　☆上司が留守であることを告げ，どのようにするか相手の意向を確認する。その際，「急ぎなら上司に連絡を取り，すぐに電話させる」，「急ぎでなければ，帰社次第連絡させる」，「上司の代行者か，担当者に対応させる」，「よければ自分が伝言を聞く」など，今できることを話して希望を聞き，相手の意向に沿った対応をする。

SELF STUDY

過去問題を研究し
理解を深めよう！

POINT 出題 CHECK

　「気遣いのある対応」では，さまざまな状況が設定されているので，ケースごとに考えていかなければならない。よく出題されるのは，出席を断る場合の理由が適当かどうかを問う問題だが，「上司は重要な会議があるので，代行者が出席する」など，一見「適当」に思える欠席理由に注意。この他，苦情電話の対応や，上司が休暇中にかかってきた電話の対応などが出題される。上司の不在時に苦情電話を受けた場合は，代案を挙げて相手の意向を聞くことがポイントになる。また，上司の休暇中は，上司を気遣って，緊急以外はできるだけ連絡を取らない配慮が求められる。その他，社外の人や上司の上役などに対しても同様に気配りができるかどうかが問われる。記述問題にも対応できるようポイントは押さえておきたい。

 相手を気遣った断り方

　秘書Aは取引先K社から，「創立記念パーティーの招待状を出したが，出欠の返事をまだもらっていない。出席してもらえそうか」との催促を受けた。Aは催促を受けて，招待状を机の中にしまい忘れていたことを思い出した。すぐに上司に尋ねようとしたが，上司は外出していて夕方まで戻らない。また，予定表ではその日，上司は業界団体の会合に出席することになっている。

○　①K社からの催促の電話には，夕方には返事をするので少し待ってもらいたいと頼んだ。

○　②上司が帰社したときに，招待状をしまい忘れていたことを謝って，どちらに出席するか尋ねた。

×　③K社の返事には，上司は業界団体の会議があるので，総務部長が出席させてもらうと言った。

　　③上司に出席してもらえそうかと言ってきているのである。「上司は業界団体の会議があるので（欠席）」と言ったのでは，総務部長が代理で出席するとしても，K社には，はかりにかけられて欠席になったと解釈されることになる。このような場合の理由は，「外せない先約があるので」などとするのがよい。

✳ 相手の意に沿った対応の仕方

　秘書Aは上司（営業部長）の外出中，取引先から「部長と直接話をしたい」という電話を受けた。取引上のことで何かあったらしく，怒っているような口調である。上司は今日は戻らないが，その取引先の担当者は在席している。

○　①上司は外出中で今日は戻ってこない，差し支えなければ用件を聞き上司に伝えたいが，それでよいか尋ねる。

○　②上司は外出中で今日は戻ってこない，取引上のことなら担当者が代わって用件を伺わせてもらいたいが，それでよいか尋ねる。

×　③上司は外出中だが担当者が在席していることを話し，担当者にすぐ代わるからそのまま待ってもらえるかと尋ねる。

　　　③相手は部長と話したいと言っている。しかし，上司は不在なので代案を挙げて相手の意向を聞き，対応をしなければならない。それを，「担当者に代わる」と秘書が決め付けて対応するのは適当でない。

✳ 休暇中の上司への気遣い

　秘書Aが電話を取ると，取引先からの上司宛ての電話で，取引上のことで確認したいことができたと言われた。上司は休暇中で出社は明日の予定である。このような場合，この電話にどう言うのがよいか。

×　①上司は休暇中だが，用件を具体的に言ってもらえれば，それによって取り次いでもよいと言う。

○　②上司は休暇中で明日から出社の予定になっているが，それまで待ってもらうことはできないかと尋ねる。

　　　①用件によっては取り次ぐというのは，用件によっては取り次がないということである。秘書が上司に取り次ぐかどうかを，急ぐかどうかで判断することはあっても，用件の軽重で判断するようなことを言うのは，相手に対して失礼である。②取りあえずどう言うか，という設問なので「明日まで待ってもらえないか」と聞くのが最も適当な対応である。休暇中はできるだけ仕事を持ち込まないようにするのが，秘書としての上司への心遣いである。

CHALLENGE 実問題

1　難易度 ★★☆☆☆

　秘書Aの上司は海外支店に出張中で帰国は１カ月後である。そのような折，上司が親しくしている取引先のM氏から，自費出版の著書があいさつ状とともに送られてきた。このようなことにAはどう対処したらよいか。次の中から適当と思われるものを一つ選びなさい。

1) 著書とあいさつ状を上司の出張先へ送り，AはM氏に対しては特に何もしない。
2) 取りあえずAが著書に目を通し，M氏宛てに上司名で感想を添えた礼状を送っておく。
3) M氏宛てに，著書を受け取ったことと上司が出張中であることを書いた礼状を出しておく。
4) M氏に上司の出張のことは言わず，著書を送ってもらった礼と出版の祝いを電話で述べておく。
5) 急ぐものではないので，急がない他の郵便物と一緒に上司が戻ったら渡すことにし，M氏にも特に何もしない。

2　難易度 ★★☆☆☆

　秘書Aの上司（部長）のところへ，転勤で勤務地が近くなった友人のT氏がよく訪ねてくるようになった。度重なるので上司も困ってどうしたものかとAに話しかけてきた。このような場合，Aは上司にどのように言うのがよいか。次の中から不適当と思われるものを一つ選びなさい。

1) 来るときは連絡をもらいたいと，部長からT氏に話してみてはどうか。
2) T氏の次の転勤までのことと割り切って，しばらく付き合ってみてはどうか。
3) T氏は友人なので，忙しいときは断ったとしても失礼にはならないのではないか。
4) 不意に来てもらっても会えないことがあるので，事前に連絡をもらえないかと私から言ってみよう。
5) T氏が来社したとき部長が忙しくしていたら，私からそのことを話して帰ってもらうようにしよう。

【解答・解説】1＝3) 通常，著書を贈られたらすぐに目を通して礼状を出すものだが，この場合は上司が見たことによる礼状は出せない。従って次善の策として，上司は出張中と書き添えて礼状を出しておくのが，秘書として適切な対処ということである。。
2＝2) 上司はT氏の来訪の多さに困ってAに相談してきたのである。となればAは，上司がなるべくT氏との接触が少なくなるようなことを提案しないといけない。しばらく付き合ってみてはどうかでは，現状と変わらず解決にはならないので不適当ということである。

SECTION
2 秘書の業務

Lesson ① 定型業務

もうそんな時間か‼

２時から販促会議の予定でございます。

話が長引く上司の時間管理をどうする？

▶秘書Aの上司は話し好きなせいか，面談や会議が予定より長引くことが多く，次の予定に差し支えることがしばしばあります。このようなことをなくすために，Aはどのようにすればよいのでしょうか。三つ挙げてください。

対処例 〇△×？…

次のような対策を取ればよいでしょう。

1. 次の予定までに時間的余裕がない面談や会議に臨むときは，上司に次の予定をメモして渡しておく。
2. 面談や会議が長引き，そろそろ打ち切らないと次の予定に差し支えそうなときには，メモを渡してあっても，再度，メモで知らせるようにする。
3. 特に重要な会議や面談，外出などの前には，長引きそうな予定をできるだけ入れないようにする。

スタディ 💡‼

面談などが決まった時間に終わらないので次の予定に差し支える，それに対して，秘書がどのような工夫をすればよいかということです。

まず大切なことは，面談や会議の前には必ず次の予定の時間を知らせておくということです。その際，口頭で伝えるだけでは上司が忘れる恐れもあるので，メモにして渡しておくのがよい対策になります。

そのようにしていても，話が盛り上がったりすると，つい時間が経つのを忘れてしまうものです。そのときは，再度，時間が迫っていることを告げなければなりません。その際，ぎりぎりになって知らせるのではなく，話を締めくくる程度の時間的余裕を持たせるようにします。

また，日程を組むときには，重要な予定の前に長引きそうな面談などはできるだけ入れないようにし，入れる場合も余裕を持たせて組むように工夫するとよいでしょう。

秘書の定型業務

秘書の仕事は，定型業務と非定型業務に大きく分けることができます。定型業務とは，日程管理や来客応対など，日常継続的に行う仕事で，どのようにするか決まっている業務のことです。一方，非定型業務とは，不意の来客や緊急の仕事，あるいは上司の急病や事故への対応など，その都度状況に応じて対応していく業務のことです。

定型業務は，すべきことが決まっているので，いちいち上司の指示を仰がずに自分で判断して進めていきます。ただし，仕事の仕方については上司の好みや意向があるので，事前にどのようなやり方で進めるか確認しておくことが必要です。また，どのようにしたらいいか迷ったときは，上司に指示を仰ぐようにします。

定型業務には，①上司の身の回りの世話，②日程管理，③来客接遇，④電話応対，⑤会議・会合，⑥交際，⑦出張事務，⑧文書事務，⑨経理事務，⑩環境整備，⑪情報管理などがあります。

●①上司の身の回りの世話

上司が仕事に専念できるように，秘書は上司の身の回りの雑務を引き受けることになります。上司の私的な用事でも同様の意味から快く引き受け，他の業務と区別せずに処理します。

◆車の手配（上司の出社・退社時や外出時の送り迎え。いつでも配車できるように運転手との連絡は密にしておく）。

◆お茶や食事の手配（上司が出勤したとき，仕事の合間や接客時，会議のときなどにお茶を出したり，食事の手配などをする。上司の好みを心得ておくほか，状況によって適切に判断する）。

◆嗜好品・常備品の購入。

◆上司の健康状態への配慮（定期健診の予約など。主治医の電話番号などを控えておく）。

◆上司の私的交際に関する事務（同窓会，趣味の会の連絡事務など）。

どうぞ……

グッドタイミング！

●②日程管理

上司の仕事がスムーズに運ぶように行動予定を管理します。二重予約や予約漏れがないようにチェックしたり，日程変更があれば調整したりしなければなりません。また，上司の体調や意向を尊重し，スケジュールがハードにならないように日程を組むのも秘書の腕の見せどころです。

◆面会予約客の取り次ぎ。

◆予定表の作成。

◆予定の変更に伴う調整。

◆上司への確認（上司と秘書との間に思い違いがないようにする）。

◆関係先への連絡。

●③来客接遇

来客接遇は，上司と関係者のよい関係を構築するための重要な仕事です。来客が最大の満足を得られるように，心を込めて接遇に当たります。

◆来客の受付と案内。

◆来客接待（茶菓のサービスなど。昼食時近辺に客を迎える場合は，昼食の手配をするかどうかを上司に確認。必要であれば好みのものなども聞いておく）。

◆上司不在中の来客応対。

◆来客の見送り（部屋での見送り，エレベーターまでの見送り，車までの見送りなど，ケースごとのポイントを心得ておく）。

●④電話応対

電話はビジネスに欠かせない道具ですが，声だけが頼りであるため，相互に聞き違いなどを起こしがちです。上司と関係者の間に立って情報のやりとりをする秘書としては，間違いがないように情報を受け取ったり，正確に伝達したりしな

ければなりません。

- ◆上司にかかってくる電話の応対。
- ◆上司がかける電話の取り次ぎ。
- ◆上司不在中の電話応対と報告（電話があったことや伝言を報告する）。
- ◆問い合わせへの応対（関係者からの各種問い合わせに対する応答）。

●⑤会議・会合

会議には，上司がメンバーになっている会議と，上司が主催する会議があります。上司が主催する会議に関する秘書の業務としては，事前の準備，会議直前や会議中の仕事，後片付けなどがあります。

- ◆会議開催の通知状の作成や送付（社内会議の場合は電子メールや電話・ファクスでの通知が多い）。
- ◆会議に必要な資料の作成や送付。
- ◆会場の手配と準備（会場が社内の場合とホテルの会議室など社外の場合がある）。
- ◆参加者の受付と資料などの配布。
- ◆茶菓・食事の手配と接待（飲み物を出す回数と時間を決めておく）。
- ◆議事録の作成（秘書が担当しない場合は手配する）。

●⑥交際

上司は交際範囲が広いため，多くの関係者の慶事や弔事などに関わることになります。秘書は，そうした上司の負担をできるだけ和らげるために，慶事や弔事に関しても正しい知識を持ち，適切な対応をしていかなければなりません。また，中元や歳暮など贈答に関する手配なども秘書の業務です。

- ◆冠婚葬祭に関する事務（告別式など上司の代理で出席する場合もある）。
- ◆中元・歳暮などの贈答品手配や事務（中元や歳暮の礼状は上司の指示を待たずに秘書が出す）。
- ◆接待の手配（希望の店，個室など希望の席，予算，開始時刻，所要時間，先方と社内からの参加人数，車の手配などについて確認する）。

来週火曜の夜，取引先のN氏を接待したいので，Yレストランに予約をしてほしい。

かしこまりました。

確認すべきことは，車の手配と予算のほか，①当社からの出席者，②N氏の同伴者，③予約時刻，④個室を手配するか，⑤料理や飲み物に希望はあるか……でよかったかな？

序章 受験対策 基礎知識

第1章 必要とされる資質

第2章 職務知識

第3章 一般知識

第4章 マナー・接遇

第5章 技能

第6章 面接

終章 模擬試験

●⑦出張事務

　国内外を問わず，上司が出張することは少なくありません。秘書は，上司が持って行く資料や書類を用意したりする他，宿泊施設や交通機関の手配をしたり，旅程表の作成などをしなければなりません。また，出発前の旅費等の仮払いや帰った後の精算等の経理事務も秘書の仕事です。

　◆資料や書類などの準備（長期にわたる場合や量が多い場合は宿泊先などに送付）。
　◆宿泊先や交通機関の手配（上司の希望に沿うように気を配る）。
　◆旅程表の作成。
　◆関係先との連絡・調整。
　◆旅費関係の経理事務。

長期海外出張から上司が帰国！
準備しておくことは，

①社内の関係者に，帰国日時を連絡する。
②留守中の代行者の課長に，出迎えはどうするかの指示を得て準備をする。
③上司の家族に，会社の出迎え態勢を連絡する。
④留守中の受信物や報告事項を整理する……他にないかな？

●⑧文書事務

　文書の受信・発信事務だけでなく，社内文書や社外文書の作成も秘書の仕事になります。目的に応じた文書を作成できるように，文書作成のノウハウをマスターしておく必要があります。

　◆社内文書・社外文書の作成や清書。
　◆文書の受信・発信事務。
　◆文書や資料の整理と保管。

もらった覚えはないが……

他部署の部長に重要書類を渡したのに「もらってない」と言われショック！
このようなことを防ぐためには，
①重要書類を渡す場合は，文書受渡簿に記入して受領印をもらっておく。
②書類を渡すときだけでなく，重要なものを預かったりするときは，必ず上司に報告し，自分でもメモしておくこと……か。
……つまり，受け渡しの際には「証拠を残しておくこと」が大切なのね！

●⑨経理事務

取引先との接待や会合など，日常的に上司が活動する際の経費の仮払いや精算事務も秘書の仕事です。預かった金銭を紛失したり，伝票に記入する金額を間違えたりしないように，金銭管理には十分注意を払います。

◆経費の仮払いと精算，および諸伝票の作成。

◆上司が加入している社外団体の会費の支払いと催事への参加手続き。

●⑩環境整備

上司や来客が快適に過ごせるように，秘書は上司の執務室や応接室を適切に管理します。

◆上司の執務室や応接室の清掃，整理整頓。

◆照明・換気・温度の調節，騒音防止への配慮。

◆備品・事務用品の整備と補充。

●⑪情報管理

新聞やテレビなどマスコミへの対応のほか，上司が求める情報を収集します。

◆社内外からの情報収集と社内外への情報伝達。

◆資料の整理。

◆マスコミへの対応。

SELF STUDY

過去問題を研究し
理解を深めよう！

POINT 出題 CHECK

　「定型業務」についての出題は，日程管理，来客接遇，交際，出張事務，文書事務，情報管理に関するものが中心。それぞれの業務について基本的な対応を問う記述問題も出されるので，ケースごとに対処法を考えておく。例えば，出張事務では，出張の前後と出張中にすべき業務をそれぞれ最低三つは書けるようにしておきたい。上記の中で特に出題が多いのは交際業務。接待の手配のほか出張中の上司にパーティーへの出席と祝辞の依頼がきたときの対応，土産をもらったときの対応，上司不在時の訃報への対応など設定も多様である。なお各業務に関する問題は，第4章「マナー・接遇」，第5章「技能」でも出題される。

✳ 日程管理

　秘書Aが昼食から戻ると，上司（部長）は，次のようなメモを残して席を外していた。この場合，上司が戻るまでにAが行わなければならないことを箇条書きで三つ答えなさい。

Aさんへ
1. 常務室にいる。2時ごろ戻る予定。
2. 戻ったらすぐに，課長（3人）と打ち合わせを行いたい。
　1時間ほどかかると思う。3人とも今日の午後は，外出などの予定はないと聞いている。用意してもらうものはないが，会議室の確保を頼む。
3. 夕方のM社との面談は，明日以降に延期しておいてもらいたい。

〔解答例〕
1. 3人の課長に，部長が2時から1時間ほど打ち合わせをしたいと言っていると伝え，その時間帯は空けておいてくれるように頼む。
2. 課長たちと打ち合わせをするための会議室を予約する。
3. M社に電話をして，申し訳ないが面談を明日以降に延期してもらいたいとわび，都合のよい日時を二，三尋ね，後ほど連絡させてもらうと言う。
　上司のメモには，3人の課長に連絡しておくようにとは書かれていない。しかし，その課長たちと打ち合わせをするのだから，時間を空けておくように頼んでおくことは当然，秘書が行わなければいけないことである。

❋ 交際

秘書Aの上司（常務）のところへ，取引先の支店開設披露パーティーの招待状と祝辞の依頼状が届いた。その日あいにく上司は出張していて出席できないので，部長に代理出席を頼んだ。次はそのときAが，取引先に対して行ったことである。

○　①上司は出張で出席できないと言ってわびた。

○　②祝辞は部長の代読にしてもらいたいとお願いした。

✕　③祝辞はいつまでに届ければよいか確認した。

　　　③パーティーでの祝辞は取引先に届けるというようなものではないので，いつまでに届ければよいか確認するのは不適当である。

❋ 文書事務

秘書Aは上司（総務部長）の指示で，社外の関係者に創立30周年記念社史を送ることになった。次は，このときAが順に行ったことである。

○　①上司に送付先名簿を見てもらい，追加・訂正の確認をした。

○　②上司から添え状の原稿をもらって，必要枚数印刷した。

✕　③添え状に「献上」の印を押し，ゆうメールで郵送した。

　　　③「献上」とは物を差し上げるという意味だが，皇室献上のように使う言葉で，一般の人が用いる言葉ではないので不適当である。この場合は「謹呈」「呈上」などが適した言葉になる。

❋ 出張事務

秘書Aの上司が出張から戻って出社した。Aは早速，留守中の報告を行い，今日のスケジュールを確認したが，この後，上司の出張に関してどのようなことをすればよいか。箇条書きで四つ答えなさい。

　　〔解答例〕
　　1. 上司が戻ったことを社内の関係者に連絡する。
　　2. 領収証などを預かり，出張費用の精算をする。
　　3. 出張先で世話になった人に礼状を出すかを上司に尋ね，礼状の草稿を作る。
　　4. 上司が出張から持ち帰った資料や名刺を整理する。
　　　この他，「上司の出張報告書を清書する」などもよい。

CHALLENGE 実問題

1 難易度 ★☆☆☆☆

秘書Aは上司から,「明日の昼近くに取引先N社のL部長が来社することになったので準備するように」と指示された。この場合Aが上司に確認しておくことを箇条書きで四つ答えなさい。

2 難易度 ★★☆☆☆

総務部長秘書Aは,部長と課長が出払っているときにテレビ局から,「御社を企業紹介番組で取り上げたい」という取材依頼の電話を受けた。このような場合,Aが聞いておかなければならないことを箇条書きで三つ答えなさい(先方の担当者,連絡先,取材の希望日時,返事の期限以外)。

【解答・解説】1=〔解答例〕
    1. 予定所要時間
    2. 来社する人数
    3. 社内の同席者
    4. 昼食の準備
  解答例の他に,「必要な資料」「応接室の希望」などもよい。
2=〔解答例〕
    1. 番組の概要や取材内容について。
    2. 放映予定について。
    3. 事前にすべきことはあるか。
  解答例の他に,「その番組で過去に紹介された企業」などもよい。

Lesson ② 非定型業務

CASE STUDY

あなたなら
どうする？

何か伝言が入っていませんでしょうか？

上司が約束の場所に現れない……

▶秘書Aは，出張する上司に空港で書類を手渡すことになっており，そのため空港に出向きました。上司は自宅から直接来ることになっていますが，搭乗手続きの締め切り時刻になっても，まだ待ち合わせ場所に現れず，携帯電話にかけても応答がありません。状況を把握するために，Aは取りあえず「誰に」「何を」確認すればよいのでしょうか。箇条書きで三つ挙げてください。

対処例 ○△×?…

次のような要領で確認をすればよいでしょう。

1. 搭乗手続きカウンターに行き，係員に上司が搭乗手続きをしているかどうかを確認する。
2. 会社に電話し，上司から何か連絡があったか確認する。
3. 上司の自宅へ電話し，家人に，上司が何時に家を出たか，家を出た後で何か連絡があったかを確認する。

スタディ 💡!!

空港で待ち合わせしていたのに，何らかの理由で上司が約束の時間に現れず連絡も取れないという状況です。秘書としては，その理由を把握した上で最良の行動を取ることになります。

そのためにまずすべきことは，上司が搭乗手続きをしているかどうかを確かめることです。していれば，すでに空港に到着していることが分かります。その場合は，所用で待ち合わせ場所を離れている可能性が高いので，しばらく様子を見ますが，それでも現れない場合は，係員に場内アナウンスで呼び出してもらいます。

手続きをしていない場合は，会社に連絡して上司からの伝言がないかどうかを確認します。伝言があれば，それに従います。ない場合は，自宅に連絡して，家を出た時間やその後伝言がないかを確認することになります。それでも確認が取れない場合は，会社に連絡して上司の代行者の指示に従います。

序章　受験対策

基礎知識

第1章　必要とされる資質

第2章　職務知識

第3章　一般知識

第4章　マナー・接遇

第5章　技能

第6章　面接

終章　模擬試験

秘書の非定型業務

　非定型業務には，①予定外の来客対応，②上司の急な出張，③上司の急病，④上司の交通事故，⑤災害，⑥盗難，⑦不法侵入，⑧人事異動での引き継ぎ，⑨新人秘書の指導，⑩その他，予定外の仕事などがあります。

●①予定外の来客対応

　社会的地位の高い上司のところには，予約なしの来客も少なくありません。予約がないからと勝手に断ったりせず，状況に応じて適切に対応します。

　◆来客に緊急度を確認する。

　◆上司に取り次ぎ，面会するかどうかの判断を仰ぐ。上司が不在の場合は，不在を告げ，代理の者でよいか，改めてこちらから連絡するか，来客の意向を聞く。

　◆予約なしの来客も，予約客と同じように感じのよい応対をする。

●②上司の急な出張

　ビジネスの社会では，さまざまな要因で状況は常に変化しています。上司を補佐する秘書としては，いつ急な出張があっても対応できるようにしておかなければなりません。

　◆出張が決まったら，その間に入れていた予約をキャンセルして，改めてスケジュールを組み直す。

　◆通常の出張業務を手際よく行う。

　◆留守中の上司への用件は，緊急度・重要度などを考慮し，状況に応じた適切な処理をする。

　急に明日出張が決まったので，よろしく頼む。

　かしこまりました。

　こういう場合にすべきことは，
　①出張の期間を確認して，交通機関，宿泊施設の手配など通常の出張事務を行う。
　②出張期間中に入っていた面談などの予定をキャンセルする。
　③葬儀への参列など，どうしても外すことができないものは，代行者に代わってもらうように手配する……他になかったかしら？
　取りあえず，これらのことを処理して，その後のことは上司や代行者と連絡を取って指示を仰ぐ……という段取りでよいはず。

●③上司の急病

上司が急に病気で倒れたり，入院したりしたときは，上司の代行者や秘書課長などと相談して適切な処理をしなければなりません。

◆**業務中に急病になったら上司の主治医や家族に連絡する（場合によっては応急手当てや救急車の手配をする）。**

◆**家族から急病の知らせを受けたら，上司の代行者や秘書課長に連絡する。**

◆**スケジュールの調整を行う（上司の代行者などと相談し，上司の当面の予定をキャンセルする）。**

●④上司の交通事故

上司の交通事故の連絡を受けたら，事故の軽重に応じて適切に処理します。

◆**会社の担当部署にすぐ連絡する。事故の程度によっては家族に連絡する。**

◆**軽い事故なら運転手に任せ，大事故なら顧問弁護士に連絡する。**

◆**上司の代行者などと上司の日程調整を相談する。**

●⑤災害

地震や火事，洪水などの災害にあったら，人命第一で行動します。状況を冷静に把握して，来客を安全な場所へ誘導するようにします。事前に災害時の対応マニュアルなどをよく読んでおき，対処方法を確認しておくことが大切です。

◆**来客優先の避難誘導をする。**

◆**人命第一を心がける。**

◆**上司（不在の場合は代行者）の指示に従って，貴重品などを持ち出す。**

●⑥盗難

盗難にあったら，騒がずに上司や担当者に相談して指示に従います。

◆**上司，総務部の担当者に連絡する。**

◆**被害の確認をする。**

◆**指示があれば，警察に通報する。**

●⑦不法侵入

寄付の強要や嫌がらせなど，招かれざる客が押し寄せてくることがあります。そのようなときにも慌てずに，緊急マニュアルなどに従って適切な対応をします。

◆**強引なセールスに対して適切に対処する。**

◆**不意の陳情者に対して適切に対処する。**

◆**脅迫・暴力行為などがあった場合は，上司あるいは代行者の指示を受けるなどして警備室や警察へ通報する。**

●⑧人事異動での引き継ぎ

人事異動で上司が代わる場合は事務の引き継ぎを行いますが，その際新しい上

司の情報（人柄，仕事の仕方の特徴や好みなど）も得ておき，できるだけ早く新上司の意向に沿う補佐ができるように努めます。

◆一般的な事務引き継ぎ。

◆上司を理解するために必要な情報収集。

◆上司のあいさつ回りの補佐。

新しく付いた上司が，今度常務に就任。あいさつ回りのために準備すべきことは……

①新しい役職の名刺を用意する，②あいさつ回りする取引先のリストを作成し，運転手と相談してスケジュール案を作っておく，③あいさつに行く取引先についての情報を担当者から集めて整理しておく……これで完璧かな？

●⑨新人秘書の指導

　知識や技能を順序立てて分かりやすく指導します。新人に指示や注意を与える場合は，自尊心を傷つけないような気配りが大切です。

●⑩その他，予定外の仕事

　定型業務の他にも，秘書は上司が指示するさまざまな仕事を処理していかなければなりません。ときには難しい仕事を指示される場合もあるでしょうが，上司の指示に従って，前向きに取り組まなければなりません。

◆上司が指示する予定外の仕事にも進んで取り組む。

上司の代理で，けがで入院している課長に見舞いの品を届けたけど……

上司に報告すべきことは，①課長のけがの具合，②出社の見込み，③課長からの伝言……でよかったかしら？　あ！　それから見舞いに届けた「品物の種類」と「見舞ったときの状況」なども報告しなければ。

SELF STUDY

過去問題を研究し
理解を深めよう！

POINT 出題 CHECK

　「非定型業務」では，上司の急な出張や予定外の来客への対応，引き継ぎの際の心得などを押さえておく。急な出張や緊急会議などの際には，通常の出張業務や会議の準備に加え，予約のキャンセル・調整などの日程管理業務が付いて回ることを心得ておかなければならない。引き継ぎ業務では，前任秘書との引き継ぎのほか，上司のあいさつ回りに関することも出題される。また予定外の来客に関しては，寄付の申し込みやあいさつ客への対応も押さえておきたい。非定型業務では状況に応じた対応が求められる。通常の一般的な対応では適当と見なされないケースも出てくるので，設問をよく読んで，まず状況を理解することが大切である。

❋ 急な出張

　秘書Aは会議から戻った上司（部長）から，急なことだがこれから出張すると言われた。出張に関してAが準備するものはないという。上司はAに「明後日には出社するが，今日はもう連絡できない。出張は課長以外には内密にするように。後の処理を頼む」と言い置いて出かけた。次は，この後予定されていたことに対してAが行ったことである。

× ①決裁のため預かっていた稟議書を，明後日改めて預かると言って，提出者に返した。

　　①上司の決裁を得るために預かっている稟議書である。上司が急な出張に出かけたからと言って預かっていることに何の関係もない。そのまま預かっていればよいことである。

❋ あいさつ回り

　秘書Aの上司が取締役に就任することが決まり，取引先にあいさつ回りをすることになった。次はAが上司から，その準備をするように指示されて行ったことである。

× ①社内の関係者と取引先に，上司のあいさつ回りの順番を連絡した。

○ ②あいさつ回りで留守中の，業務処理と業務代行者を上司に確認した。

　　①どこにあいさつに行くとか，順序をどのようにするかなどは，外部に知られてはよくないことである。

CHALLENGE 実問題

1 難易度 ★★☆☆☆

秘書Aが出社すると同僚Cから，急ぎで得意先に送付するものがあるので，手伝ってもらえないかと言われた。上司は終日外出していて出先から連絡が入ることになっている。Aは特に急ぐ仕事はないので手伝ってもよいと思ったが，このような場合，AはCにどのようなことを確認して手伝うことになるか。箇条書きで二つ答えなさい。

2 難易度 ★★☆☆☆

秘書Aは新しい上司に付くことになった。次はAが，前任秘書から引き継ぎ事項として教えられたことである。中から<u>不適当</u>と思われるものを一つ選びなさい。

1）上司は食後に持病の薬を飲んでいるが，秘書以外には知らせていないので気を付けないといけない。
2）上司は毎年，中元や歳暮には決まった品を贈っているので，発送の手配は特に上司に尋ねずにしてよい。
3）取引先のU氏はよく不意に訪れるが，必ず上司が会うとは限らないので在否を聞かれても答えない方がよい。
4）上司にはヘッドハンティングのうわさがあり，秘書にそのことを尋ねてくる人がいると思うが，知らないと答えるのがよい。
5）上司は社用のクレジットカードを持っているが，個人用のカードで経費を支払うこともあるので精算には注意が必要である。

【解答・解説】1＝〔解答例〕
　　1．自席ですることになるが，よいか。
　　2．時間はどのくらいか。
　Aは Cの仕事を手伝える状態にあるが，外出中の上司の留守を預かっているのである。となれば，来客や電話などに備えて席を外すことはできない。この辺りを前提にした確認が必要ということ。解答例の他に，「手伝うのは上司から連絡が入るまでになるかもしれないが，それでもよいか」などもよい。
2＝2）毎年決まった品という贈り方はある。が，その年の取引などの状況から変更もあり得るので，手配の前に今回も同じでよいかを確認しないといけない。特に尋ねずにするなどは不適当ということである。

一般知識

Lesson 1 会社と組織の一般知識

CASE STUDY

あなたなら
どうする？

会社の憲法は定款だと思っていた
のですが……社是とはどのような
ものですか？

社是と定款，どちらが会社の憲法？

▶新人秘書Cが秘書Aに尋ねました。「部長が，『社是に反するから，あの話は駄目になるだろうな。常務もわが社の憲法である社是に背くことはできないだろう』と話していたのですが……。私は，会社の憲法は定款だと思っていましたが違うのですか」

　Aは，Cに社是と定款の違いをどのように説明すればよいのでしょうか。

対処例 ○△×？…

　次のように説明すればよいでしょう。

　「社是も定款も会社の活動方針を定めた基本原則で重要なものである。社是は経営理念という精神的なもので，法的な拘束力はない。

　一方，定款は会社の具体的な活動の根本を定めたもので，法的に拘束されるものである。従って，どちらも会社の憲法といえる重要な原則である」

スタディ 💡‼

　社是とは，会社の経営哲学や「企業としてかくありたい」という経営理念，経営方針・主張を表した言葉で，経営者や社員の精神的なよりどころとなるものです。同じような意味で，社訓という言葉もあります。

　一方，定款とは，目的（会社が行う事業内容），商号（会社の名称），本店の所在地（会社の住所），発行可能株式総数，取締役の人数など企業活動に関する根本事項を定めたものです。

　社是や社訓，あるいは経営理念は，経営者や社員の精神的支柱であり，定款は法的根拠を持つ会社の根本規則である。どちらも会社の憲法と理解しておけばよいでしょう。

株式会社の基本知識

日本の会社の多くが株式会社です。以下のような基本的なことは押さえておくようにします。

●株式会社の概要

株式会社とは，株式を発行して事業に必要な資金を集めて，利益を追求する会社のことです。従って，株式会社は株式を購入した（出資した）株主によって構成され，会社の意思決定は株主によって行われます。しかし，通常の企業活動における業務執行は，株主総会で選任された取締役によって行われます。従って，発行済み株式の過半数を獲得すれば，その株主の意思を反映する取締役を株主総会で選任することができます。

取締役は，株主の委任によって会社業務を執行*1) し，利益を追求していきます。また株主は，会社が得た利益の分配を受ける権利を有します。これを配当といいますが，配当は株式の持ち分に応じて受け取ることになります。

株式を証券取引所に公開して売買できるようにしている会社を上場会社といい，そうでない会社を非上場会社といいます。

●株主

会社の出資者として株式を所有している人または法人で，会社に対して「議決権」，「利益配当請求権」，「残余財産分配請求権*2)」などの権利を有します。また，有限責任なので会社が倒産した場合にも，出資した分だけの責任しか負いません。つまり，会社が大きな負債を負っていても，自分が出資した分以上に損失を受けることはありません。

●株式

出資者である株主の権利を保証する出資証券を株式や株券，または単に株ともいいます。株式を証券取引所（例えば東京証券取引所）に上場している会社の株は証券会社を通して，誰でも自由に売買することができます。上場していない非上場会社の株式も売買することは可能ですが，買いたい人や売りたい人を見つけるのが困難になります。従って，上場している会社が証券取引所の上場廃止基準に該当*3) して上場廃止になる場合は，会社が従来通り存続しても株式の価値が大幅に下落するのが一般的です。

また，株式は自由に売買できるのが原則ですが，譲渡制限している株式は，株

*1) 執行＝執り行うこと。実際に（業務などを）実行すること。職務執行。
*2) 残余財産分配請求権＝会社が解散したとき，負債などを清算した後に残った財産の分配を受ける権利。所有する株式の数に応じた権利がある。
*3) 該当＝当てはまっていること。

主総会あるいは取締役会などで承認を受けなければなりません。

●株主総会

　株主総会は，株主によって構成される株式会社の最高意思決定機関です。株主は，その持ち株数に応じた議決権を有します。株主総会には，決算後定期的に実施される定時株主総会と，随時に招集される臨時株主総会があります。株主総会では，予算・決算書類の承認のほか，定款変更，解散，合併，取締役，監査役の選任・解任などの決議が行われます。

●取締役会

　株主総会で選任された3人以上の取締役で構成され，株主総会の権限に属する以外の業務執行上の重要な意思決定を行います。代表取締役の選任・解任，新株発行の決定，株主総会の招集などのほか，業務執行上の重要な案件を議決します。過半数以上の出席によって会議が成立し，出席者の過半数の賛成によって議決します。

●代表取締役

　取締役会設置会社の場合は，取締役会の決議で代表取締役が選任されます。取締役会非設置会社では，定款に代表取締役となる取締役が記載されていればその者がなり，それ以外は定款に定められた取締役の互選または株主総会での選任のいずれかの方法によって取締役の中から選任されます。

　代表取締役は株主総会や取締役会で決議されたことを執行する権限と責任を有します。社内的には業務の執行権を持ち，対外的には会社を代表して契約の締結などを行います。

　代表取締役は，中小企業では社長が就任していることが一般的ですが，大企業では，代表取締役会長，代表取締役社長，代表取締役副社長，代表取締役専務など複数の代表取締役を設けているケースも少なくありません。

　なお，取締役や代表取締役は法で定められた機関（役職）ですが，会長や社長，専務や常務などは法で定められた呼称ではなく，会社内部での肩書です。これらの役職者を一般的に重役などと呼ぶこともあります。

●監査役

　監査役とは，会社が法令に違反して活動していないかどうかをチェックする会社の機関です。監査は大きく会計監査と業務監査に分けられ，会社の会計処理や財務諸表が適正かどうかを監査するのが「会計監査」，取締役の業務執行が適法に行われているかどうかをチェックするのが「業務監査」です。

　監査役は，不正行為や法令違反などを発見したときは，取締役または取締役会に報告する義務を負っています。

●会計参与

取締役と一緒に会社の決算書を作成する機関です。

●常務会

通常，会社に常勤する取締役以上の役員で構成される会議です。法で定められた機関ではありませんが，ほとんどの日本の大企業では常務会が設置されていて，実質的に会社の経営方針や活動内容を決める意思決定機関となっています。

●定款

会社の憲法といわれるもので，会社の組織や運営，会社活動の目的に関する根本原則を定めたものです。会社設立の際には必ず作成し，株式会社の場合は公証人に認証してもらわなければならないものです。

定款には「絶対的記載事項」，「相対的記載事項」，「任意的記載事項」があります。

絶対的記載事項とは，それが記載されていないと定款自体が無効になるというもので，必ず記載しなければならないものです。絶対的記載事項は，「目的（事業内容）」，「商号」，「設立に際して出資される財産の価額またはその最低額」，「本店の所在地」，「発起人の氏名および住所」の五つです。

相対的記載事項とは，記載しなくても定款が無効になることはないが，記載しなければ，効力が生じなくなるもので，「設立に際して発行する株式に関する事項」，「発行可能株式総数」，「設立時の取締役等（発起設立の場合）」，「発起人が受ける報酬その他特別な利益」などがあります。

任意的記載事項とは，定款に記載しなくてもその効力が否定されるわけではない定款の記載が任意な事項のことです。例えば取締役の人数，決算期，株主総会の開催時期，株主総会の議長などがあります。

●社是

社是とは，「わが会社はかくありたい」という理念や経営方針，活動方針，行動規範などを述べたもので，経営者や社員の精神的な支柱となるものです。内容は会社によってさまざまで，「個性と人権を大切にする職場にする」，「信頼を第一とする」，「地域社会に貢献する」など，職場や職員に関することから顧客や地域社会，広くは地球環境にまで言及する社是があります。また，「社会に利益をもたらさないものを販売してはならない」，「本業に関連する事業以外のことをしてはならない」など会社の行動規範を定めたものもあります。

このような会社の基本方針を社是の他に，「社訓」，「経営理念」，「事業理念」などといいます。

定款と違って法的に拘束されるようなことはありませんが，一般的には経営者はこれらの基本方針に沿って活動するように努めます。

組織の基本知識

スタディガイド

領域‥理論編

領域‥実技編

面接編

テスト

会社の経営資源は「人・物(財)・金・情報」といわれていますが，会社を動かしていくのは「人」であり，経営資源の中でも最も重要なものです。そして，「人」は組織化されることによって，その能力を最大限に発揮していくことができます。

●ピラミッド型組織

会社は，会長や社長を頂点としたトップマネジメント，ミドルマネジメント，ロアマネジメント，一般社員というようにピラミッド型に組織化されています。

トップマネジメントとは，会長・社長・副社長・専務・常務などの取締役のことで，取締役会や常務会などを通して会社の意思決定を行い，ミドルマネジメントへの指揮・命令を行います。

ミドルマネジメントとは，部長・部長代理・課長・課長代理などの役職者で，トップマネジメントの指揮・命令を受けてロアマネジメントへの指揮・命令を行います。一般的には工場長や支店長，営業所長などもミドルマネジメントに属します。また，ミドルマネジメント以上の役職者を管理職といいます。

ロアマネジメントとは，係長や主任，班長，グループリーダーなどの役職者で，ミドルマネジメントの指揮・命令を受けて一般社員を指揮していきます。

●ライン部門とスタッフ部門

組織を大別すると，ライン部門とスタッフ部門に分けることができます。

ライン部門とは，企業本来の活動をする部門で，それがないと組織が成り立たない部門のことです。例えば，製造部門や仕入部門，営業部門や販売部門などがライン部門になり，その部門に属する人をラインと呼びます。

一方スタッフ部門とは，ライン部門が本来の業務に専念して効率よく活動できるように側面から支援する部門のことで，間接部門とも呼ばれます。例えば，総務部門や人事部門，経理部門などがスタッフ部門になります。また，スタッフ部門に属する人をスタッフと呼びます。

経営管理層を補佐支援する秘書課(室)は，総務部などに属していることが多いのですが，当然スタッフ部門であり，秘書はスタッフの一員ということになります。

●事業部別組織

事業部別組織(事業部制)とは，製品別・地域別・市場別に事業部を分けて設ける組織形態のことです。

例えば，製品別ではビデオ事業部，テレビ事業部，カメラ事業部などに，地域

別では，東日本事業部，関東事業部，西日本事業部，海外事業部などに，市場別では家電事業部，音響機器事業部，ゲーム機器事業部などにそれぞれ分けることになります。

　事業部別組織は，本社から権限を委譲されており，利益目標や達成方法を独自に導入します。ライン部門とスタッフ部門を組織内に持つ小規模の会社ともいえる組織です。

●プロジェクトチームとタスクフォース

　企業が臨時に編成する組織は，「プロジェクトチーム」あるいは「タスクフォース」と呼ばれます。

　両者とも何か問題が起こったとき，あるいは新規企画や事業開発の際に編成されます。アイデアを出し合って企画開発を行ったり，問題解決を図るためのチームなので，各部署からテーマに適した人材が集められます。チームは課題や問題が発生したときに結成され，目的が達成された時点で解散します。解散したら，各メンバーは元の組織に戻ります。

　両者とも同義ですが，比較的長期にわたる大きなテーマを扱うときはプロジェクトチーム，緊急性が高いときはタスクフォースと区別することもあります。

人事に関する基本知識

　優秀な人材を採用・育成していくことは，会社を発展成長させていく上で重要な課題となります。企業の人事・労務管理について理解しておくことが大切です。

●人事・労務管理

　企業の従業員や労使関係について企業が管理することを人事・労務管理といいます。その仕事内容としては以下のようなものがあります。

　◆賃金，労働時間，休日，安全衛生，社会保険の管理。

　◆従業員の採用人事（募集から選考，採否の決定まで）と退職手続き。

　◆採用した従業員の配置や人事異動。

　◆社員研修などの従業員教育。

●人事考課

　人事考課とは，一定期間における従業員の業務遂行の程度や能力，功績などを分析・評価し，一定の基準で査定することです。従業員の能力や意欲は自己啓発や上司の指導などによって常に変化しているので，一定期間ごとに再評価する必要があります。査定は人事管理する際の判断材料になり，昇進・昇給・異動など評価にふさわしい処遇をします。

序章　受験対策　基礎知識

第1章　必要とされる資質

第2章　職務知識

第3章　一般知識

第4章　マナー・接遇

第5章　技能

第6章　面接

終章　模擬試験

●自己申告制度

　自己申告制度とは，従業員自身がこれまでの職務に関する満足度を述べるほか，資格取得など今後の能力開発に関する意欲や希望職種，勤務地など人事異動等に関する希望を会社に申告する制度です。これには，従業員の個性と意欲を尊重して主体的に仕事に取り組んでもらおうとする狙いや，適正配置・教育研修に役立てようとする意図があります。

●人事関連用語

　人事異動など人事に関する用語には，次のようなものがあります。

◆昇進・昇格・降格

　主任から係長，課長，部長などへと役職が上がることを昇進，資格級や等級が上がることを昇格，役職などが下がることを降格という。

◆出向（しゅっこう）

　雇用関係はそのまま（会社に籍を置いたまま）で，子会社などの関連会社に長期間勤務すること。在席出向ともいう。出向社員の業務に対する指揮命令権は出向先に移る。

◆移籍

　これまでの会社との雇用関係がなくなり，関係会社などの従業員として雇用されること。移籍出向，転籍などともいう。

◆配置転換

　総務部員が人事部員に転任するなど，役職などが変化しないままの人事異動を単に配置転換という。従業員に経験を積ませるジョブローテーション（職務歴任制度）を目的に行われる。

◆栄転・左遷（えいてん・させん）

　栄転は今より高い地位に転任することだが，役職は同じでも，地方の支店長から，重要な中央の支店長に転任したときなども同様に栄転という。その逆が左遷。

◆就任

　任務や役職に就くこと。

◆兼任

　「機構改革本部長兼総務部長」など複数の役職を兼務すること。

◆重任

　任期満了後もそれまでの任務を続けること。留任ともいう。

◆解任

　任期の途中に，その職務を辞めさせること。

◆辞任

　それまで就いていた任務や職務を，自分の意思で辞めること。

◆赴任

　新しい勤務地に向かって行くこと。

◆帰任

　一時離れていた任地や任務に戻ること。

 ## 企業に関わる職業

- [ ] 公認会計士……財務諸表など財務に関する書類の監査や証明をすることを職業にしている人。税務業務を行うこともできる。
- [ ] 税理士…………税に関する事務書類の作成の代行や税務相談などを職業にしている人。
- [ ] 弁護士…………訴訟当事者の依頼を受け，訴訟に関する法律事務および法律活動を行うことを職業にしている人。さまざまな訴訟に備えて，また各種法律相談をするため，多くの企業は弁護士と顧問契約を結んでいるが，この弁護士を顧問弁護士という。
- [ ] 弁理士…………特許・実用新案・意匠・商標などに関して，出願手続き等の事務・代行を職業とする人。
- [ ] 公証人…………公正証書の作成など民事に関する事実を公に証明する権限を持つ公務員のことで，法務大臣に任命され，法務局または地方法務局に所属する。会社の定款は公証人に認証を受けなければならない。
- [ ] 行政書士………官公庁に提出する書類の作成や手続きの代行を職業としている人。事実証明や契約書の作成等も行っている。
- [ ] 司法書士………登記や供託及び訴訟等に関する手続きや，裁判所・検察庁・法務局・地方法務局に提出する書類作成の代行を職業としている人。会社の役員変更の商業登記や土地建物など不動産の登記は，司法書士に依頼することになる。
- [ ] 社会保険労務士…社会保険事務の代行や相談・指導を職業としている人。労働・社会保険のほか人事・労務管理などにも精通していて，その方面からも企業を支援する。

SELF STUDY

過去問題を研究し
理解を深めよう！

POINT 出題 CHECK

　「会社と組織の一般知識」では，定款，社是，社訓，取締役，監査役，株主総会など，会社に関する一般的な用語を理解しているかどうかが問われる。また，組織や人事に関する用語，公認会計士や弁理士など企業と関わる職業についての出題もあるので，一つ一つの事柄を関連づけて学習し，一通りのことは理解できるようにしておきたい。

❋ 会社に関する一般的な用語

　次は，同じような意味や内容を持つ用語の組み合わせである。

○　①解雇 ── 免職

×　②定款 ── 約款

○　③社是 ── 社訓

　　　②「定款」とは会社などの組織や業務に関する基本的な規則のこと。「約款」とは，契約書などに定められた条項のこと。

❋ 人事に関する用語

　次は，用語とその説明である。

×　①「重任」とは，複数の役職を兼任すること。

○　②「帰任」とは，一時離れていた任地に戻ること。

○　③「赴任」とは，新しい任地に向かって出発すること。

　　　①「重任」とは，任期のある職務の任期満了後，再びその職に就くこと。

❋ 企業に関わる職業

　次は，用語とその説明である。

○　①「弁理士」とは，特許，意匠などの出願手続き等の代行を職業とする人。

×　②「公証人」とは，損害賠償などのための，損害額の見積もりを職業とする人。

　　　②「公証人」とは，民事に関する事実を公に証明できる権限を持つ公務員。

CHALLENGE 実問題

序章 受験対策 基礎知識

第1章 必要とされる資質

第2章 職務知識

第3章 一般知識

第4章 マナー・接遇

第5章 技能

第6章 面接

終章 模擬試験

1 難易度 ★★★☆☆

次のそれぞれの説明は何のことを述べているか。適切な用語を漢字で答えなさい。

1) 会社の会計や業務が適正に行われているかどうかを検査する人。
2) 従業員の労働条件や服務規律などについて雇用主が定めた規則。
3) 不動産などの権利を確実にするために，公的な帳簿に記載すること。

2 難易度 ★★★☆☆

次は企業に関わる職業と，それに関係する機関などの組み合わせである。中から不適当と思われるものを一つ選びなさい。

1) 弁理士　　　　　──　　特許庁
2) 司法書士　　　　──　　法務局
3) 行政書士　　　　──　　市町村役場
4) 公認会計士　　　──　　証券取引所
5) 社会保険労務士　──　　年金事務所

【解答】1＝1）監査役　　2）就業規則　　3）登記
2＝4）「公認会計士」とは，企業の求めに応じて財務書類の監査・証明を行う人のことで，関係する機関は「税務署」である。「証券取引所」は，主に株式や債券の売買取引を行うための施設のことなので組み合わせとして不適当である。

Lesson ② 企業会計

CASE STUDY

あなたなら
どうする？

部長が「財務諸表を見る限りX社の経営状態はいいようだ」と話していましたが……

財務諸表って何？

▶秘書Aは新人秘書Cから，「財務諸表とは何か」と聞かれました。どのように説明すればよいのでしょうか。

対処例 ○△×?…

次のように説明しましょう。

1. 財務諸表とは，企業が，株主・債権者・税務署など利害関係者に報告するために作成する書類のこと。

2. 通常，企業の決算期ごとに作成される。

3. 財務諸表の代表的なものとしては「貸借対照表」「損益計算書」「キャッシュフロー計算書」「株主資本等変動計算書」がある。

スタディ 💡‼

「貸借対照表」とは，決算時など一定の時点の企業の財政状態を明確に示したもの。別名Balance Sheetともいい，その頭文字を取ってB/Sと略します。

「損益計算書」とは，ある一定期間の企業の損益を計算して，企業の経営成績を示したもの。英語では，Profit and Loss Statement といい，Profit（利益）とLoss（損失）の頭文字を取ってP／Lと略されます。

「キャッシュフロー計算書」とは，一定期間における企業の資金の流れを明らかにしたものです。

「株主資本等変動計算書」とは，企業の純資産の変動を表したものです。

📁 企業会計

企業活動は，さまざまな分野に及ぶため，その経済的実態は複雑で込み入っています。企業会計とは，そうした企業のさまざまな経済活動を貨幣額として確実に認識し，評価・測定・伝達する行為です。

企業会計は，大きく財務会計と管理会計に分けることができます。

財務会計は，企業の外部の利害関係者に，企業の財政状態や経営成績の真実を

報告することを目的としています。

　一方，管理会計は，企業の経営者が経営計画を立てるなどの意思決定をしたり，経営管理を行うための会計情報を提供していくことを目的としています。

　つまり，財務会計は企業の外部関係者のための会計，管理会計は企業の内部関係者のための会計といえます。

●財務会計

　企業に関わる主な利害関係者は，株主，従業員，取引先，税務当局などです。株主は，企業の業績の良しあしでさまざまな判断をします。業績がよければ多くの配当を要求したり，悪ければ所有している株式を売却したりします。従業員は，業績がよければボーナスの増額や賃上げを要求するでしょうし，経営不振だと見切りをつけて退職したりするでしょう。また，取引先は経営悪化が判明すれば取引条件を厳しくします。

　こうした利害関係者が適切な意思決定を行うためには，企業の財務状況を表す正確な会計報告が必要になります。そこで企業は，日常の会計業務を通して企業の収益の状況や資産の管理状況などを正確に記録・計算し，最終的には「財務諸表」を作成して，一定の時期に利害関係者に報告することで責務を果たしていくことになるのです。

　財務諸表は，利害関係者の意思決定を左右するなど社会的影響が大きいために会計基準や会計法規などの規則に従って作成されます。また，会社法・税法・証券取引法その他の法律で作成が義務付けられているので制度会計ともいわれます。

●管理会計

　管理会計は，企業にある会計データを利用して内部資料としての書類を作成するので，財務会計のような特別なルールはありません。新規事業の採算を評価する資料を作成したり，機械設備を導入するかどうかを判断する資料を作成するなど，経営に役立つ会計情報を作成し，経営者に報告します。意思決定の資料として利用されるので，情報の正確性よりも，迅速な情報の提供が重要になります。

財務会計は，対外的な利害関係者に企業の財政状態や経営成績を報告することを目的としているので会計基準や会計法規などの規則に従って作成され，管理会計は，経営判断のための会計情報を経営者に提供することを目的とした内部資料なので，情報の正確性よりも速報性が重視される……ということですね。

財務諸表

　財務会計の最終目標は財務諸表を作成し，利害関係者に報告することです。企業は一定期間が終わると会計帳簿を整理して業績を明らかにします。これを決算といい，財務諸表は決算時に作成されます。財務諸表の代表的なものが「貸借対照表」，「損益計算書」，「キャッシュフロー計算書」，「株主資本等変動計算書」です。

●貸借対照表

　貸借対照表とは，決算時など一定の時点の企業の財政状態を明確に示したもので，企業の全ての資産，負債，純資産の内容が分かるように一覧表にして記してあります。通常，表の左側に「資産」を，右側に「負債」と「純資産」を記し，左側を借方，右側を貸方と呼びます。貸方には，企業が資金をどのようにして調達したかを記します。「負債」は銀行など他から借りて資金調達したもので，将来返す必要があります。「純資産」は株主が出資した資本金など返す必要のない資金です。

　借方の「資産」には調達した資金がどのように姿を変えたかが記してあります。つまり，左側の借方は右側の貸方の資金が変化したものなので，「資産＝負債＋純資産」という関係が成立し，借方と貸方の合計金額は一致します。両者が釣り合うので別名バランスシート（Balance Sheet）といい，頭文字を取ってB/Sと略します。

●損益計算書

　損益計算書とは，決算期など一定期間の企業の損益を計算して，企業の経営成績を示したものです。英語では Profit and Loss Statement といい，Profit（利益）とLoss（損失）の頭文字を取ってP／Lと略されます。

　損益計算書の項目には，売上高，売上総利益（いわゆる粗利），営業利益（損失），経常利益（損失），税引前当期純利益（損失），当期純利益（損失）などがあります。

●キャッシュフロー計算書

　キャッシュフロー計算書とは，一定の会計期間における企業の資金の流れ（増減）を明らかにした計算書で，「営業活動」「投資活動」「財務活動」ごとに区分して表示します。

　営業活動によるキャッシュフローとは，事業活動によって得た資金の増減を表したものです。投資活動によるキャッシュフローとは，固定資産や有価証券の取得や売却など投資活動による資金の増減を表したものです。また，財務活動によるキャッシュフローとは，株式や社債の発行，社債や借入金の返済など資金の調達や返済に関する資金の増減を表したものです。

●株主資本等変動計算書

　会社の純資産の変動を表す計算書のこと。貸借対照表や損益計算書だけでは，

資本金などの数値を連続して把握することが困難なことがあります。そこで会社法では，この計算書の作成を義務付けるようになりました。

会計に関する用語

- □ 企業会計原則…企業が財務諸表を作成する際に，守るべき原則であり，「一般原則」「損益計算書原則」および「貸借対照表原則」からなる本文と，その実践規範としての性格を持つ「注解」から成る。公認会計士にとっても，財務諸表を監査する際にこの原則に基づいて監査することになる。
- □ 連結決算………親会社と子会社を一つにまとめて行う決算のこと。
- □ 営業利益………営業収益から営業費用を差し引いた利益のこと。営業収益より営業費用が大きいときは，営業損失という。
- □ 経常利益………営業利益（損失）に営業外収益（貸付金の利子や株式の配当など）と営業外損失（借入金の利子や為替差損など）を加えたもの。損失が出れば，経常損失という。
- □ 税引前当期純利益…経常利益（損失）に固定資産売却益（損）などの特別利益（損失）を加えたもの。損失が出れば税引前当期純損失という。
- □ 当期純利益……税引前当期純利益（損失）から納付すべき税金を差し引いた額が当期純利益（損失）で，これがこの期間に得た企業活動の実質的な成果ということになる。
- □ 流動資産………現金のほか，現金預金，受取手形，売掛金など1年以内に現金化できる資産。
- □ 固定資産………土地や建物などの有形固定資産と特許権，実用新案権，意匠権など形のない無形固定資産がある。
- □ 減価償却………建物・機械設備などの資産を，その耐用年数に応じて価値が減少した相当額（減価）を費用として計上すること。
- □ 棚卸し…………製品・商品などの在庫量を帳簿と照合して把握し，それらの商品を金額に換算すること。
- □ 増資……………新株発行による払い込みなどで資本金の額を増加すること。
- □ 融資……………銀行などが資金を求める人に資金の貸し出しを行うこと。
- □ 抵当……………借金の保証として貸し主に差し出す財産。担保ともいう。
- □ 債権・債務……商品の引き渡し，代金の支払い，貸した金の返済などを求める権利を債権，その権利を有している人を債権者。一方，借りた金を返すべき義務を債務，その義務を負う者を債務者という。

SELF STUDY

過去問題を研究し
理解を深めよう！

✎ POINT 出題 CHECK

　「企業会計」では，財務諸表に関する問題や会計用語の理解度を問う問題が出される。用語説明の記述問題もあるので，企業でよく使われる用語はチェックしておき，簡単に説明できるようにしておきたい。

❀ 会計用語 ①

　次は，用語とその説明である。

○　①「流動資産」とは，現金や預金，有価証券などの資産のこと。

×　②「連結決算」とは，年度の前期と後期を連結して決算すること。

○　③「貸借対照表」とは，資産，負債，純資産の内容を一覧表にまとめたもののこと。

　　　②「連結決算」とは，親会社を頂点とした企業集団の場合，子会社も一緒にして行う決算のことである。

❀ 会計用語 ②

　次は用語とその説明である。

×　①「増資」とは，会社などが将来のために土地などを買い入れて資産を増やすことである。

○　②「債務」とは，借りた側が，貸してくれた側に返さなければならない義務のことである。

○　③「融資」とは，銀行などが資金を求める人に資金の貸し出しを行うことである。

　　　①「増資」とは，資本金を増やすこと。

❀ 会計用語 ③

　次のそれぞれの説明は，何のことを述べているのか。

　　①決算や整理のために在庫を調べること。

　　②企業の一定期間の財政状態や経営成績を利害関係者に明らかにする目的で作る書類の総称。

　　　①棚卸し。　　②財務諸表。

CHALLENGE 実問題

1 難易度 ★★☆☆☆

次は直接関係のある用語の組み合わせである。中から不適当と思われるものを一つ選びなさい。

1）付加価値　――　連結決算
2）社会資本　――　公共施設
3）金融緩和　――　市中金利
4）抵当物件　――　固定資産
5）決算公告　――　財務諸表

2 難易度 ★★★☆☆

次のそれぞれの説明は何のことを述べているか。□内に漢字を1文字ずつ書き入れて答えなさい。

1）証券取引所で株式が売買されている会社のこと。　＝□□企業
2）親会社と子会社を一つにまとめて行う決算のこと。　＝□□決算
3）企業などが前年度の決算の結果を一般の人に知らせること。　＝□□決算
4）固定資産の価値の減少分を決算期に費用として計上すること。　＝□□償却

【解答・解説】1＝1）「付加価値」とは，商品やサービスなどに，新たに付け加えられる価値のこと。「連結決算」とは，親会社と子会社をまとめた決算のことである。
2＝〔解答例〕
1）上場　2）連結　3）公告　4）減価

Lesson ③ 税・印鑑の知識

CASE STUDY

あなたなら
どうする？

女将さん，収入印紙
はどこにありますか
……

なぜ領収証に印紙を貼るの？

▶秘書Aと新人Cは，上司が主催する宴席に同席していましたが，会が終わりそうなころ，上司の指示で会計を済ませることになり，Cと一緒に席を外しました。店のレジで支払いをしていたところ，領収証を書いていたレジ係の人が横にいた料亭の女将に，収入印紙はどこにあるのかと尋ねているのが聞こえました。それを耳にしたCが，Aに「なぜ収入印紙が必要なんですか」と聞いてきましたが，どのように説明すればよいのでしょうか。

対処例 ○△×?…

次のように説明すればよいでしょう。

1. 収入印紙とは，国庫の収入となる租税・手数料などを徴収するために政府が発行する証票のこと。
2. 一定額以上の領収証などには印紙税が課せられており，収入印紙を貼って納税することになっている。
3. ちなみに，納税した証として，収入印紙と領収証にまたがって印を押すが，これを消印という。

スタディ 💡!!

印紙税が課せられる文書を「課税文書」といいますが，課税文書には領収証のほか，「金銭消費貸借契約書」，「約束手形・為替手形」，「定款」，「預金証書」，「代理店契約書」などがあります。

契約書や領収証に収入印紙が貼っていなくても，契約内容や文書そのものの効力は失われませんが，税法上は問題になります。調査などで貼っていないことが発覚した場合は，本来の3倍の印紙税を払わなければなりません。もし故意に印紙を貼らないと「1年以下の懲役もしくは20万円以下の罰金または併科する」になります。

企業の税金

　企業には法律上の人格（法人格）があり，個人と同じように所得に応じて税金も課せられます。法人の所得にかかる税金を法人税といいます。法人税は，個人の所得税とともに国の一般歳入の柱となっています。

　企業が支払う税金には，法人税の他に事業税・固定資産税・消費税などがあります。一方，個人が払う税金には所得税・消費税・道府県民税・市町村民税・固定資産税などがあります。

　また，企業は従業員の給与所得から所得税など税金分を差し引き，従業員に代わって税務署に納めますが，これを「源泉徴収」といいます。また，年末には一年間の給与総額から所得税額を算出し，源泉徴収分との過不足を精算しますが，これを「年末調整」といいます。

税金に関する用語

☐ 所得税……………個人の所得に課せられる国税。

☐ 法人税……………法人所得税ともいい，法人の所得（利益）に課せられる国税。

☐ 事業税……………事業を営む法人，個人に課せられる地方税。

☐ 消費税……………物品やサービスの消費に対して課せられる間接税。

☐ 住民税……………個人，法人に課せられる地方税。

☐ 固定資産税………土地や家屋，工場などの固定資産に課せられる地方税。

☐ 印紙税……………証書・契約書などを作成する際に課せられる税金。購入した収入印紙を書類に貼り，消印することで納税することになる。

☐ 累進課税…………所得など，課税対象額が大きければ大きいほど，高い税率を適用する課税方式。

☐ 確定申告…………一定期間の所得額や控除額を申告して税金を納めること。企業の場合は，決算日から2カ月以内に法人税を申告することになっている。

☐ 青色申告…………事業所得者が，一定の帳簿書類を備え付け，所定の事項を記録して申告することにより，税金の面で有利な計らいを受けられる制度。

☐ 所得控除…………所得税を計算する際に，所得金額から差し引いて除外すること。それにより課税額が少なくなる。「基礎控除」のほか「配偶者控除」，「扶養控除」，「医療費控除」などがある。

序章　受験対策　基礎知識

第1章　必要とされる資質

第2章　職務知識

第3章　一般知識

第4章　マナー・接遇

第5章　技能

第6章　面接

終章　模擬試験

印鑑に関する用語

- 実印‥‥‥‥‥‥‥‥個人が地方自治体に印鑑登録した印鑑。重要な契約などには実印を押すことを求められる。実印であることを証明するためには，印鑑証明書を提出する。

- 認め印‥‥‥‥‥‥郵便の書留や宅急便の受取印など日常的に使う印鑑のことで，印鑑登録していないのが一般的。

- 公印‥‥‥‥‥‥‥役所や会社などの公的な印鑑。

- 代表者印‥‥‥‥‥地方法務局などの登記所に登録した会社代表者などの正式な印鑑。一つの会社で一つしか登録できない。

- 銀行印‥‥‥‥‥‥銀行に届け出ている印鑑。小切手や手形，預金の引き出しなどに使用する。

- 割り印‥‥‥‥‥‥契約書の正本と副本，領収証と控えなど，ある文書と他の文書との関連性を証明するため両方の文書にまたがって印鑑を押すこと。独立した文書の一体性や関連性を証明する印。

- 契印‥‥‥‥‥‥‥契約書が2枚以上になる場合など，それが一体の文書であることを証明するため，見開きにした書類のとじ目に印鑑を押すこと。同一の文書の一体性を証明する印。

- 訂正印‥‥‥‥‥‥契約書などの文書内容を一部訂正したときに，欄外に「○文字削除，○文字加筆」などと記入するが，そこに契約の当事者が訂正したことを証明するために押す印。

- 捨て印‥‥‥‥‥‥後に訂正が出てきた場合，手を煩わせないで済むようにという理由から，あらかじめ欄外に押しておく印。悪用される恐れがあるので，なるべく捨て印はしないようにする。

- 消印‥‥‥‥‥‥‥文書に貼った収入印紙を再利用されないように，収入印紙と文書にまたがって印を押すこと。

- 封印‥‥‥‥‥‥‥重要書類の封筒のとじ目に印を押すなど，勝手に開かれないように押す印。

- 押印(おういん)‥‥‥‥‥‥‥印鑑を押すこと。捺印(なついん)ともいう。

- 署名捺印‥‥‥‥‥自分の氏名を自筆で書いて（署名）印鑑を押すこと。パソコンやゴム印を利用するなどして，自筆以外の方法で自分の氏名を記すのは「記名」。「署名」と指示してある場合，自筆でなければ無効になるので要注意。

SELF STUDY

過去問題を研究し
理解を深めよう！

POINT 出題 CHECK

　税の知識としては，直接税と間接税のほか，累進課税，源泉徴収，年末調整，確定申告などの意味を押さえておく。また，これらの用語については簡単な説明が書けるようにしておくこと。

　印鑑についても同様に用語の知識が問われる。契印と割印の違い，記名捺印と署名捺印の違いなども明確に説明できるように一つ一つの用語の意味をしっかり理解しておくことがポイントになる。

税の知識

　次の説明は何のことを言っているか。□□内に漢字を1文字ずつ書き入れて答えなさい。

　課税される額が大きくなるに従って税率を引き上げて課税すること

　＝　　□□課税

　　〔解答例〕
　　　累　進　課税

✳ 印鑑の知識

　次は，印鑑に関する説明である。

○　①捺印とは，印を押すことで，押印の別称である。

×　②契印とは，契約した証として，収入印紙に押す印である。

○　③捨て印とは，訂正などの場合を考えて，あらかじめ欄外に押しておく印である。

　　②「契印」とは，契約書が複数枚になる場合，それが一体の文書であることを証明するために書類のとじ目などに印鑑を押すこと。同一の文書の一体性を証明する印。

CHALLENGE 実問題

1 難易度 ★★☆☆☆

次は，直接関係ある用語の組み合わせである。中から<u>不適当</u>と思われるものを一つ選びなさい。

1) 社会保険 ── 雇用
2) 印税 ── 配当金
3) 介護保険 ── 高齢化
4) 確定申告 ── 還付金
5) 固定資産税 ── 持ち家

2 難易度 ★★☆☆☆

次の用語の説明の中から<u>不適当</u>と思われるものを一つ選びなさい。

1) 「直接税」とは，納税者と税の負担者が同じ，例えば所得税などのことである。
2) 「可処分所得」とは，所得税を計算するとき課税対象とならない所得のことである。
3) 「累進課税」とは，所得金額が大きくなるほど税率が高くなる課税方式のことである。
4) 「確定申告」とは，その年に納めるべき所得税を計算して税務署に報告することである。
5) 「源泉徴収」とは，給与などを支払うときその金額から所得税などを天引きすることである。

【解答・解説】1＝2）「印税」とは，書籍などの発行部数や価格に応じて，発行者が著者に支払う著作権の使用料のこと。「配当金」とは，株や保険などの利益金の一部を分配すること。従って，直接関係ある用語の組み合わせとして不適当である。
2＝2）「可処分所得」とは，個人所得から税金や保険料などを差し引いた後の自由に使える所得のことである。

CHALLENGE 実問題

3 難易度 ★★★☆☆

次の用語の中から、「収入印紙」とは関係のないものを一つ選びなさい。

1) 消印
2) 税金
3) 請求書
4) 郵便局
5) 領収書

4 難易度 ★★★☆☆

次は、「印」が付いた語の説明である。中から不適当と思われるものを一つ選びなさい。

1)「捺印した」とは、印を押したこと。押印した、押捺したも同じ意味である。
2)「合印を押す」とは、書類を照らし合わせたというしるしに印を押すことである。
3)「改印した」とは、例えば、銀行などに届けてある届け出印を、別の印に変えることである。
4)「烙印を押す」とは、書画に、自分が書いたというしるしに署名とともに印を押すことである。
5)「母印で押した」とは、親指の腹に朱肉を付け、印鑑の代わりにして押したという意味である。

【解答・解説】3＝3)「収入印紙」は、国庫収入となる租税や手数料などを徴収するために政府が発行する証票のこと。印紙は郵便局などで購入し、5万円以上の領収書には貼って消印する。選択肢の中で関係ないのは「請求書」ということである。
4＝4) 書画に、書いた人が署名して印を押すことは「落款（らっかん）」という。「烙印」とは、昔、刑罰として罪人の額などに押した焼き印のこと。現在は、消すことのできない汚名を着せられたことを例えて、烙印を押されたという。

Lesson ① 常識としての一般知識

W常務は朝令暮改が多くてね……

CASE STUDY

あなたなら
どうする？

「朝令暮改」とは
どのような意味？

▶秘書Aが，新人秘書Cとともに上司が主催するパーティーに接客役として出席したところ，懇意にしている取引先の部長が話しかけてきて，「この前は急に予定を変更して悪かったね。何しろわが社のW常務は朝令暮改が多くてね……」と言って苦笑いをしました。それを小耳に挟んだCが，部長が去った後「チョウレイボカイってどういう意味ですか」とAに尋ねました。Aはどのように説明すればよいのでしょうか。

対処例 ○△×？…

　まず，「朝令暮改」という字を書いて，次のように説明すればよいでしょう。

　「朝命令したことを，夕方には撤回して，別な命令をする」という意味で，命令や指示がたびたび変更になり，方針が定まっていない様子をいう。同じ意味で，「朝改暮変」という言葉もある。

スタディ 💡‼

　上司の指示や命令が頻繁に変わると，「朝令暮改が多くて困る」などと愚痴を言ったり，批判がましく話したりします。しかし，変更するには変更するなりの理由があるのです。ビジネスの世界では，朝に決断したことも，夕刻の情報によっては別な判断をして対応せざるを得ないことが少なくありません。秘書がそのような上司に就いたら，愚痴を言うのではなく，変更にすぐ対応して，上司の補佐ができるようにしなければなりません。朝令暮改が多い上司の期待に応えてこそ優秀な秘書といえるのです。

　逆に一度こうと決めたら誰が何と言おうと意見を曲げない「頑固一徹」の上司もいます。このような上司も「頑固で困る」などと批判されたりしますが，頑固な人にはそれなりの信念や人生哲学があることを理解して補佐するのが秘書の仕事です。

よく使われる経済用語

☐ 日本銀行…………日本の中央銀行のことで，日銀と略される。日本銀行には，①紙幣を発行する「発券銀行」，②金融機関とだけ取引をする「銀行の銀行」，③政府の出納を引き受ける「政府の銀行」という役割や特徴がある。

☐ 金融政策…………経済の健全な発展を推進するために中央銀行（日本の場合は日銀）が実施する金融面からの経済政策のこと。不況時には景気刺激策として金融緩和を行い，景気の加熱時には景気抑制策として金融引き締めを行う。

☐ 日銀短観…………日銀が企業の業況や景気の見通しについて年4回実施しているアンケート結果をまとめたもの。正式には「企業短期経済観測調査」という。調査で注目されるのは，景気がいいとする企業の比率から悪いとする企業の比率を引いた景気動向指数で，株式相場や為替相場に影響を及ぼすことがある。

☐ 財政………………国や地方公共団体が行う経済活動のこと。税金や国債・地方債などの収入を元に，教育や福祉のサービス，道路や空港の建設など国民生活や市民生活を支える活動を財政という。

☐ 財政政策…………国の歳入や歳出を通じて需要の拡大や抑制を図る政府の政策。不況時には景気刺激策として、歳入面では減税を、歳出面では公共事業の拡大などを実施する。逆に景気が過熱している時には、景気抑制策として増税や公共事業の削減などを行う。

☐ 国債・地方債……国が発行した債券を国債，地方公共団体が発行した債券を地方債という。

☐ 外需・内需………外需とは国外需要のことで、単に財やサービスの「輸出」を指すこともあるが、国内総生産（GDP）の構成要素として用いる場合は、輸出から輸入を引いた「純輸出」を指す。内需とは個人消費や設備投資、公共投資などの国内需要のことである。

☐ 関税障壁…………国内産業を保護するために，政策的に輸入品に課税して（関税）輸入の制限をすること。

☐ 為替レート………自国通貨と他国の通貨の交換比率のこと。日本経済で最も関心が高いのが円と米ドルとの交換比率である。ドルに対して円の価値が上がれば「円高」，逆に下がれば「円安」となる。

☐ 為替差益…………円と外貨のレートの差で生じた利益のこと。逆が為替差損。

よく使われる慣用語句

- [ ] あうんの呼吸………お互いの気持ちがぴったり合うこと。
- [ ] 煽りを食う…………周囲の状況の変化によって影響（被害）を受けること。
- [ ] 上げ潮に乗る………勢いが増している時期のその勢いに乗ること。
- [ ] 足元を見る…………相手の弱みに付け込むこと。
- [ ] 油を売る……………仕事をせずに無駄話をしたり，怠けて時間をつぶすこと。
- [ ] 甘い汁を吸う………自分は何もしないで他人の労力によって利益を得ること。
- [ ] 泡を食う……………驚いて慌てふためくさま。
- [ ] 言い得て妙…………ずばりとうまく言い表していること。
- [ ] 唯々諾々……………何事にも逆らわず，相手の言う通りになるさま。
- [ ] 痛し痒し……………よい面も悪い面もあって困ること。
- [ ] 引導を渡す…………最終宣告をして相手に諦めさせること。
- [ ] 腕（手）をこまぬく…何もしないでじっとしているさま。こまねくともいう。
- [ ] 襟を正す……………気を引き締めること。
- [ ] 大盤振る舞い………気前よく盛大にもてなすこと。
- [ ] お門違い……………見当違いの意。
- [ ] お株を奪う…………相手の得意なことを自分がうまくやってのけること。
- [ ] お先棒を担ぐ………誰かの手先となって動き回ること。
- [ ] お相伴にあずかる…酒席などで正客のお供をし，客として接待を受けること。
- [ ] お墨付き……………社長や教授など権威のある人から得た保証の意。
- [ ] お茶を濁す…………適当なことを言ったり，表面を取り繕うなどしてその場を
　　　　　　　　　　　　　ごまかすこと。
- [ ] お鉢が回る…………自分の順番が回ってくること。
- [ ] （お）眼鏡にかなう…上司など目上の人から気に入られること。
- [ ] お役御免……………仕事や役割から解放されること。また，今まで使っていた
　　　　　　　　　　　　　ものが不用になる，仕事を辞めさせられるの意もある。
- [ ] 書き入れどき………帳簿の書き入れが忙しくなるときという意で，商売が一番
　　　　　　　　　　　　　忙しいとき（一番稼ぐ時期）のこと。
- [ ] 肩たたき……………それとなく退職を促すこと。
- [ ] 蚊帳の外……………事情を一切知らされず，局外者にされていること。
- [ ] 汗顔の至り…………顔に汗をかくほど非常に恥ずかしいという意。
- [ ] 閑古鳥が鳴く………ほとんど人が訪れずさびれている様子。主に商売がはやら
　　　　　　　　　　　　　ない様子をいう。

□ 看板倒れ……………見かけはいいが，実質や実力が伴っていないこと。
□ 机上の空論…………机の上の理論で，実際には役に立たないこと。
□ 気脈を通じる………意思の疎通を図ること。
□ 胸襟を開く…………自分の胸の内を隠さず，打ち明けること。
□ 口車に乗る…………巧みな話術に惑わされてだまされること。
□ けむに巻く…………相手があまりよく知らないようなことを一方的に言い立てたりして，ぼうぜんとさせること。
□ 沽券に関わる………品位や体面に支障が出るという意。沽券は土地などの売り渡しの証文。
□ 策士策に溺れる……策略を用いる人は，かえって策を用い過ぎて失敗するという意味。
□ 砂上の楼閣…………「基礎がもろく崩れやすい」ことから，実現不可能の意。
□ 潮時…………………物事を始めたり，終了したりするのにちょうどよいとき。
□ 尻に火が付く………事態が迫ってきて慌てる様子。
□ 辛酸をなめる………さまざまな苦労をすること。
□ 席末を汚す…………その席にいることを謙遜していう言葉。末席ともいう。
□ 世故に長ける………世間の事情に通じ，世渡りもうまいこと。
□ 是々非々……………よいことはよいとし，悪いことは悪いと明確にすること。
□ 断腸の思い…………はらわた（腸）がちぎれるくらいの苦しい（悲しい）思い。
□ 付け焼き刃…………その場しのぎのために，にわか仕込みの知識や技術の習得をすること。また，そうして得た知識のこと。
□ 堂に入る……………修業や経験を積み，その道で評価される域にまで達していること。「堂に入った演説だった」などと用いる。
□ 取り付く島もない…頼りにしてすがろうとしても，その手掛かりさえもないこと。
□ 歯に衣着せぬ………遠慮なく思ったことをはっきり言うこと。
□ 腑に落ちない………納得ができないこと。
□ まゆつば物…………疑わしい物。
□ 耳寄り………………聞く価値があること。「耳寄りな情報」などと用いる。
□ 脈がある……………見込みがあること。期待ができること。
□ 無用の長物…………役に立たないどころか，かえって邪魔になるもの。
□ 目鼻が付く…………仕事（物事）がほぼ出来上がること。
□ 役不足………………能力や技量に比べて役目や職位が軽過ぎること。
□ 横車を押す…………道理に合わないことを無理やり押し通すこと。
□ 横槍を入れる………当事者でない者がわきから口を出して文句をつけること。

133

よく使われることわざ

☐ 雨降って地固まる…一騒動あった後は，かえって物事がうまく収まるという意。

☐ 魚心あれば水心……相手が好意を示せば，こちらも好意を持つものだということ。

☐ 帯に短し襷に長し…中途半端で役に立たないこと。

☐ 河童の川流れ………その道の達人も失敗することがあるというたとえ。「猿も木から落ちる」，「弘法にも筆の誤り」も同じ。

☐ 果報は寝て待て……幸運がいつ訪れるかは人力が及ばないことなので焦らないで待つのがよいということ。

☐ キジも鳴かずば撃たれまい…余計なことを言わなければ災いを招かずに済むというたとえ。

☐ 漁夫の利……………当事者間で争っている間に，第三者が利益を得ること。

☐ 君子危うきに近寄らず…君子（立派な人，徳のある人）は，自ら危険なところに近づく愚かなことはしないという意。

☐ 君子は豹変す………君子は間違いを犯しても，すぐに改めて善に戻るという意味だが，俗に考え方や意見が急に変わるという意でも使われる。

☐ けがの功名…………災難や失敗だと思っていたことが，図らずもよい結果になったことのたとえ。

☐ 好事魔多し…………いいと思われることには，何かと邪魔が入りやすいものだということ。

☐ 五十歩百歩…………大差のないこと。

☐ 転ばぬ先の杖………何事も事前に注意するに越したことはないというたとえ。

☐ 先んずれば人を制す…何事も先手を打てば有利な立場に立てるということ。

☐ 釈迦に説法…………その道を極めている人に，そのことを説く愚かさのたとえ。

☐ 朱に交われば赤くなる…交友関係によってよくも悪くも感化されること。

☐ 知らぬが仏…………嫌なことを知れば腹も立つが，知らなければ仏のように平穏でいられるということ。また，何も知らない当事者が平然としているのをあざけって言う言葉。

☐ 白羽の矢が立つ……よい場合も悪い場合も，大勢の中から特に選ばれること。

☐ 青天のへきれき……へきれきは「雷鳴」のこと。晴天の日に突然雷が鳴るように，突発的に起こった出来事や大事件。

☐ 背に腹は代えられぬ…他のことは犠牲にしても当面の大事を優先すること。

☐ 大器晩成……………大人物は世に出てくるまでに時間を要するという意。

- □ 他山の石……………他山の粗末な石でも自分の玉を磨くのに使えるように，愚かな人の言動も自分を磨くのに役に立つ好材料という意。
- □ 棚からぼたもち……思いがけない幸運が転がり込んでくることのたとえ。
- □ 玉にきず……………それがなければ完璧なのにわずかに欠点があること。
- □ 月に群雲，花に風…美しい月は群雲（一群の雲）に隠され，美しい花は風に吹き散らされるということで，前出の「好事魔多し」同様，好事には支障が起こりやすいことのたとえ。
- □ 鶴の一声……………権威ある人の一声。
- □ 出るくいは打たれる…出過ぎた言動をする者は制裁を受けたり，頭角を現す者は憎まれて攻撃されることのたとえ。
- □ 灯台下暗し…………灯台は燭台のこと。燭台の下が暗いように，身近なことはかえって分からないものだということ。
- □ 無い袖は振れぬ……ないものはどうにもならないという意。
- □ 長い物には巻かれろ…強い相手には，逆らうよりも従った方が得策という意。
- □ 情けは人の為ならず…人に情けをかけると巡り巡って自分によい報いが返ってくるという意。
- □ 習うより慣れよ……教わるよりも自分で経験する方が身に付くという意。
- □ 逃がした魚は大きい…手に入れかけて逃がしたものは，悔しさも手伝って実際よりも価値が大きく感じることのたとえ。
- □ ぬかにくぎ…………効果がないことのたとえ。「のれんに腕押し」も同じ。
- □ ぬれ手で粟…………粟の中にぬれた手を入れれば多くの粟が付いてくるように，大した努力もせずに利益を得ることのたとえ。
- □ 猫に小判……………どんなに価値があるものでも，その価値を知らない者には無益なこと。「豚に真珠」も同じ。
- □ 能ある鷹は爪を隠す…実力のある者はそれをひけらかしたりしないということ。
- □ 背水の陣……………一歩も引かずに決死の覚悟で全力を尽くすことの意。
- □ ひいきの引き倒し…ひいきをすることでかえってその人を不利にすること。
- □ 百聞は一見に如かず…何度も話を聞くよりも一目見ればすぐ分かるという意。
- □ ひょうたんから駒…冗談で話したことが実現するなど，意外なところから意外なものが出てくること。
- □ 覆水盆に返らず……こぼした水が盆に戻らないように，一度してしまったことは取り返しがつかないことをいう。
- □ 焼け石に水…………わずかな支援や努力では役に立たないことのたとえ。
- □ 渡りに船……………タイミングよく望んでいることが実現することの意。

序章 受験対策 基礎知識

第1章 必要とされる資質

第2章 職務知識

第3章 一般知識

第4章 マナー・接遇

第5章 技能

第6章 面接

終章 模擬試験

よく使われる人物表現

□ あか抜けた………… 容姿や態度などが洗練されていること。

□ あくが強い………… 個性が強くてなじみにくいこと。

□ 頭が低い…………… 謙虚な様子。腰が低い。

□ 意固地……………… 柔軟性がなく意地を張り通す様子。

□ 石部金吉…………… 石と金という堅いものを人名にたとえたもので，生真面目で堅物の人をいう。

□ 一言居士…………… 何かにつけて一言自分の意見を言わなければ気が済まない人のこと。

□ 一匹狼……………… 集団で行動しないで，独力で行動する人。

□ 一本気……………… 物事を純粋に思い込み，それを貫こうとする一途な性質のこと。

□ 威風堂々…………… 威勢があって堂々としている様子。

□ いぶし銀…………… 表面的な華やかさはないが，渋くて味わいのある様子。

□ 打てば響く………… すぐ反応がある様子。「打てば響くような人」などと用いる。

□ 海千山千…………… 海に千年，山に千年生息した蛇は竜になるという言い伝えからきた言葉で，多くの経験を積んで世の中の裏表に精通しているしたたかな人のこと。

□ 大風呂敷を広げる… 実現できそうもないことを，さも実現できるがごとく話すこと。またその話や計画。

□ 大見得を切る……… 自分の話に自信があることを見せるために，大げさな言動をすること。

□ 奥ゆかしい………… 言動に慎み深さがあって，どこか心ひかれる様子。

□ 押しが利く………… 人を制して従わせる力がある。

□ 押しも押されもせぬ… 実力があって人に動かされず，堂々としている様子。

□ お高くとまる……… すまして気位が高く，人を見下した態度をとること。

□ お調子者…………… 調子に乗りやすい人。また，調子に乗って軽はずみな言動をする人。

□ お天気屋…………… 天気が変わるように，機嫌がころころ変わる人のこと。

□ 折り紙付きの人物… 「折り紙」とはそのものの価値を保証する鑑定保証書のことで，能力などの確かさを保証された人のこと。「折り紙付きの悪党」などとも使う。

- □ 折り目正しい………行儀作法を身に付け礼儀正しいこと。
- □ 堅苦しい……………くだけたところがなく窮屈な様子。
- □ 堅物…………………生真面目で融通が利かない人のこと。
- □ 恰幅のいい人………体格が立派な人のこと。
- □ 気が置けない人……遠慮したり気を使わないで済む人のことで，「気を使う人」や「気が許せない人」のことではない。
- □ きざ…………………言動などが妙に気取っていて人に不快感を与える様子。
- □ 虚勢を張る…………実力がないのに，自分を大きく見せるために格好を付けて威勢のよい言動をすること。空威張りすること。
- □ 義理堅い……………人間関係を大切にして，物事の正しい道筋やしきたりなどを律儀に守る様子。
- □ 切れ者………………頭の回転が早くて，仕事や物事を的確・俊敏にてきぱきと処理できる人。敏腕家。
- □ 口さがない…………無遠慮に人のことを批評したりうわさしたりする様子。
- □ 食わせ者……………表面的にはよく見えるが，実体はよくなく油断できない人。
- □ 好人物………………気立てがよく親しみやすい人。お人よしの意もある。
- □ 好々爺………………気のやさしい善良な老人。
- □ 極楽とんぼ…………楽天的でのんきな人をからかっていう言葉。
- □ 小ざかしい…………要領よく立ち回る様子。抜け目がなくて小才が利く様子。
- □ 腰が低い……………他人に対して謙虚である様子。
- □ 四角四面……………非常に真面目で堅苦しい様子。
- □ 如才ない……………何事につけても手抜かりがない様子。
- □ 頭が高い……………敬礼をするときの頭の下げ方が高いという意から，態度が横柄である様子。
- □ 隅に置けない………思いの外経験豊かであったり，才能があって侮れない様子。
- □ 高飛車………………相手に対して高圧的な態度を取る様子。
- □ 竹を割ったよう……性格がさっぱりしている様子。
- □ 面の皮が厚い………厚かましいこと。
- □ 苦味走った顔………渋くて引き締まった男らしい顔のこと。
- □ 一癖も二癖もある…普通の人と異なりどこか油断ができないと感じさせるところがある様子。
- □ 風采が上がらない…容姿や服装など見かけが見劣りする様子。
- □ 変人…………………性格や考え方などが普通の人とは変わっている人。

よく使われる四字熟語

- □ 青息吐息……困難なときや苦しいときに出すため息。
- □ 悪戦苦闘……困難な状況の中で苦しみながら必死に努力すること。
- □ 悪口雑言……口汚く悪口を言うこと。
- □ 暗中模索……手掛かりがないものをあれこれ試しながら探し求めること。
- □ 意気軒昂……元気で勢いがある様子。
- □ 意気消沈……元気をなくしてしょげている様子。
- □ 異口同音……多くの人が一致して同じことを言うこと。
- □ 以心伝心……書いたり話したりしなくても心で通じ合うこと。
- □ 一期一会……一生に一度限りのこと。
- □ 一念発起……今までの考えを改め，何かを始めよう，あることを達成しようと決心すること。
- □ 一網打尽……一度に全てのものを捕らえること。
- □ 一蓮托生……仲間のものたちが，その運命や行動を共にすること。
- □ 一獲千金……一つのことで巨額の富を得ること。
- □ 一気呵成……中断せずに一気に物事を成し遂げること。
- □ 一触即発……少しでも触れると爆発するかのような極めて緊迫した状態。
- □ 紆余曲折……複雑に込み入っていて解決に手間取ること。
- □ 温故知新……以前のことを調べて，新たに道理や知識・見解を得ること。
- □ 臥薪嘗胆……まきの上に寝て，苦い肝をなめるという意味で，目的を成し遂げることを目指して苦労に耐えること。
- □ 合従連衡……そのときどきの利害に応じてくっついたり離れたりすること。
- □ 我田引水……自分の田にだけ水を引き入れるように，自分に都合のいい言動をすること。
- □ 夏炉冬扇……そのときに役に立たないもののたとえ。
- □ 感慨無量……言葉に言い表せないほど心に深く染み入って感じること。
- □ 眼高手低……理想は高いが技量が伴わないこと。
- □ 勧善懲悪……善良な人を助けたりよい行いを奨励し，悪人や悪い行いに対して懲罰を与えること。
- □ 危機一髪……危険な目に遭う寸前のところ。
- □ 危急存亡……生か死か，存続か滅亡かの瀬戸際。
- □ 起死回生……絶望的な状態をよい状態に立て直すこと。
- □ 旗幟鮮明……主義主張や態度がはっきりしていること。

- □ 疑心暗鬼……疑念が強いため何でもないことも疑ったりすること。
- □ 急転直下……事態が突然変化して事が終結に向かうこと。
- □ 驚天動地……世間をあっと驚かせること。
- □ 器用貧乏……器用であるためにいろいろなことに手を出し，結局どれも中途半端に終わって大成できないこと。
- □ 玉石混交……優れたものと劣ったものが混じっていること。
- □ 虚心坦懐……先入観やわだかまりがなく素直な心でいること。
- □ 群雄割拠……多くの英雄や実力者が各地で勢力を誇り，互いに対立していること。
- □ 捲土重来……一度失敗したり敗退した者が，勢力を盛り返して巻き返すこと。
- □ 荒唐無稽……何の根拠もないでたらめなこと。「荒唐無稽な話」など。
- □ 呉越同舟……不仲な者同士や敵味方が同じ場所にいること。本来は，敵味方であっても利害が同じなら助け合うことの意。
- □ 五里霧中……どのように進めばよいか方向や手掛かりがつかめず，迷って困り果てること。
- □ 自画自賛……自分で自分のことを褒めること。
- □ 時期尚早……そのことを行うには時期が早過ぎること。
- □ 笑止千万……この上なくばかばかしいこと。非常におかしいこと。
- □ 支離滅裂……ばらばらで一貫性がないこと。まとまりがないこと。
- □ 心機一転……あることをきっかけに，よい方向に気持ちを一変すること。
- □ 青天白日……心に少しも後ろ暗いところがないこと。
- □ 千載一遇……二度と訪れることがないような絶好の機会のこと。
- □ 大言壮語……実現できそうにもないことを言うこと。
- □ 単刀直入……遠回しではなくいきなり要点を突くこと。
- □ 徹頭徹尾……最初から終わりまで。
- □ 当意即妙……その場に応じて素早く適切な対応をすること。機転が利くこと。
- □ 同工異曲……見た目は違うが，内容や本質は同じであること。
- □ 難攻不落……攻めるのに困難で，容易に陥落しないこと。
- □ 付和雷同……安易に人の意見に賛同すること。
- □ 粉骨砕身……骨身惜しまず一生懸命に努力すること。
- □ 無我夢中……我を忘れるほどに何かに心を奪われること。
- □ 明鏡止水……心が澄み切っている状態。
- □ 面従腹背……表面的には従っていても心の中では逆らっていること。

序章　受験対策　基礎知識
第1章　必要とされる資質
第2章　職務知識
第3章　一般知識
第4章　マナー・接遇
第5章　技能
第6章　面接
終章　模擬試験

SELF STUDY

過去問題を研究し
理解を深めよう！

✎ POINT 出題 CHECK

　「常識としての一般知識」では，これまで経済用語を中心に出題されてきたが，人物表現に関する用語なども出題されるようになった。今後，慣用語句やことわざ，四字熟語などの出題が予想されるので，これらについても留意しておき，一般的によく使われる用語は身に付けておくようにしたい。

経済用語 ①

　次は，用語とその組み合わせである。

○　①貿易黒字　＝輸出総額が輸入総額を超えたときの差額のこと。

×　②貿易外収支＝国際収支のうち，金融取引に関する収支のこと。

○　③貿易摩擦　＝国家間の輸出入のバランスが不均衡になり，輸入超過国から苦情や抗議が出ること。

○　④為替レート＝外国為替の売買を通じて成立する為替相場のことで，自国通貨と外国通貨の交換比率のこと。

　　②国際間の商品取引を貿易収支という。それに対して「貿易外収支」とは，サービス取引のことで，運賃，保険料，旅行費，特許料など目に見えないものの貿易収支のこと。

✳ 経済用語 ②

　次は，それぞれ関係ある用語の組み合わせである。

○　①株式市場　――　上場

○　②先物取引　――　相場

○　③保護貿易　――　関税

×　④不良債権　――　内需

　　④債権とは金銭を貸した者が借り手に返還を求める権利などのこと。「不良債権」とは，銀行などが貸し付けた相手の経営成績が悪く，回収が滞ったり不能になりそうな債権のことである。「内需」とは国内需要の略語であるが，不良債権とは関係がない。

CHALLENGE 実問題

1 難易度 ★★★☆☆

次の用語の説明の中から<u>不適当</u>と思われるものを一つ選びなさい。

1)「為替差損」とは，外国為替相場の変動により生じる損失のこと。
2)「貿易摩擦」とは，輸出入の不均衡によって国家間に生ずる問題のこと。
3)「貿易収支」とは，一定期間の輸出額と輸入額との関係を表したもののこと。
4)「並行輸入」とは，正規代理店ルートとは別のルートで真正品を輸入すること。
5)「現地法人」とは，企業が海外進出した拠点のうち，従業員を現地採用した法人のこと。

2 難易度 ★★★☆☆

次は用語の説明である。中から<u>不適当</u>と思われるものを一つ選びなさい。

1)「地方債」とは，地方公共団体が発行した債券のことである。
2)「為替差益」とは，円と外貨のレートの差で生じた利益のことである。
3)「先物買い」とは，新製品を発売前にメーカーから直接購入することである。
4)「筆頭株主」とは，その会社の株式を最も多く所有している株主のことである。
5)「日銀短観」とは，日本銀行が年4回，企業アンケートにより行う経済観測調査のことである。

【解答・解説】1＝5)「現地法人」とは，企業が海外で現地の法律に基づいて設立した会社のことである。
2＝3)「先物買い」とは，前もって売買契約をしておいて，現品の受け渡しは一定期間後に行うこと。または，将来性のありそうな事業や品物・人物などを見越して投資することである。

序章 受験対策基礎知識
第1章 必要とされる資質
第2章 職務知識
第3章 一般知識
第4章 マナー・接遇
第5章 技能
第6章 面接
終章 模擬試験

Lesson ② 社会常識としての基本用語

CASE STUDY

あなたなら どうする？

すみません，少々お聞きしてよろしいですか？今社長のインタビュー記事を読んでいるのですが……

「モラル」と「モラール」，意味は違うの？

▶秘書Aが，昼休みに雑誌を読んでいる新人秘書Cに声をかけたら，ちょうどよかったという顔をして，「今，社長のインタビュー記事を読んでいるのですが……記事の中で社長が，『企業の業績は，社員のモラールの高さにかかっている』と発言されているのですが，モラールとはよく言うモラルのことですか」とAに尋ねました。Aは，どのように説明すればよいのでしょうか。

対処例 ○△×？…

「モラル」と「モラール」の違いを次のように説明すればよいでしょう。

1. モラルとは，倫理や道徳のことで，「モラルに欠けた人」などと使う。英語では，moralと書く。
2. モラールとは，従業員などの士気のことを意味する言葉。英語では，moraleと書く。

スタディ 💡!!

モラルは道徳や倫理のことです。ちなみに，企業の不祥事などが起きたときによく使われる「モラルハザード」という言葉は，道徳的危険とか倫理の欠如などと訳されます。しかし，本来は保険用語で，保険に加入したり，救済対策が整うとかえって危機管理に対する意識が低下して危険になることをいいます。保険に加入した者が平気で乱暴な運転をしたり，金融機関や大企業の経営者が，いざとなれば国が救済してくれると考え，危機管理をしない経営をして経営悪化を招くなどがその例です。

一方，モラールは組織の構成員の士気のこと。平たく言えば「やる気」のことです。企業の業績を上げるには，目標を達成しようという従業員の士気が高くなければ実現しません。経営者は，給与やボーナスの査定に工夫をしたり，さまざまな報奨制度や表彰制度を設けるなどして社員の士気を上げる努力をしています。

よく使われるカタカナ語

- アイテム……………………項目，品目。
- アウトソーシング…………外部調達，外注。
- アクセス……………………コンピューターシステムなどへの接続，交通の便。
- アクティビティー…………活動，行動。
- アセスメント………………評価，査定。
- アテンダント………………付き添い人，劇場などの案内人，ホテルの接客係。
- アナリスト…………………分析家，研究者。
- アビリティー………………能力，技量。
- アメニティー………………環境などの快適性，心地よさ。
- イニシアチブ………………主導権。
- イノベーション……………技術革新，新機軸。
- インサイダー取引…………会社関係者が未公開情報を利用して株の売買をすること。
- インセンティブ……………奨励金など，意欲を起こさせる刺激のこと。
- インターバル………………間隔，芝居の幕間，休息時間。
- インフォームドコンセント…正しい情報を得て理解した上での(医療上の)合意。
- エージェント………………代理人。
- エキスパート………………専門家，熟達した人。
- エグゼクティブ……………経営幹部，重役，上級管理職。
- エコノミスト………………経済学者。(経済の専門家)
- エコロジー…………………生態学，生態系。
- オーソリティー……………権威，権威者，大家。
- オファー……………………提案，申し込み。
- オプション…………………選択権，選択肢。
- オンブズマン………………苦情調査官，行政への苦情を調査・処理する機関。
- カスタマー…………………顧客，得意先。
- キーマン……………………鍵となる人物，重要人物。キーパーソンともいう。
- キャパシティー……………能力，受容力。
- キャピタル・ゲイン………有価証券や土地などの資産の売却益のこと。
- キックバック………………売上高などに応じて支払われる手数料や割戻金。
- ギブ・アンド・テイク……持ちつ持たれつ。
- クオリティー………………品質。
- クリエーター………………創造者，制作者。
- ケーススタディー…………事例研究。
- ケース・バイ・ケース……その場その場に応じて。
- コーディネーター…………調整係，まとめ役。
- コストパフォーマンス……費用に対する満足度の評価。
- コネクション………………縁故。
- コミットメント……………責任を伴う約束。
- コメンテーター……………解説者。
- コラボレーション…………共同。合作。
- コンシェルジュ……………相談・案内役。
- コンシューマー……………消費者。
- コンセンサス………………合意，意見の一致。
- コンテンツ…………………中身，内容物，本の目次。
- コンプライアンス…………法令順守。
- コンペティション…………競技会。
- サジェスチョン……………暗示，示唆。サジェッションともいう。

- □ サンプリング………………標本抽出。
- □ シチュエーション…………立場，状況，局面。
- □ シミュレーション…………模擬実験。
- □ シンクタンク………………頭脳集団。
- □ スーパーバイザー…………監督者。
- □ スキル………………………手腕，技量，技能。
- □ スケールメリット…………規模が大きくなることによって得られる利点。
- □ ステークホルダー…………企業に利害関係を持つ人や組織のこと。
- □ スポークスマン……………政府や団体の情報発表担当者。
- □ スポンサー…………………広告主，テレビなどの番組提供者，資金提供者。
- □ セーフティネット…………安全網。安全のための制度のこと。
- □ セールスプロモーション…販売促進。
- □ セカンドオピニオン………第二の診療意見。
- □ セクション…………………仕切り，区画，部門，課。
- □ ゼネラリスト………………いろいろな分野の知識や能力を持った人。
- □ セレクション………………選択，選抜。
- □ ソリューション……………問題解決。
- □ ダイバーシティ……………多様性。人種・国籍・性などを問わず人材を活用すること。
- □ ダンピング…………………商品を不当に安い価格で販売すること。
- □ デベロッパー………………開発者，開発業者。
- □ デモンストレーション……宣伝のための実演。
- □ デリカシー…………………繊細さ。
- □ トレードマーク……………登録商標。
- □ ネガティブ…………………否定的。
- □ ネゴシエーション…………交渉，取り決め。
- □ ハイリスク・ハイリターン…損失の危険が大きいほど高い収益が期待できるという投資の原則のこと。
- □ バイオテクノロジー………生命工学。
- □ ヒートアイランド…………都市部が周辺地域に比べて，非常に高い温度になること。
- □ ビジネスモデル……………利益を生み出すための手法の基本形態。
- □ ファイナンス………………財政，財務，金融，資金調達。
- □ ファンクション……………機能。
- □ ファンド……………………資金，基金，投資信託。
- □ プライオリティー…………優先順位，優先権。
- □ フレキシビリティー………柔軟性。
- □ プレゼンテーション………提示，説明。企画案などを説明すること。
- □ プロモーター………………主催者。
- □ ペンディング………………保留。
- □ ポジティブ…………………肯定的。
- □ ポテンシャル………………潜在能力。
- □ マーケットシェア…………市場占有率。
- □ マーチャンダイジング……商品化計画。
- □ モチベーション……………動機付け。
- □ ランニングコスト…………維持するために必要な費用。
- □ リスクヘッジ………………危険回避。
- □ レイオフ……………………経営不振のために従業員を一時帰休させること。
- □ ローテーション……………回転，交代，循環。
- □ ワークショップ……………参加者が共同で研究や創作を行う集まりのこと。

よく使われる略語

- 国連·················国際連合
- 世銀·················世界銀行（正式には国際復興開発銀行）
- 経産省···············経済産業省
- 厚労省···············厚生労働省
- 国交省···············国土交通省
- 農水省···············農林水産省
- 文科省···············文部科学省
- 公取委···············公正取引委員会
- 政府税調············政府税制調査会
- 日弁連···············日本弁護士連合会
- 日本経団連··········日本経済団体連合会
- 日商·················日本商工会議所
- 同友会···············経済同友会
- 東証·················東京証券取引所
- ジェトロ············日本貿易振興機構（JETRO）
- 道交法···············道路交通法
- 労基法···············労働基準法
- 労災保険············労働者災害補償保険
- AI··················人工知能
- APEC···············アジア太平洋経済協力会議
- ASEAN·············東南アジア諸国連合
- ECB················ヨーロッパ中央銀行
- EPA················経済連携協定
- EV··················電気自動車
- FTA················自由貿易協定
- FRB················連邦準備（制度）理事会＝アメリカの中央銀行制度の最高意思決定機関のこと。
- GPS················全地球測位システム・人工衛星を利用して計測する
- IAEA···············国連の国際原子力機関
- ILO················国際労働機関
- IMF················国際通貨基金
- IOC················国際オリンピック委員会
- JAS················日本農林規格
- JIS·················日本産業規格
- JOC················日本オリンピック委員会
- NPO················民間非営利団体
- NGO················非政府組織
- OECD···············経済協力開発機構
- ODA················政府開発援助
- PKO················国連平和維持活動
- TPP················環太平洋連携協定
- UNESCO··········国連教育科学文化機関
- WHO···············世界保健機関
- WTO···············世界貿易機関

序章

受験対策
基礎知識

第1章
れる資質
必要とさ

第2章　職務知識

第3章　一般知識

第4章　マナー・
接遇

第5章　技能

第6章　面接

終章　模擬試験

SELF STUDY

過去問題を研究し
理解を深めよう！

 POINT 出題 CHECK

　「社会常識としての基本用語」では，カタカナ語の出題が圧倒的に多く，経済関連用語から日常的に使う言葉，時事用語まで広範囲にわたって出題されている。よく耳にする言葉は辞書を引いて確実に理解しておくようにしたい。また，カタカナ語を簡単に説明する問題も出されるので，適切な日本語訳が書けるようにしておく必要がある。略語に関する出題は，国連関係の機関や国連活動に関するものが多いので，主な機関の略語は押さえておきたい。

❀ カタカナ語 ①

　次は，用語とその訳語の組み合わせである。

○　①セクション　　　　　　＝　部分・部課
○　②サジェスチョン　　　　＝　示唆・暗示
○　③シチュエーション　　　＝　状況・立場
×　④デモンストレーション　＝　影響・効果
　　　④「デモンストレーション」とは，示威行動あるいは宣伝のための実演のことである。影響・効果とは何の関係もない。

❀ カタカナ語 ②

　次のそれぞれの説明は，何のことを述べているのか。（　　　）内にカタカナ語で答えなさい。

　①賃金の基準を引き上げること。

　（　　　　　　　　　）

　②費用に対する満足度の評価。費用対効果のこと。

　（　　　　　　　　　）

　③広告などで相手に強い印象を与えるために使う，短い効果的な言葉。

　（　　　　　　　　　）

　　　①ベースアップ
　　　②コストパフォーマンス
　　　③キャッチフレーズ

✳ カタカナ語 ③

次の用語の意味を簡単に答えなさい。

①エージェント
②イニシアチブ
③セールスプロモーション
④エコマーク
⑤トレードマーク

①代理人（代理店）
②主導権
③販売促進
④環境にやさしい商品の認定マーク
⑤登録商標

✳ 略語 ①

次は，それぞれ関係のある用語の組み合わせである。

○　①WHO　＝　伝染病
○　②PKO　＝　平和維持
×　③OECD　＝　環境破壊

③「OECD」とは，「経済協力開発機構」のことである。環境破壊とは関係がないので不適当である。

✳ 略語 ②

次の略語を省略されていない語に直して（　　）内に答えなさい。

①内需　　　（　　　　　　　　　）
②公取委　　（　　　　　　　　　）
③アポ　　　（　　　　　　　　　）
④コネ　　　（　　　　　　　　　）
⑤インフラ　（　　　　　　　　　）
⑥マスプロ　（　　　　　　　　　）

①国内需要
②公正取引委員会
③アポイントメント
④コネクション
⑤インフラストラクチャー
⑥マスプロダクション

序章 受験対策 基礎知識

第1章 必要とされる資質

第2章 職務知識

第3章 一般知識

第4章 マナー・接遇

第5章 技能

第6章 面接

終章 模擬試験

CHALLENGE 実問題

次は用語の説明である。中から<u>不適当</u>と思われるものを一つ選びなさい。

1)「コンプライアンス」とは，法令順守のこと。企業や組織が法令や社会規範，企業倫理を守ること。
2)「リスクマネジメント」とは，企業に損失をもたらすさまざまな危険を，最小限に抑えるよう管理すること。
3)「OEM」とは，受託企業が発注元企業の名義やブランド名で販売される製品を，提示された仕様に基づき製造すること。
4)「CEO」とは，最高経営責任者のこと。日本でいう会長，社長の序列とは違うが，代表権を持つ会長や社長のことが多い。
5)「ブラック企業」とは，労働時間を規制せず，時間に関係なく成果を上げる人にはそれに見合った報酬を支払う企業のこと。

次の略語を，下の例）に倣って省略されていない用語にして（　　）内に答えなさい。

例）アポ（アポイントメント）

1）ベア　　　　　（　　　　　　　　　）
2）キャパ　　　　（　　　　　　　　　）
3）プレゼン　　　（　　　　　　　　　）
4）インフレ　　　（　　　　　　　　　）

【解答・解説】1＝5)「ブラック企業」とは，違法または劣悪な環境で従業員を働かせる企業のことである。
2＝〔解答例〕
　　1）ベースアップ　　2）キャパシティー　　3）プレゼンテーション
　　4）インフレーション

マナー・接遇

Lesson ① 秘書と人間関係

CASE STUDY

あなたなら
どうする？

あ, ………

おはよう

どうしてあいさつをきちんと
返さないのかしら!!

スタディガイド

領域：理論編

領域：実技編

面接編

テスト

あいさつをしない同僚への対処法は？

▶秘書Aは同僚の中村友子に，出退社の際「おはよう」「さようなら」とあいさつしていますが，彼女ははっきりしたあいさつを返しません。他の同僚や後輩にも同じ接し方をしているようです。彼女にあいさつを返してもらうためには，どのようなことをしたらよいと思いますか。箇条書きで二つ挙げてください。

対処例 ○△×?…

次のように対処すればよいでしょう。

1. 中村に「あいさつは，されたら返すものだ。そうでないと一緒に気持ちよく働くことができなくなる」などと注意する。
2. 中村に対しては，意識して明るくはっきりしたあいさつをするようにする。

スタディ ☁!!

あいさつをしない同僚の態度を改めさせたい，そのためにどうすればよいかということですから，「あいさつの意味を話す」とか，「中村に意識してもらえるようなあいさつの仕方をする」などが答えになります。

対処例の他に「『中村さん，おはよう』などと名指しであいさつするようにする」などもよいでしょう。

📁 人間関係はあいさつから始まる

よい人間関係を維持したり，新しく人間関係を結ぶときに「あいさつ」は欠かすことのできないものです。出社すれば，まず職場にいる人たちに「おはようございます」とあいさつすることから一日が始まります。退社時には「お先に失礼します」，「さようなら」などとあいさつし，残っている人は「お疲れさまでした」

などとあいさつを返します。

　もし，このあいさつがなかったらどうでしょうか。あいさつしたのに何の言葉も返ってこなかったら，あいさつした人は不審に思うでしょう。あいさつするのもおっくうなほど疲れているのだろうと善意に解釈する人もいるかもしれませんが，たいていの人は不愉快な気持になります。自分に何か不満を抱いているのか，自分のことを軽視しているのかなどと考える人もいるでしょう。そしてあいさつを無視されることが何度か続くと，人はあいさつをしなくなり，次第にその人と距離を置くようになります。そうなっては，協力し合って仕事をしたり，楽しく打ち解けて仕事をすることができなくなってしまいます。

　上級秘書は，よい人間関係を構築していく上で，いかにあいさつが大切かを認識し，日常のあいさつをおろそかにしないように後輩秘書を指導していかなければなりません。

●社内で来客や上役と出会ったときのあいさつの心得

　秘書は受付や執務室などで来客を迎えたり見送ったりするとき以外にも，会社の近くや廊下などでよく客と出会うことがあります。また，他部署の上役などが来客といる場面に出会ったりします。このようなとき，どのようなあいさつをするべきか，ケースごとの例を参考に基本的なことを心得ておきましょう。

◆客が一人でいた場合。

　◎基本的には，立ち止まって一言あいさつをする。

　　例）よく上司を訪ねてくる取引先の人と会社の近くで会ったので，「いつもお世話になっております」とあいさつをした。

　　例）社内を同僚と歩いているとき，昨日上司を訪ねてきた人と出会ったので，立ち止まって「昨日は失礼いたしました」とあいさつした。

　　例）会社の近くで，よく上司を訪ねてくる上司の知人に会ったので，「こんにちは」とあいさつした。

◆客が誰かと一緒にいた場合。

　◎基本的には会釈をすればよく，あいさつの言葉を述べたりはしない。

　　例）会社の近くで取引先の人に出会ったが，連れの人と話しながら歩いていたので，会釈をした。

　　例）同僚と社内を歩いていたとき，上司と会議室から出てきた来客に出会ったので，立ち止まって同僚と一緒に来客に会釈をした。

◆接客中に別の来客と出会った場合。

　◎基本的には接客をしている相手を中心に考え，他の来客には会釈程度のあいさつでよい。また会釈も立ち止まってする必要はない。案内をしている

ときに，立ち止まったりすると，誘導されている客も秘書の動きに合わせて足を止めなければならなくなる。

例）社内で顔見知りの来客に出会ったが，他の来客を案内している途中だったので，会釈だけをした。

例）受付で来訪客の応対をしているとき，そばを顔見知りの来客が通り過ぎようとしていたので，顔を向けて会釈をした。

◆他部署の上役などに出会った場合。

　◎相手が一人，あるいは社内の者と一緒に歩いているときには，朝方なら「おはようございます」，昼以降なら「こんにちは」などとあいさつをする。ただし，来客と一緒だったり，連れと何か話しながら歩いているときは，会釈をするだけにとどめる。

　　例）来客と話しながら歩いている他部署の部長と出会ったので会釈をした。

　◎自分が接客中は，黙礼だけをすればよい。

　　例）来客を案内している途中，常務に出会ったので黙礼をした。

● 社交辞令に対する応答の心得

　社交辞令とは，上手に交際をしていくために用いる褒め言葉や儀礼的なあいさつのことです。従って，それをまともに受け止めたりしてはいけません。次のようなことに留意します。

◆取引先の人から，「いつもお世話になっています」と言われたときは，相手と面識がなくても「こちらこそお世話になっています」と応じるのが基本。

　◎電話では日常的に使われる言葉なので，新人には社交辞令としてのあいさつであることを最初に教えておく。

◆取引先などから，「今度ゆっくり食事でもしましょうと部長に伝えてください」などと言われることがあるが，これも儀礼的なあいさつの一つ。

　◎基本的には，「ありがとうございます。そのように○○（部長の姓）に申し伝えます」などと答える。

　◎まともに応じて，日時や場所などを確認するようなことはしない。

 ## 同僚や先輩，後輩と良好な関係をつくる

　秘書は，上司や上司の関係者と好ましい人間関係を構築していかなければなりませんが，同僚たちとも同様に良好な関係をつくっていかなければ，いざというときに協力を得られず，仕事がスムーズに処理できなくなります。何かのときに頼りになるのが，先輩や同僚，あるいは後輩などの職場仲間です。特に，秘書室

（課）に所属してチームで上司を補佐しているときなどは，同じ秘書同士の協力がなければ，うまく仕事を処理していくことはできません。日ごろから，頻繁にコミュニケーションを取り合って相互理解を深め，楽しく仕事ができるような下地をつくっておくことが大切です。

●先輩や同僚，後輩に対する接し方

　先輩に対しては常に敬意をもって接していかなければなりません。また，立場的には後輩であっても，その人が自分より年長者であれば，そのことに敬意を払って接することが大切です。このほか，職場の仲間と好ましい人間関係をつくっていくためには，以下のことに留意します。

◆立場をわきまえた話し方を心がける。
　◎どんなに親しくなっても，先輩や年長者に対しては敬語を用いる。
　　例）「いつまでにお調べいたしましょうか」
　◎同僚や後輩に対しては敬語を使う必要はないが，親しくても友達言葉は禁物。ビジネスの場にふさわしい言葉で話す。
　　例）「いつまでに調べればよいですか」

◆礼やわびの言葉を省略しない。
　◎仕事を手伝ってもらったときは，どんなに親しくてもきちんと礼の言葉を述べるようにする。
　　例）先輩に対しては，「ありがとうございました。お忙しいのにご無理をお願いして申し訳ございません。おかげさまで間に合いました」
　　例）同僚や後輩に対しては，「ありがとう。無理を言って手伝ってもらったけど，おかげで間に合いました」
　◎自分のミスで迷惑をかけたときは素直に謝罪する。
　　例）先輩に対しては，「私のミスでご迷惑をおかけして，本当に申し訳ありませんでした。今後このようなことがないように注意いたします」
　　例）同僚や後輩に対しては，「私のミスで迷惑をかけてすみません。今後は気を付けます」

◆新人や後輩を指導する際には，相手を思いやる心を忘れない。
　◎相手のプライドを傷つけないように注意。その人の恥になるようなことは，できるだけ人に知れないように配慮して指導する。
　◎一度でできないからといって叱ったりしないで，できるまで何度でも根気強く教える。
　◎相手の能力を把握しておき，長所は称賛して伸ばし，欠点は励ましながら補っていくように指導する。

SELF STUDY

過去問題を研究し
理解を深めよう！

POINT 出題 CHECK

　「秘書と人間関係」では，社内で出会った来客や上役へのあいさつに関する出題が多いので，状況に応じたあいさつの仕方を押さえておく。また，儀礼的なあいさつとして，社交辞令に対する応答の仕方も心得ておきたい。職場での人間関係では，先輩や同僚，後輩に対する言葉遣いや接し方，後輩の指導の仕方などが出題される。状況に応じて適切な言い方ができるかどうかを問う記述問題も出されるので，その対策も考えておく。

 ❀ **客に出会ったときのあいさつ**

　次は秘書Aが出会った人にしたあいさつである。

○　①会社の近くで，他部署の社員と一緒に歩いていた取引先の人に出会ったので，会釈をした。

×　②社内で来客を案内しているとき，顔見知りの客に出会ったので，立ち止まってお辞儀をした。

　　　②Aは来客を案内中なのだから案内中の来客中心の行動を取らないといけない。従って，途中で顔見知りの客に出会っても立ち止まる必要はなく，歩きながらの会釈でよい。

❀ **先輩に対する礼の言い方**

　秘書Aは，先輩Cの助けを借り，上司から指示されていた急ぎの仕事を終えることができた。このような場合，AがCに言う適切なお礼の言葉を答えなさい。

　　　〔解答例〕
　　　「どうもありがとうございました。お忙しいところ，ご無理をお願いいたしましたが，おかげさまで助かりました」
　　　このような場合の礼の言い方の基本は，「どうもありがとう……」という礼の言葉，「お忙しいところ」，「ご無理を……」という社交的な言葉，「おかげさまで……」という助かった事実を言う言葉で構成するとよい。

CHALLENGE 実問題

1 難易度 ★★☆☆☆

　総務部の秘書Aは，出退社のとき誰に対しても明るくあいさつをしているが，後輩Bははっきりしたあいさつを返さない。他の部員に対しても同様である。このようなBに，Aはどのようなことをしたらよいか。箇条書きで二つ答えなさい。

2 難易度 ★★★☆☆

　秘書Aは他部署のBから相談を受けた。先輩Cは，「今日中に」と言って資料作成の一部を自分に任せるが，Cが取りまとめて上司に提出するのはいつもその数日後である。それが不満で，最近はCとの関係がぎくしゃくしていると言う。この場合AはBに，どのようなことを言うのがよいか。次の中から適当と思われるものを一つ選びなさい。

1) 感情的にならず，資料作成の段取りについて上司からCに再考を促してもらうよう頼んでみてはどうか。
2) Cに，期限まで数日あるのになぜ後輩には急がせるのか問いただしてみれば，気持ちがすっきりするのではないか。
3) できるときは快く引き受け，支障があるときは期限の延長を頼めばよいことで，Cに不満を持つのは筋が違うのではないか。
4) Cには何か事情があるのかもしれないが，関係がよくないのであれば直接尋ねず，Cの同僚にそれとなく聞いてみたらどうか。
5) 期限に余裕があるのだから，遠慮することなく自分の仕事を優先して資料作成は翌日行えば，Cへの不満も消えるのではないか。

【解答・解説】1＝〔解答例〕
　　1．Bに，「あいさつは，されたら相手に分かるように返すものだ。そうでないと，一緒に気持ちよく働くことができなくなる」と話す。
　　2．Bに対しては，意識して明るくはっきりしたあいさつをするようにする。
　はっきりしたあいさつを返さないBに，あいさつをきちんと返してもらうためにどうするかということなので，あいさつの意味を話すとか，Bに意識してもらえるようなあいさつの仕方などが答えになる。解答例の他に2．は，「『Bさん，おはようございます』などと，名指ししてあいさつするようにする」などもよい。
2＝3）Cは取りまとめる都合と資料作成に要する時間から可能とみて，今日中にと言うのだろう。先輩からの依頼にはできるだけ応じるのがよいが，無理なときは状況を説明して相談すればよいこと。従って，Bの不満は筋が違うと言うのが適当ということである。

Lesson ② 来客，取引先への話し方

CASE STUDY

あなたなら
どうする？

中村は急用のためやむを得ず外出いたしました。代わりに……

予約客に急きょ代理の者を立てる場合は？

▶秘書Aは急に外出することになった上司（中村部長）から，「鈴木課長に，来訪予定のF氏に会ってもらい結果を知らせるように，と言ってある」と言われました。このような場合Aは，来訪したF氏にどのように話せばよいのでしょうか。

対処例 ○△×?…

F氏に次のように話せばよいでしょう。
「お約束をいたしておきながら申し訳ございません。中村は急用のためやむを得ず外出いたしました。代わりに課長の鈴木がお話を承りまして，中村に伝えますがよろしいでしょうか」

スタディ 💡!!

約束をしていたことをこちらの都合で果たせないのですから，まず相手にわびなければなりません。次にその理由を述べますが，どのような場合でも基本的には「急用」で通します。上司の体調が悪い，緊急部長会に出席する，事故の対策会議に出席するなどの理由があっても，そのことは外部に知らせてはいけないことです。

このほか，ポイントになるのは，上司のことを部長ではなく「中村」とし，課長のことを「課長の鈴木」とすることです。部長のことは相手は知っているので，わざわざ「部長の中村」と言う必要はありませんが，代わりに会う者がどのような役職の者かを相手に伝える必要があるので，この場合は役職名を付け加えなければなりません。

また，話を「聞く」を「承る」という謙譲語にすること，最後に「よろしいでしょうか」と接遇用語を用いて相手の意向を聞くことが大切です。

敬語，接遇用語を適切に使いこなす

　敬語は，相手との間にある「地位の差」や「年齢の差」，「販売者と顧客の優劣の差」などを埋めるクッションのような働きをします。敬語には，相手を高めることで敬意を表す「尊敬語」，逆に自分がへりくだることで敬意を表す「謙譲語」，丁寧な表現を用いることで敬意を表す「丁寧語」がありますが，これらを正しく使いこなせるようになれば，どんな人でも臆することなく話ができるようになります。なお，ビジネスの場では，来客や取引先など外部の人は，内部のどの人間よりも「上位の人」になるので，来客や取引先に対しては内部の上位者よりもより強い敬意を表す敬語を用いて話すことになります。

　また，接客の際に慣用的に使う言葉がありますが，これを「接遇用語」といいます。例えば，上司が外出中訪ねてきた来客に対して，「○○は外出しております」と事実だけを伝えるのではなく，「遠いところ，わざわざお越しいただいたのに申し訳ございません」といった接遇用語を用いて相手の期待に応えられなくてすまないという気持ちを表現します。

　上級秘書は，敬語や接遇用語を正しく使わなければなりませんが，機械的に用いるのではなく，「お寒い中を，お足元が悪い中を（わざわざお越しいただいて）」など，相手を思いやって適切な言葉をかけられるよう努めなければなりません。

尊敬語・謙譲語の型

　尊敬語は「れる，られる＝話される，帰られる」，「お（ご）〜になる，ご〜なさる＝お休みになる，ご利用になる，ご安心なさる」などの型でつくられます。

「れる・られる」型	「お(ご)〜になる，ご〜なさる」型＝より強い敬意を表現
話される	お休みになる，ご利用になる
帰られる	ご安心なさる

　また，謙譲語は「お（ご）〜いただく＝お話しいただく，ご心配いただく」，「お（ご）〜する＝お書きする，ご説明する」，「お（ご）〜いたす＝お願いいたす，ご連絡いたす」などの型を取ります。

「お(ご)〜いただく」型	「お(ご)〜する」型	「お(ご)〜いたす」型
お話しいただく	お書きする	お願いいたす
ご心配いただく	ご説明する	ご連絡いたす

序章

受験対策
基礎知識

第1章　必要とされる資質

第2章　職務知識

第3章　一般知識

第4章　マナー・接遇

第5章　技能

第6章　面接

終章　模擬試験

尊敬語・謙譲語の独特な表現

　尊敬語や謙譲語は前に述べたように幾つかの型でつくることができますが，以下のように独特な表現も用います。例えば，「言う」の特別な言い方に「おっしゃる」がありますが，尊敬語の型でつくって「言われる」とするより「おっしゃる」とした方がより丁寧で，洗練された感じを与えます。謙譲語も同様で，「見る」や「聞く」を「見せていただく」，「聞かせていただく」とするよりも，「拝見する」，「伺う，拝聴する」とした方がスマートでビジネスの場に適した表現といえるでしょう。

　少なくとも以下に示した例はマスターし，会話の中で使いこなせるようにしておきましょう。

普通の言い方	尊敬語	謙譲語
する	なさる，あそばす	いたす
言う	おっしゃる	申す
くれる・あげる	下さる	差し上げる
食べる	召し上がる	いただく
見る	ご覧になる	拝見する
聞く	お耳に入る	伺う，拝聴する
いる	いらっしゃる	おる
行く	いらっしゃる	参る，伺う
来る	いらっしゃる おいでになる お越しになる	参る
訪ねる	いらっしゃる	お邪魔する，伺う
気に入る	お気に召す	——
死ぬ	お亡くなりになる	——
思う	——	存ずる
借りる	——	拝借する
知る	——	存じ上げる
見せる	——	お目にかける，ご覧に入れる
会う	——	お目にかかる

丁寧語

丁寧語は，普通の言い方を丁寧な言い方や改まった言い方にしたものです。職場で上司や上役，先輩などと話すとき，また接遇の際には特に「改まった言い方」を用いるので，正しく使えるようにしておくことが大切です。

普通の言い方	丁寧な言い方	改まった言い方
〜する	〜します	〜いたします
〜だ	〜です	〜でございます
ある	あります	ございます
そうだ	そうです	さようでございます
食べる	食べます	いただきます
もらう	頂きます	頂戴(いた)します

 # 接遇用語の基本

接遇用語の基本的なものとしては以下のようなものがあります。

●前置きの言葉

失礼でございますが	恐れ入りますが	申し訳ございませんが
お手数ですが	ご面倒ですが	恐縮ですが

●副詞の改まった言い方

普通の言い方	改まった言い方	普通の言い方	改まった言い方
今	ただ今	また	改めて
後^{あと}で	後^{のち}ほど	ちょっと	少々，しばらく

●肯定の返事，否定の返事

肯定の返事	否定の返事
そうだ　→さようでございます	知らない　→存じ上げません
分かった→かしこまりました	分からない→分かりかねます
分かった→承知いたしました	〜ではない→〜ではございません
確かに聞いた，(引き)受けた →確かに承りました	〜できない→〜いたしかねます

序章　受験対策／基礎知識／第1章　必要とされる資質／第2章　職務知識／第3章　一般知識／第4章　マナー・接遇／第5章　技能／第6章　面接　終章　模擬試験

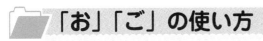

「お」「ご」の使い方

言葉に「お」「ご」を付けるときは，使い方を誤らないように注意します。

相手に敬意を表して付ける	お考え，お話，ご意見，ご意向，ご出席
慣用として付ける	おはようございます，ごちそうさま
相手に関係するものに付ける	お荷物，お手紙，お電話，ご本，ご返事

場面に応じた接遇用語

接遇用語は，状況に応じて使うことが大切です。以下はそれぞれの場面でよく使われる接遇用語です。

●受け付けや取り次ぎのとき

いらっしゃいませ。お待ちいたしておりました。

お足元の悪い中，お越しいただきまして恐れ入ります。

お忙しい中，ご足労いただきましてありがとうございます。

失礼でございますが，どちらさまでいらっしゃいますか。

失礼ですが，お名前はどのようにお読みするのでしょうか。

どのようなご用件（ご用向き）でしょうか。

少々お待ちくださいませ。

大変お待たせいたしました。

どちらをお訪ねでしょうか。よろしければご案内いたしましょうか。

お客さまがお尋ねになりましたのは，部長の中村のことでございましょうか。

●案内や見送りのとき

お待たせいたしました。

どうぞ，こちらへ。

ご案内いたします。

おかけになってお待ちくださいませ。

失礼いたしました。

ごめんくださいませ。

お気を付けて，お帰りくださいませ。

序章 基礎知識
受験対策
第1章 必要とされる資質
第2章 職務知識
第3章 一般知識
第4章 マナー・接遇
第5章 技能
第6章 面接
終章 模擬試験

●上司の不在時や面会を断るとき

　あいにく，ただ今席を外しておりますが……

　ただ今立て込んでおりまして，誠に恐れ入りますが……

　わざわざお越しいただきましたのに，申し訳ございません。

　後ほど改めて〜いただけませんでしょうか。

　ご用件は確かに申し伝えます。

●判断できないことを尋ねられたとき

　私では分かりかねますので，担当者を呼んでまいります。

　私では分かりかねますので，代わりの者でよろしいでしょうか。

　担当者に問い合わせまして，後ほどご連絡するということでいかがでしょうか。

　中村に確認しましてから，ご返事いたしますが，よろしいでしょうか。

●伝言を頼まれたとき，伝言を伝えるとき

　かしこまりました。ご伝言は，間違いなく山田に申し伝えます。

　かしこまりました。お電話を差し上げるよう山田に申し伝えます。

　私からご説明申し上げるようにと山田から申し付かっております。

●依頼を断るとき

　誠に申し上げにくいのですが，その件はお断りするようにと山田から言われております。

　そのようにおっしゃいましても，手前どもとしてはいたしかねますが……

●客が土産を持ってきたとき

　お心遣いいただきまして，恐縮に存じます。

●取引先に書類を取りに出向くとき

　かしこまりました。3時までに頂きに上がります。

　山田から申し付かって，書類を頂きに参りました。

●客に礼を言われたとき

　どういたしまして，何でもないことでございます。

　とんでもないことです。こちらこそいつもお世話になっています。

　行き届きませんで，かえって失礼をいたしました。

接遇用語の間違った使い方

次のような間違えやすい言葉遣いに注意しましょう。

◆「佐藤常務をお訪ねですね。失礼ですが，どちらさまでございますか」

　　◎「× 佐藤常務，ございますか」→「○ （常務の）佐藤，いらっしゃいますか」

◆「山田が，お断りするようにとおっしゃっておりましたが……」

　　◎「× おっしゃって」→「○ 申して」

◆「こちらの書類をお渡しするようにと，山田から伺っております」

　　◎「× 伺って」→「○ 申し付かって」，「○ 聞いて」

◆「私には分かりかねますので，後ほど山田からお返事していただきます」

　　◎「× していただきます」→「○ するようにいたします」，「○ させていただきます」

◆「お差し支えなければ，山田の代わりにご用件を賜らせていただきます」

　　◎「× 賜らせていただきます」→「○ 承ります」

◆「よろしければ，代わりに担当者がご用件をお承りいたしますが……」

　　◎「× お承りいたしますが」→「○ 承りますが」，「○ 伺いますが」

◆「先日○○様がおっしゃられたように……」

　　◎「× おっしゃられた」→「○ おっしゃった」

◆「○○様がおいでになられたら，このことを申し上げるようにと佐藤から承っております」

　　◎「× おいでになられたら，承って」→「○ おいでになったら，言われて」

◆「山田が戻りましたら，そちら様へご連絡なさるように申し伝えます」

　　◎「× ご連絡なさる」→「○ ご連絡する」

◆「部長の田中が，次回はぜひ会いたいと申しておりますが……」

　　◎「× 会いたい」→「○ お会いしたい」，「○ お目にかかりたい」

◆「田中はすぐ参りますので，こちらでお待ししていただけませんか」

　　◎「× お待しして」→「○ お待ち」

◆「ご依頼の件は，ただ今担当の者が調べてくれております」

　　◎「× 調べてくれて」→「○ 調べて」

◆「失礼いたします。気を付けなさってお帰りくださいませ」

　　◎「× 気を付けなさって」→「○ お気を付けて」，「○ お気を付けになって」

SELF STUDY

過去問題を研究し
理解を深めよう！

POINT 出題 CHECK

　「来客，取引先への話し方」では，さまざまな接遇の場面で状況に応じた話し方ができるかどうかが問われる。選択問題だけでなく，提示されたフレーズを適切な言葉遣いを用いて書き換える問題，設定された状況の中でどのような話し方をすればよいかを問う記述問題も出される。いずれの問題も，敬語の基本とともに接遇用語をマスターしておくことが鍵となる。

❀ 来客への話し方 ①

　次は，秘書Aの言葉遣いである。

○　①客から，頼まれたことへの礼を言われて
　　「恐れ入ります」

×　②雨の日に来訪してくれた客を見送るとき
　　「おみ足の悪い中を，わざわざありがとうございました」

○　③会えることを期待して来訪した客に，上司不在の事情を言うとき
　　「よんどころない用事で外出いたしてしまいました。申し訳ございません」

　　②「おみ足」は，他人の足をいう尊敬語だから，「足が悪いのにわざわざ来てくれてありがとう」ということになる。この場合は，「お足元の悪い中を……」という言い方が適切になる。

❀ 来客への話し方 ②

　次の言葉を，秘書が言う丁寧な言葉に直しなさい。

　　「手数をかけるが，この封筒の中身を確認してもらえないか」

　　〔解答例〕
　　お手数をおかけいたしますが，こちらの封筒の中身をご確認くださいませんでしょうか。

序章 受験対策 基礎知識
第1章 必要とされる資質
第2章 職務知識
第3章 一般知識
第4章 マナー・接遇
第5章 技能
第6章 面接
終章 模擬試験

✳ 来客への話し方 ③

次は，山田部長秘書Aの来客に対する言葉遣いである。

○ ①上司からの伝言を伝えたい客に

「山田から，あいにく留守にして失礼しますとのことでございます」

× ②上司から電話をもらいたいと言う客に

「かしこまりました。山田が戻りましたら，お電話するように申し上げます」

②「申し上げます」は謙譲表現である。客に対して，秘書が，上司に伝えるということを謙譲表現で言うのは不適当である。「お電話するように申し伝えます」としなければならない。

✳ 来客への話し方 ④

次の言葉を，秘書が来客に言う丁寧な言葉に直しなさい。

①「手間をかけるが，後でもう一度来てもらえないか」

②「上司（Y部長）から聞いていたので，名前はよく知っている」

〔解答例〕
①お手数をおかけいたしますが，後ほど改めてお越しいただけませんか。
②Yから聞いておりましたので，お名前はよく存じ上げております。
　解答例の他に，①「〜おいでいただけませんか」もよい。

✳ 取引先への話し方

吉田専務秘書の鈴木は，専務の指示で取引先へ書類を受け取りに行くことになった。このような場合鈴木は，相手先にどのように自分を名乗って用件を言えばよいか。

〔解答例〕
私は吉田の秘書をしております，鈴木と申します。吉田から申し付かって，書類を頂きにまいりました。
　書類を受け取りに行ったのは鈴木だが，書類を受け取るのは吉田専務であり，鈴木はその使いである。そこを相手に分かるように言うには，まず「吉田の秘書をしております〜」と名乗り，自分の立場をはっきりさせなければならない。用件はその後言うことになる。

CHALLENGE 実問題

1　難易度 ★★☆☆☆

　次は山田部長秘書Aの言葉遣いである。下線部分の丁寧な言い方を，それぞれ二つずつ答えなさい。

1）本日は，<u>招いてもらって</u>　ありがとうございます。
2）代わりの者がご用件を　<u>聞きます</u>。　　※「お聞き」以外
3）<u>支障がなければ</u>，ご伝言をお預かりいたします。

2　難易度 ★★★☆☆

　次は山田営業部長秘書Aの言葉遣いである。中から適当と思われるものを一つ選びなさい。

1）上司と面談を終えて帰る客に
　　「ここで失礼いたします。どうぞお気を付けてお帰りされてください」
2）一方的に自分の都合を通そうとする客に
　　「そんなことを申されましても，私どもではお受けいたしかねますが」
3）上司を名指しで訪ねてきた客に
　　「山田部長でございますね。失礼ですが，どちらでいらっしゃいますか」
4）会えることを期待して来訪した客に，上司不在の事情を言うとき
　　「今しがたよんどころない用事で外出いたしてしまいました。申し訳ございません」
5）客のW氏に，上司からの言づてを伝えるとき
　　「W様がみえられましたらこのことを申し上げるようにと，山田から承っております」

【解答・解説】1＝〔解答例〕
　　1）ご招待いただきまして・お招きにあずかりまして
　　2）承ります・伺います
　　3）お差し支えなければ・よろしければ
2＝4）以外の適切な言い方は，1）ここ→こちら，お帰りされてください→お帰りください 2）そんな→そのような，申されましても→おっしゃいましても 3）山田部長→部長の山田，どちら→どちらさま 5）みえられましたら→みえましたら，承って→言い付かって，などになる。

序章
受験対策
基礎知識
第1章 必要とされる資質
第2章 職務知識
第3章 一般知識
第4章 マナー・接遇
第5章 技能
第6章 面接
終章 模擬試験

Lesson ③ 上司への話し方

CASE STUDY

あなたなら どうする？

この度，急に転勤が決まりまして……

忙しい上司に取り次ぐときの言い方は？

▶秘書Aの上司が出張の準備で忙しくしているところへ，取引先M社のS支店長が転勤ということで後任のT氏とあいさつに来ました。このような場合Aは，上司にどのような話し方をしたらよいのでしょうか。

対処例 ○△×?……

次のように話せばよいでしょう。
「お忙しいところ申し訳ございません。M社のS支店長様が転勤なさるとのことで，後任のT様とごあいさつにおいでですが，いかがいたしましょうか」

スタディ 💡‼

転勤は他の場所へ勤務地が変わることで，この後には会う機会がなくなるので，あいさつはできる限り受けることになります。しかし，上司は今，出張の準備に追われており，Aもそれを承知しているわけですから，来訪を告げるだけではなく，必ず「いかがいたしましょうか」と上司の都合を確認する言葉を添えなければなりません。また，あいさつ客の来訪を告げるためとはいえ，忙しくしている上司の仕事を中断することになるので，そのことに対してまず「お忙しいところ申し訳ございません」とわびの言葉を言うようにします。

基本的な敬語表現を身に付ける

　秘書は，上司と話すときは常に敬語を用いなければなりませんが，単に丁寧な言い方をするというだけでは不十分で，ビジネスの場に適した敬語表現を身に付ける必要があります。気心が知れてくると，つい「ちょっと待ってください」などと礼儀を欠いた言い方をしてしまうことがあるので，気を付けなければなりま

せん。また，上司だけでなく，上司の部下など自分より目上の人に対しては，どんなに親しくなっても必ず敬語を用いて話すようにします。

　ビジネスの場で用いる基本的な敬語表現には，以下のようなものがあります。

普通の表現	敬語表現
分かりました。	かしこまりました。
どうしますか。	いかがいたしましょうか。 いかがなさいますか。
ちょっと待ってください。	少々お待ちいただけますか。 少々お待ち願えませんか。
昼食はこっちで食べますか。	ご昼食はこちらで召し上がりますか。
聞きたいことがありますが， 確認したいことがありますが，	お聞きしたいことがございますが， 伺いたいことがございますが， お尋ねしたいことがございますが， ご確認したいことがございますが，
今いいですか。	ただ今よろしいでしょうか。 ただ今お時間はよろしいでしょうか。
いつまでに用意したらいいですか。	いつまでにご用意すればよろしい（の）でしょうか。
その人なら，よく知っています。	その方でしたら，よく存じ上げております。
この書類を見てくれますか。	こちらの書類をご覧いただけますか。 こちらの書類にお目通し願えませんか。
Y社にはどう返事をしますか。	Y社にはどのようにお返事をいたしましょうか。
手伝えることがあれば指示してください。 手伝えることがあれば何でも言ってください。	お手伝いできることがございましたら，ご指示くださいませ。 お手伝いできることがございましたら，何なりとお申し付けくださいませ。

序章　受験対策　基礎知識

第1章　必要とされる資質

第2章　職務知識

第3章　一般知識

第4章　マナー・接遇

第5章　技能

第6章　面接

終章　模擬試験

分からないところがあったら言ってください。

ご不明な点がおありでしたら（ございましたら），おっしゃってください。

 # 報告や連絡の際に用いる主な敬語表現

　上司（部長）に報告や連絡をする際には，人から頼まれた伝言も正しい敬語を用いて伝えなければなりません。主な用例としては，以下のようなものがあります。

普通の表現	敬語表現
明日，あっちから電話をくれるそうです。	明日，あちらさまがお電話をくださるとのことでございます。
（名刺を渡して）この名刺の人が受付に来ています。	（名刺を渡して）こちらの方が受付におみえになっています。
明日，部長がA社へ行くとき，課長が同行したいそうです。	明日，部長がA社へいらっしゃるとき，課長がお供させていただきたいとのことでございます。
S部長から，出張の土産にこれをもらいました。	S部長から，出張のお土産にこちらをいただきました。
W社のC氏から，明日会いたいと電話がありました。どう返事しますか。	W社のC様から，明日お会いしたいとお電話がございました。どのようにご返事いたしましょうか。
常務が体調を崩して，今朝入院したそうです。	常務がお加減を悪くされて（体調を崩されて），今朝入院なさったそうです。
会議には，常務も出席するそうです。	会議には，常務もご出席なさるとのことです。
H社のL氏から，今日中に連絡をもらいたいと電話がありました。	H社のL様から，本日中にご連絡をいただきたいとのお電話がございました。
課長が聞きたいことがあるそうですが，すぐ呼んでもいいですか。	課長がお聞きしたいことがあるとのことですが，すぐにお呼びしてもよろしいでしょうか。

注意を促したり，提案する際の言い方

上司に約束の時間が迫っていることを告げて行動を促したり，「〜した方がよい」と思うことを提案する場合は，「お願いできますでしょうか」，「いかがでしょうか」などのように許可を求める言い方をしたり，意向を尋ねる言い方をします。

●行動を促す際の留意点

次の悪い例に注意。どんなに丁寧に言っても，「〜してください」は指示をしているような印象を与えます。また，「参りましょうか」は上司を同格かそれ以下に扱うことになり，「ご存じでしょうか」は，秘書が上からものを言っているように聞こえます。

○　よい例	×　悪い例
そろそろ会議が始まるお時間ですので，会議室へお願いいたします。	そろそろ会議が始まるお時間ですので，会議室へお出かけください。
A社へお出かけのお時間になりますが，お願いできますでしょうか。	A社へお出かけのお時間になりますので，ご用意ください。 A社へお出かけのお時間になりますが，ご存じでしょうか。
（一緒に出かける上司に）そろそろお時間になりますが，よろしいでしょうか。	そろそろお時間なので，参りましょうか。

●何かを提案する際の留意点

スケジュール管理をする上で，「〜した方がよい」と思うことも出てきますが，それを提案するときには上司の意向や都合を尋ねるような言い方をしなければいけません。特に下の悪い例のケースに注意。会議など前もって決まっている予定を実行するよう「お願いする」のはいいのですが，伝言があった場合など，それを受けてどのようにするかは上司が判断することです。意向も聞かずに一方的に「お願いいたします」と言うのは，失礼な言い方になります。

○　よい例	×　悪い例
常務から，常務室へお越し願いたいとのことでございますが，いかがいたしましょうか。	常務から，常務室へお越し願いたいとのことでございますので，お願いいたします。

SELF STUDY

過去問題を研究し
理解を深めよう！

 POINT 出題 CHECK

　「上司への話し方」では，ビジネスの場で上司に話すさまざまな状況を設定して，話し方が適当かどうかを問う問題が出される。また，上司に話す内容を提示して，それを上司にどのように話すかを問う記述問題も出されるので，正しい敬語を使って状況に対応した言い回しができるようにしておかなければならない。範囲としては，職場でよく使われる基本的な敬語表現の用例から出題されることが多いが，伝言を伝えたり，上司に注意を促す際の言い方もきちんと押さえておきたい。特に伝言内容を伝える際の敬語の使い方に注意。相手の言葉は，上司に伝えるときに適切な言葉に置き換えなければならないが，その際上司と相手の上下関係にも考慮することを忘れてはならない。

✳ 基本的な敬語表現

　次は秘書Aの，上司に対する言葉遣いである。

× ①外出の時間を確認するとき
　　「○○社には，何時ごろ参られるでしょうか」

× ②課長への伝言をどうするか尋ねるとき
　　「課長には，部長から直接お話しになられますでしょうか」

○ ③急ぎの仕事を頼まれたとき
　　「かしこまりました。10分ほどでできますのでお待ちくださいますか」

　　　①「参る」は「行く」の謙譲語である。謙譲語に尊敬語をつくる「られる」を付けても尊敬語にはならない。「参られるでしょうか」は「いらっしゃるでしょうか」にする。②「お話しになられる」は，「お話しになる」の敬語表現に加えて「なる」を「～られる」という敬語表現の型に当てはめたもので二重敬語になる。「お話しになりますか」または「お話しいただけますか」とする。

✹ 伝言を伝える際の言い方 ①

　秘書Aの上司（山田部長）のところへ，上司の友人と名乗るN氏が「暇だったら会いたい」と言って，不意に訪れた。このことを上司に連絡するとき，Aはどのように言うのがよいか。

〔解答例〕
「部長のご友人とおっしゃるN様がおいでになりまして，お時間がおありでしたらお会いしたいとおっしゃっていますが，いかがいたしましょうか」
　N氏が，「暇だったら会いたい」とざっくばらんな言い方をしているのは，上司の友人だからである。Aは秘書なので，上司に連絡するときそのままの言葉を使うわけにはいかない。「お時間がおありでしたら」などに置き換える必要がある。

✹ 伝言を伝える際の言い方 ②

　次は秘書Aが，上司（田中部長）からの伝言を伝えたときの言い方である。

×　①専務に，頼んでやってもらったことに対して
　　「田中部長が，ご苦労をおかけして申し訳ございませんでしたとのことでございました」

○　②同行させてもらいたいということを，常務に
　　「常務がE社にいらっしゃるとき，部長がお供させていただきたいとのことでございます」

　　①「ご苦労」は目上の人には使わないことになっているので不適当。この場合は，「お手数をおかけして」などになる。

✹ 上司に注意を促す際の言い方

　秘書Aは，上司が電話で，友人と夕方の6時にPレストランで食事をする約束をしているのを耳にした。Pレストランは，歩いて5分ぐらいのところにある。上司は書類に目を通していて，6時近くになっても出かける気配がない。このような場合，Aはどのように対応すればよいか。

○　①今，出かけないと間に合わないので，「お出かけになるご予定が，おありだったようですが……」とさりげなく言う。

×　②約束の時間は迫っているのだから，「もう6時になりますが」と約束を思い出させるように言う。

　　②出かける気配がなければ忘れているのだろうから，気付くようにするのが秘書の気遣い。とはいえ知ったのはたまたまだから，ビジネス的に時間を知らせるのではなく，このようにさりげなく言うのがよいということである。

CHALLENGE 実問題

1 ┃難易度 ★★☆☆☆

　秘書Aは上司から，「資料としてまとめてもらいたい。3時にそれを持って出かける」とラフな原稿を渡されていた。現在2時半。何とかめどが付き，3時には間に合いそうと安堵していたとき上司から，「出来そうか」と声をかけられた。このような場合，Aはどのように言うのがよいか。次の中から不適当と思われるものを一つ選びなさい。

1)「3時まででございますね。もう少しで出来上がります」
2)「あと30分ありますので出来そうです。ご安心ください」
3)「お出かけは3時でございますね。それまでには出来上がります」
4)「お待たせしております。ご心配をおかけして申し訳ございません」
5)「ぎりぎりになりそうですが，お出かけに間に合うようにお持ちします」

2 ┃難易度 ★★★☆☆

　秘書Aの上司（部長）は，部内会議が始まる時間になってもまだ自席にいる。このような場合，Aは上司にどのように言うのがよいか。次の中から適当と思われるものを一つ選びなさい。

1)「会議のお時間ですがお分かりでしょうか」
2)「会議が始まるお時間ですのでご出席くださいませ」
3)「会議のお時間になりましたのでお願いいたします」
4)「会議のお時間になりましたがご予定が変わりましたでしょうか」
5)「会議のお時間ですのでおいでになった方がよろしいと思いますが」

【解答・解説】1=4) 上司から「出来そうか」と尋ねられたのだから，「出来る」「出来そう」と直接的な言葉で答えないといけない。4) のような言い方では返答になっていないので不適当ということである。
2=3) 会議が始まる時間になってもまだ自席にいるのだから，知らせるのは秘書の仕事。その場合，直接的な言い方はせず，「お願いいたします」というような間接的な言い方が適当ということである。

Lesson ④ 話し方の応用

> 送っていただくことになっていた書類が，まだ届かないのだが……

書類が届かないとの苦情にどう話す？

▶秘書Aは上司の外出中，取引先から，「送ってくれるように頼んである書類がまだ届かない」という電話を受けました。その書類は上司の指示でAが，今日の3時ごろまでに届くよう，昨日宅配業者に依頼したものです。このような場合Aは，相手先にどのように言ったらよいのでしょうか。

対処例 ○△×?…

次のように話せばよいでしょう。

「遅くなりまして大変申し訳ございません。そちらの書類につきましては，本日3時ごろまでにお届けできるよう，昨日お送りいたしましたので，恐れ入りますが，もう少しお待ちいただけませんでしょうか」

スタディ ☺!!

頼んでいた書類が届かないという苦情の電話に対する対応です。相手はもっと早く届くと思っていたので苦情を言うのですから，期待に沿えなかったことに対して，まずわびることが大切です。次に，その書類を送ったことを述べて相手を安心させます。その際，いつ送ったのかを告げて到着の目安も伝えるようにします。最後に，届くまで待ってくれるようにお願いして相手に了承を求めます。なお，先方と話した後，約束の時間に届くかどうか，宅配業者に確認するとよいでしょう。

📁 報告の仕方

報告は「手際よく」「分かりやすく」しなければなりませんが，そのためには事前に報告する内容を的確に把握して，ポイントを押さえておく必要があります。また，上司の仕事の状況を察知して，「タイミングよく」報告することも大切で，今すぐ報告しなくてもいいようなものは，上司の仕事が一段落したときを見計ら

序章　受験対策・基礎知識
第1章　必要とされる資質
第2章　職務知識
第3章　一般知識
第4章　マナー・接遇
第5章　技能
第6章　面接
終章　模擬試験

ってするようにします。ただし，すぐにでも報告した方がよいと思われるものは，上司が忙しくしていても，後回しにしてはいけません。その場合は以下のように報告する件名を告げ上司の都合を尋ねるようにします。

> お忙しいところ申し訳ございません。○○の件で，急ぎご報告いたしたいのですが，ただ今，お時間はよろしいでしょうか。

●報告のタイミング

報告のタイミングについては以下のことを心得ておきます。

◆上司が気にかけている案件はすぐ報告する。

◎上司が気にかけている案件かどうかは，特に言われなくても，仕事の補佐をしていれば見当が付くものである。重要な案件は結果次第で次の決断をしなければならないことが多いので，関連情報を得た場合も速やかに報告するように心がける。

◆悪い情報は一刻も早く報告する。

◎「吉報は一刻も早く，悪い情報はできるだけ遅く」というのが人情だが，ビジネスの世界では逆である。悪い知らせが遅れると，次の手を打つのに上司も後れを取ることになる。

◆緊急情報はすぐ伝える。

◎1分でも報告が遅れると全く価値がなくなることがある。

◆指示された仕事が終了したら，速やかにそのことを報告する。

◎秘書は，上司が次の仕事を指示したいと考えているということを前提に行動しなければならない。

◆指示された仕事が期日に遅れそうなときは，早めに報告する。

◎早めであれば，上司も仕事を他の人に振り分けるなどの手が打てる。

●報告の要領

報告をするときは，結論から話し，理由や経過は後から簡潔に述べるようにします。次のことを心得ておきましょう。

◆結論を先に報告する。

◎まず結論を先に述べ，次に理由，最後に経過を述べる。

◆事実をありのまま報告する。

◎推測やうわさは排除し，事実だけを述べる。

◆個人的な意見は原則として不要。

◎上司に求められない限り，個人的な意見は話さないが，求められた場合には話す。

注意の仕方

　上級秘書は，後輩を指導する立場にありますが，こうした方がいいと思っても，注意の仕方によっては人間関係を損ねてしまうこともあります。以下のようなことに留意し，注意することが逆効果にならないように気を付けます。

●注意する前に検討すべきこと

　注意するときは，事前に以下のことを検討するようにします。

◆事実をよく調べる。

　◎誤解のないように事実を確認し，その裏付けも取っておく。

◆原因をつかむ。

　◎具体的な解決法を提示するために，なぜそのようなことをするのか原因や理由を考えてみる。

◆効果を予測する。

　◎注意した場合の効果を考え，今すぐすべきか，今回は見送ってしばらく様子を見るべきか判断する。

◆時と場所を考える。

　◎いつ，どのようなタイミングで話したらよいかを考える。

　◎二人だけで話せる場所を考える。このような場合は，一対一で注意するのが原則。

●注意するときの留意点

　注意をするのは，その人の態度を改めさせるためであって，相手を傷つけたり懲らしめるためではありません。従って，不備な点だけを指摘するのではなく，ときには相手のいい点を褒めたり，励ましたりしながら指導することが大切です。以下のことに留意します。

◆冷静に，穏やかに話す。

　◎注意する人が感情的になっては，相手に真意を伝えることはできない。仮に相手が感情的になっても，最後まで冷静に話を聞く姿勢が大切である。

◆相手が納得するように注意点を話し，改善の方法を提示する。

　◎なぜ注意するのか具体的に理由を話し，どのようにすべきかを示す。

◆励ましながら，愛情をもって指導する。

　◎注意されると気分的に落ち込むことが多い。成長を期待しているからこそ注意もするのだということを相手に伝えることが重要である。

　◎相手を追い詰めるような言い方をしない。

　◎他の人と比較して話すようなことはしない。

苦情処理の仕方

人が苦情を言ってくるのは，こちらがその人の期待を裏切ったからです。つまり，人にはそれぞれ「かくあるべきだ」という基準があり，それを満たしてもらいたいと「期待」しています。こちらがそれを満たせば人は満足しますが，満たせなければ不満を感じて苦情へと発展していくのです。満足の基準は人それぞれ異なるので万人の期待に応えることは至難の業ですが，企業が多くの人の満足を得ようと思うなら，まず，消費者の苦情に耳を傾けることです。苦情をヒントにした商品が大ヒットしたという例も数多くあるように，企業にとって，苦情の電話や手紙は，実は宝が眠っている山なのです。上級秘書としては，そうした側面も考慮に入れて，どんな苦情もありがたく受け止めるくらいの気持ちを持ちたいものです。

●苦情への基本対応

寄せられた苦情に対しては，たとえこちらに非がなくても正面から受け止め，誠意をもって対応することが大切です。次のようなことに留意しましょう。

◆まず聞く。
　◎相手の言い分や不満は最後まで冷静に聞くことが重要である。
　◎話をじっくり聞くことで相手の気分も落ち着く。不満や怒りも次第に収まっていくものである。

◆誠意をもって聞く。
　◎苦情は終始一貫して誠意をもって聞くことが重要である。いいかげんな気持ちで聞き流すと，相手は誠意がないことに対しても反感を抱き，感情をますますエスカレートさせていく。
　◎相手の立場に立ち，誠意をもって真心で対応すれば，相手はその姿勢に共感を抱き，こちらの立場も理解しようという気持ちになる。

◆こちらの言い分は後から穏やかに話す。
　◎苦情が相手の思い違いによるもので，こちらにも言い分がある場合は，相手が話し終えるのを待って，穏やかに話し，理解を求めるようにする。

●こちらの不手際による苦情への対応

注文した品物が届かないなど，こちらのミスや不手際による苦情に対しては，まずそのことで相手に不愉快な思いをさせたことをわびます。次に，すぐ対応することを約束しますが，その場で具体的な対応策を告げられない場合は改めて連絡するようにし，相手に了承してもらいます。そして，対応が決まり次第連絡を入れ，必要なら途中経過を知らせるなどして相手を安心させるようにします。

 **断り方**

　ビジネスの世界では，相手の依頼を断る場面も出てきますが，断る場合ははっきり「ノー」と言わなければなりません。依頼事を拒否するのは相手が誰であっても気持ちのよいものではありませんが，かといって遠回しな言い方をしたり，曖昧な返事をしていると，都合のよい解釈をされたり，希望を抱かせたりすることになります。そして，最終的に拒否された場合は，何度も足を運んで期待をつないだ分，相手のダメージも大きなものになり，人間関係にも重大な影響を残してしまいます。

●相手に「ノー」だと分かる返事をする

　断るときは「依頼を承諾できない」ことが相手にはっきり伝わるような言い方をしますが，その際「誠に申し訳ございませんが」などと期待に応えられないことのわびの言葉を添えて，相手の感情を害さないように配慮することも大切です。以下のことに留意しましょう。

　　◆わびつつもはっきり断る。

　　　◎「申し訳ございませんが，いたしかねます」

　　　◎「残念ですが，お引き受けいたしかねます」

　　　◎「せっかくのお申し出ですが，ご期待に沿えず，申し訳ございません」

　　　◎「お申し出の件については，部長の○○からお断りするようにと申し付かっております。ご期待に沿えず申し訳ございません」

　　◆期待を持たせる言い方や曖昧な言い方はしない。

　　　◎断りづらいからと，返事を先送りにしない。その場しのぎに「考えておきます」，「検討してみます」などと言えば，再考・検討の余地があると解釈され相手に期待を持たせてしまう。

　　　◎「私の担当ではないので」，「よく分からないので」，「忙しいので」といった安易な答え方をすると，「担当は誰か」，「分かる人を呼んでほしい」，「忙しくないときはいつか」などと突っ込まれるので注意する。

●断る理由を明らかにしたり，代案を提示する

　相手の意向に沿えないはっきりした理由や事情がある場合は，誠意をもってそのことを話すようにします。それが企業機密に触れる場合は必ずしも本当のことを言う必要はありませんが，相手がそれなら仕方がないと納得するような理由を述べることが大切です。また，代案を出すことができれば，内容を変更したとしても基本的には相手の依頼を引き受けたことになるので，断るよりも抵抗が少なく，対応は楽になります。

序章　受験対策　基礎知識
第1章　必要とされる資質
第2章　職務知識
第3章　一般知識
第4章　マナー・接遇
第5章　技能
第6章　面接
終章　模擬試験

SELF STUDY

過去問題を研究し理解を深めよう！

POINT 出題 CHECK

「話し方の応用」では，特に，報告の仕方と注意の仕方に関する出題が多いが，苦情処理の仕方や断り方についてもきちんと要点をつかんでおく。選択肢の問題は，それぞれのポイントを理解していればそれほど難しくはないが，記述問題もあるので，よく用いられる接遇用語をきちんと覚えておく必要がある。

❇ 報告の仕方 ①

秘書Aは上司から，業界の新製品発表展示会の様子を見にいって，報告してもらいたいと指示された。特に，U製品については評判がよさそうなので，よく見てきて説明してほしいと言われた。次はそのときAが，見てきたことをどのように報告したり説明したらよいか考えたことである。

○ ①U製品の特長はパンフレットに解説があっても，改めて説明した方がよいかもしれない。

× ②上司から指示されて見にいく展示会だから，展示会の全部を報告，説明しないといけないかもしれない。

○ ③U製品については，どのようなところに重点を置いたらよいかを，まず尋ねてから説明する方がよいかもしれない。

　②U製品をよく見てきて説明してほしいということなので，U製品を中心にした報告でないといけない。展示会の全体については，行っていない上司に展示会の雰囲気を知ってもらう程度でよく，全部を報告して説明する必要はない。

❇ 報告の仕方 ②

秘書Aの上司（常務）が外出中，W部長が，常務が見たいと言っていた資料を持ってきた。外出中と言うと，「後で来て詳しく説明する」と資料を置いていった。このことをAは，上司が戻ったらどのように報告すればよいか。

　〔解答例〕
　お留守中にW部長が，常務がご覧になりたいとおっしゃっていた資料をお持ちになりました。後ほど来られて，詳しく説明してくださるとのことでございます。

スタディガイド 領域：理論編 領域：実技編 面接編 テスト

注意の仕方

秘書Aの後輩Bは，明るくて仕事には積極的なのだが，言葉遣いや動作に雑なところがある。そこでAは，Bにそのことを注意しようと思っている。その場合，どのようにすればよいか。

○　①Bが明るくて，仕事に積極的なことを褒める。

○　②Bに言い分があれば，それをよく聞くようにする。

×　③手本になるBの同僚の名前を挙げて，具体的に指摘をする。

　③注意するときは，例えば言葉遣いが悪いなら，そのことだけを注意すればよいということである。他の人と比較すれば，言葉遣いだけでなく人格的なことに触れて比較するようなことになりかねない。人の名前を挙げて具体的に比較することはよくないということである。

苦情処理の仕方

秘書Aは顔見知りの関係会社の部長から，新しい受付担当者（C）のことで注意を受けた。「来客があっても他のことを続けていてすぐに対応しないなど，態度がよくない」というものである。このような場合，Aは部長にどのように言うのがよいか。

×　①「大変失礼いたしました。今後は何かお気付きの点がございましたら，本人に直接おっしゃってくださいませ」

○　②「大変申し訳ございませんでした。すぐに本人に注意しておきます。またお気付きの点がおありでしたらお教えくださいませ」

　①後輩の指導は先輩の仕事である。従って，新しい受付担当者Cの態度がよくないと苦情を言われたのなら，先輩であるAがわびてCに注意しなければならない。顔見知りの関係会社の部長であっても，直接注意してもらいたいと言うのは不適当。

断り方

次の言葉の下線部分を，来客に言う丁寧な言葉に直して答えなさい。

①「言いにくいが，そういうことは　できない」
　　　a　　　　　　b　　　　　　c

②「すまないが，うちの会社では　断ることになっている」
　　　a　　　　b　　　　　c

〔解答例〕
①　a　申し上げにくいのですが　　b　そのようなことは
　　c　いたしかねます
②　a　申し訳ございませんが　　b　私どもでは
　　c　お断りすることになっております
①cでは「できかねます」，②bでは「当社では」などもよい。

CHALLENGE 実問題

1 難易度 ★☆☆☆☆

次は秘書Aが後輩に，上司への報告の仕方として指導したことである。中から不適当と思われるものを一つ選びなさい。

1）上司が多忙の日は，詳細は後日にすると言って要点のみを報告すること。
2）時間がかかりそうな報告は，先にそのことを伝えて了承を得てからすること。
3）周囲に聞こえない方がよい内容の場合は，口頭ではなく文書にして報告すること。
4）よい報告と悪い報告があるときは，上司の気持ちを考えてよい報告からにすること。
5）中間報告は必ずしなければいけないというものではないが，必要と思ったらすること。

2 難易度 ★★★☆☆

秘書Aは仕事でミスをした後輩Bに注意をした。このような場合Aは，注意した後のBに対してどのように接するのがよいか。箇条書きで二つ答えなさい。

【解答・解説】1＝4）報告の優先度は，内容のよい悪いではなく，緊急性と重要性で判断しないといけない。また，悪い報告は改善のために次の策を考えることもあるから，できるだけ早く報告した方が上司にとってもよいことになる。よい報告からと指導したのは不適当である。
【解答・解説】2＝〔解答例〕
　1．わだかまりが残らないよう今まで通り接する。
　2．注意した点が改善されているか様子を見守り，改善されたらその努力を認め褒めるようにする。
　解答例の他に，「注意された後輩の心の痛みを和らげるように声をかける」「失敗を取り返す機会を与える」などもよい。

序章 受験対策
基礎知識

第1章 必要とされる資質

第2章 職務知識

第3章 一般知識

第4章 マナー・接遇

第5章 技能

第6章 面接

終章 模擬試験

SECTION 2 電話応対と接遇

Lesson 1 電話応対

CASE STUDY

あなたなら
どうする？

私，W社秘書課で木村部長の秘書をしております鈴木と申します。

はい，木村でございますが……

上司を電話口に呼び出すときの言い方は？

▶W社秘書課の鈴木の上司は木村部長です。次のような場合，鈴木は自分を名乗った後どのように話せばよいのでしょうか。

① 休日に上司の自宅に電話をかけたとき出てきた家族に，「上司を呼んでほしい」と言うとき。

② 取引先に電話をかけたとき出た人に，「訪問している上司を呼び出してほしい」と言うとき。

対処例 ○△×？…

それぞれ次のように言えばよいでしょう。

① 「お休みのところ大変申し訳ございませんが，部長さんがいらっしゃいましたら，お願いできませんでしょうか」

② 「お手数をおかけいたしますが，そちらさまへ伺っております私どもの木村を，電話口までお願いできますでしょうか」

スタディ 💡!!

① 休日に上司の自宅へ電話するのですから「お休みのところ申し訳ございませんが」といったわびの言葉が必要です。つまり，せっかく休日を楽しんでいるのにそれを中断するようなことをしてすまないという気持ちを表現するのが礼儀です。

② 取引先に上司を呼び出してほしいと頼むのですから，相手を煩わす（わずら）ことに対して，ちょっとした言葉を添えるのが礼儀です。「お手数をおかけいたしますが」の他に，「お忙しいところ恐縮ですが」などもよいでしょう。

上司に電話を取り次ぐ

　秘書の電話応対のほとんどが，上司宛てにかかってきた電話の取り次ぎです。上司あての電話は以下のような要領で手際よく取り次ぎます。

①相手の名前と用件を確かめる。

　　◎相手が名乗ったら，「いつもお世話になっております。○○社の○○様でいらっしゃいますね。少々お待ちください」と相手の会社名と名前を復唱して確認する。

　　◎初めての相手には，「どのようなご用件でしょうか」と用件を尋ねる。

②相手の名前と用件を上司に告げて代わる。

　　◎相手が用件を告げなければ，そのまま代わってよい。

　　◎用件を聞いた場合は，相手が再度言わなくても済むように，「○○社の○○様から○○の件でお電話です」と上司に用件を伝えて代わる。

◆取り次ぎに時間がかかりそうな場合は，そのことを告げる。

　　◎待つ方は，1分でも長く感じるもの。上司が電話中だったりして長く待たせそうな場合は，「長くなりそうでございますが，こちらからかけ直しましょうか，それともこのままお待ちいただけますでしょうか」と一言確認する。

 ## 上司が不在のときの対応

　上司が不在のときは，次のような要領で応対します。

◆上司の不在を告げる。

　　◎「申し訳ございません。ただ今，あいにく山田は外出しておりますが……」

　　◎「ただ今，あいにく山田は離席しておりますが，いかがいたしましょうか」

◆用件を聞く。

　　◎相手が初めての人であれば，「よろしければ，私がご用件を伺いますが……」などと言って，大まかな用件を聞いておく。

◆伝言を聞く。

　　◎相手から伝言を頼まれたときは，「かしこまりました」と言って，伝言内容をメモする。

　　◎相手が話し終えたら，「念のため復唱させていただきます」と言って伝言内容を復唱する。

　　◎復唱を終えたら，「……ということでございますね。かしこまりました。私は秘書の鈴木と申します。ご伝言は確かに山田に申し伝えます」と言う。

上司に代わって電話する

上司から電話をかけるように指示されたときは，以下のように対応します。

◆相手を呼び出す場合。

　◎まず電話に出た担当部署の人に，上司が話す相手を呼び出してもらい，本人が電話に出る前に上司に代わる。

　◎上司に代わる前に相手が電話に出てしまった場合は，「お呼び立ていたしまして申し訳ございません」とわびてから上司に代わる。

◆相手が不在の場合。

　◎外出中なら帰社予定時間を尋ねる。先方から，後で電話させるがどうかと尋ねられたら，帰社予定時間とともにそのことを上司に伝えてどうするか意向を聞く。指示を受けたら，電話の相手にこちらの意向を伝える。

◆伝言を頼む場合。

　◎伝言は要点を整理して手短に話す。

　◎最後にこちらの名前を告げ，伝言を受けた人の名前も聞いておく。

 # 上司を電話で呼び出す

　秘書は，上司の出張先や外出先，あるいは自宅に電話をかけて上司を呼び出してもらうこともあります。呼び出すときは，以下のような手順で行います。

①自分のことを名乗る。

　◎電話に出た相手に，「私は，○○社営業部長の山田の秘書で鈴木と申します。いつもお世話になっております」などと自分を名乗り，一言あいさつする。

　◎上司の自宅にかける場合は，「私，○○社営業部で山田営業部長の秘書をしております鈴木と申します」と名乗る。

②相手を煩わせることに対して一言言葉を添える。

　◎呼び出しを頼む人に，「お手数をおかけいたしますが」，「お忙しいところ恐れ入りますが」などの言葉を添える。

　◎上司が休暇中なら，「お休みのところ申し訳ございませんが」など。

③上司の呼び出しを頼む。

　◎「そちらさまへ伺っております私どもの山田を，電話口までお願いできますでしょうか」

　◎家人（かじん）に対しては，「部長さんがいらっしゃいましたら，お願いできませんでしょうか」など。

SELF STUDY

過去問題を研究し
理解を深めよう！

POINT 出題 CHECK

　「電話応対」では，上司に代わって電話をしたり，上司を電話で呼び出す際の
対応を押さえておく。また，それらの具体的な手順を問う記述問題も出題される
ので，要点を整理して覚えておく必要がある。

 上司に代わって電話する

　K商事秘書課の鈴木は上司（山田常務）から，取引先Y社の加藤専務に電話す
るようにと言われた。加藤専務への電話は，Y社秘書課からつないでもらう
ことになっている。このような場合鈴木は，電話に出た相手（Y社秘書課）に，
次のそれぞれをどのように言えばよいか。

　　①自分を名乗り，世話になっている礼を言うとき。

　　②山田常務からだが，加藤専務がいたら，つないでもらいたいと言うと
　　　き。

　　　　〔解答例〕
　　　　① K商事秘書課の鈴木でございます。いつもお世話になっております。
　　　　② 私どもの常務の山田からでございますが，加藤専務様がいらっしゃい
　　　　　ましたら，おつなぎいただけませんでしょうか。

 上司を電話で呼び出す

　次の場合，どのように言えばよいか。

　　休暇中の上司の自宅へ電話をかけたとき。

　　　　〔解答例〕
　　　　ご自宅までお電話いたしまして申し訳ございません。

CHALLENGE 実問題

1　難易度 ★★★☆☆

　秘書Ａは，上司と3時に面談予定の取引先Ｔ氏の秘書から電話を受けた。「Ｔはそちらに向かう途中の交通渋滞で，到着は3時30分ごろになってしまうがよいか」とのことである。上司には4時に外出の予定が入っている。このような場合Ａはどのように対処したらよいか。順を追って箇条書きで答えなさい。

2　難易度 ★★★★☆

　秘書Ａは上司（部長）の指示で，Ｋ社の佐藤氏のところに出かけている課長（松本）に至急連絡をすることになった。このような場合，電話口に出た人に自分を名乗った後どのように言うのがよいか。①既に課長が佐藤氏と面談をしている場合，②まだ課長がＫ社に到着していない場合について，適切な言葉を答えなさい。

【解答・解説】1＝〔解答例〕
　　1．Ｔ氏の秘書に，上司に確認してすぐ連絡すると言う。
　　2．上司に，Ｔ氏の秘書からの電話のことを伝え指示を受ける。
　　3．指示に従いＴ氏の秘書に連絡する。
　　　a　上司が待つと言うなら，そのように伝える。
　　　b　上司は待つが面談時間は30分と言うなら，そのように伝える。
　　　c　上司が面談日を変更してもらいたいということなら，そのことを伝えてわび，改めて連絡すると言う。
　Ｔ氏が面談するのは上司だから，上司にＴ氏が遅れることを伝え，どのように対応するかの意向を尋ねることになる。それをＴ氏秘書に伝える，などが答えになる。
2＝〔解答例〕
　　①　お忙しいところ申し訳ございませんが，佐藤様のところに伺っております私どもの松本を電話口までお呼びいただけませんでしょうか。
　　②　私どもの松本が佐藤様のところに伺うことになっております。そちらさまに着きましたら，至急会社に電話をするようお伝えいただけませんでしょうか。お忙しいところ申し訳ございません。
　①の「伺って」は「お訪ねして」「お邪魔して」，②の「伺うこと」は「お訪ねすること」「お邪魔すること」などもよい。

Lesson ② 来客接遇

CASE STUDY

あなたなら
どうする？

お願いいたします

面談が長引く中，上司の友人が訪れ……

▶秘書Aの上司は，終業時刻を過ぎた今も取引先との面談を続けています。そこへ，顔見知りの上司の友人S氏が訪れました。この後一緒に同窓会に出かける予定になっているとのことです。Aはこのことについては何も聞いていません。このような場合Aは，どのように対処すればよいのでしょうか。順を追って箇条書きで述べてください。

対処例 ○△×?…

次のように対処すればよいでしょう。

1. S氏に，上司は取引先との面談が長引いていると話し，少し待ってもらいたいと応接室に案内する。
2. 上司にメモで，S氏が同窓会の件で来たことと待ってもらっていることを伝えて指示を受ける。
3. S氏にそのまま待っていてもらうということなら，そのことをS氏に伝える。
4. S氏に同窓会に先に行ってもらうということなら，それをS氏に伝える。

スタディ 💡!!

Aは同窓会の件については何も聞いていないので，まずS氏に待ってもらって，上司にどのようにするのか意向を確認しに行かなければなりません。上司は，面談がそろそろ終わりそうであれば，待ってもらうように指示するでしょうし，まだ時間を要するようなら先に行ってもらうように指示するかもしれません。

どちらにするか意向を確認してS氏に伝えるだけでなく，待ってもらう場合は，「目安の時間」を確認しておくこと，先に行ってもらう場合は，「何か伝言はないか」と尋ねることがポイントになります。

「予定外」のことにも柔軟に対応する

　来客応対をする場合もいろいろとアクシデントが発生しますが，どんな仕事にもハプニングはつきものです。予定外のことが起こっても冷静に状況を把握し，臨機応変な対応をしなければいけません。

●上司が約束に遅れる場合の対応

　来客が約束の時間に来たのに，上司がまだ外出先から戻ってこないということがあります。このような場合は，以下のような対応をします。

◆上司から既に連絡が入っている場合。

　◎20分程度の遅れの場合は，できる限り待ってもらうように申し出る。

　　例）「申し訳ございません。山田の戻りが遅れておりまして，あと30分ほどかかりそうです。お忙しいところ誠に恐縮ですが，何とかお待ち願えませんでしょうか」

　◎30分以上遅れる場合は，わびた後，遅れる理由と帰社予定時間を伝え，「いかがいたしましょうか」と相手の意向を聞く。遅れる理由は「交通渋滞」もしくは「急用」にする。

　◎相手の意向を聞く際に提示する選択肢としては，「上司の帰社を待つ」，「課長など代行者と会う」，「日を改めて面談する」などがある。

　◎代行者を立てる場合は，事前に代行者に事情を話して頼んでおく。

　◎相手が出直すという場合は，面談希望日を二，三聞いておき，上司に何か伝言はないかも確認しておく。最後に約束を果たせなかったことをわび，次回の面談については後日こちらから連絡して，日時調整を行うことを約束する。

　◎相手が上司の帰社を待つという場合は，応接室に通して茶菓を用意するとともに，「よろしければ，どうぞ」と新聞や雑誌などを勧める。長く待たせる場合は，お茶を入れ替えるなどきめ細かい心配りをする。

　◎上司が帰社したら，改めて上司と客のお茶を出し，先に出していた客のお茶は下げるようにする。

◆上司から連絡が入っていない場合。

　◎すぐ上司に連絡して，帰社予定時間を尋ねる。時間が分かれば，30分を目安に上記の対応をする。

◆上司が社内にいて遅れている場合。

　◎面談や会議が長引いて遅れる場合は，来客を応接室に案内し，上司にはメモで予約客が時間通りに来て待っていることを伝えて，指示を仰ぐ。

序章　受験対策基礎知識　第1章　必要とされる資質　第2章　職務知識　第3章　一般知識　第4章　マナー・接遇　第5章　技　能　第6章　面　接　終章　模擬試験

●先方が約束に遅れる場合の対応

　交通渋滞などで，先方から約束の時間に遅れるという電話連絡があった場合は，以下のような対応をします。

①相手にどれくらい遅れるのかを尋ね，上司に確認するまで電話を切らずに待ってもらうか，折り返し連絡するので連絡先を教えてほしいと言う。

②上司に先方の話を伝え，どのようにするか指示を受ける。

③上司の意向を先方に伝える。

　　◎相手がどの程度遅れるかによって上司の意向は異なる。

　　　例）15分程度の遅れなら「待っている」，30分以上の遅れなら「○時までなら時間が取れる」，次の予定の時間近くまでの遅れなら，「次の約束があるので，代行者でよいか」，「日を改めて会いたい」など。

●上司不在時に来訪したあいさつ客への対応

　次のような場合の対応も心得ておきましょう。

◆上司の不在中，上司のところへ初対面のあいさつで客が来たが，代理で対応できる社員が誰もいない。

　　◎あいさつをして，上司の留守を告げ，名刺を預かっておけばよい。その際，自分を名乗ることを忘れないようにする。

　　　例）「ご丁寧にありがとうございます。あいにく山田（上司）は外出しておりますので，お名刺をお預かりしたいのですが……。私は，秘書の鈴木と申します」

●客の名前を忘れたときの対応

　パーティーや展示会場，あるいは会社の廊下などで取引先の人から声をかけられたとき，相手の顔は覚えていても，名前が出てこないときがあります。「部長さんに，近々お目にかかりたいと言っていたとお伝えください」などと伝言を頼まれたときに，名前が思い出せない場合は，以下のような対応をします。

◆再度名刺をもらう。

　　◎「一度頂いているかもしれませんが，よろしければお名刺を頂戴できませんでしょうか」

◆率直に名前を聞く。

　　◎「大変申し訳ございません。お名前を失念*1)いたしましたので，お教えいただけませんでしょうか」と忘れたことを正直に言って名前を聞く。

---

　　*1）失念＝うっかり忘れること。

●来客案内中に社員が話しかけてきたときの対応

　来客を応接室に案内しているときに，それと気付かずに同僚などが話しかけてきたり，来客と面識がある他部署の上役が来客に話しかけてくることがありますが，その場合は次のような対応をします。

◆自分が話しかけられた場合。

◎同僚や後輩に話しかけられたら，後にしてほしいとそれとなく伝え，来客には，「失礼いたしました」とわびる。

◎他部署の部長など，自分より上位の人が話しかけてきても，「後ほどお伺いいたします」などと言ってさりげなく後にしてくれるように頼み，来客には，「失礼いたしました」とわびる。

◆他部署の上役が来客に話しかけてきた場合。

◎他部署の部長や課長が，案内中の来客に近づいてあいさつしたり，話し始めたときは，少し離れて話が終わるのを待つ。

●応接室でのハプニングとその対応

　応接室で以下のようなことが起こったときの対応も心得ておきましょう。

◆来客を案内して応接室に入ったら，前の客が使った茶わんがそのままになっていた。

◎来客に謝って応接室の入り口で待ってもらい，急いでテーブルを片付ける。来客に座ってもらってから，目の前で片付け物をするなどは厳禁。

◎本来は前の客の応対をした秘書が片付けるものだが，こういうこともあると想定して，事前に部屋のチェックをしておかなければならない。

◆来客が遠慮して下座に座ろうとした。

◎上座を勧めて座ってもらうようにする。

例）「どうぞこちらへおかけくださいませ」

◆応接室にお茶を運んでいったら，上司と来客が立って名刺交換をしていた。

◎名刺交換やあいさつが終わり，二人が椅子に腰かけるのを待ってお茶を出すようにする。

◎お茶を出すということは，相手をもてなすことである。相手が他のことをしている最中にお茶を出しても，もてなしにはならないので，あいさつが終わるのを待つことになる。

◆応接室に来客と上司（部長）のお茶を運んでいったら，常務も来ていた。

◎来客と常務に先に出してから，上司の分をもう一度出すようにする。

◎来ていたのが常務ではなく課長だったら，来客と上司に先に出す。

序章　受験対策　基礎知識　第1章　必要とされる資質　第2章　職務知識　第3章　一般知識　第4章　マナー・接遇　第5章　技能　第6章　面接　終章　模擬試験

席次の心得

　応接室のソファー（長椅子）などの席や，車や列車，飛行機の座席には席次があり，上座には上位の人が座り，下位の人は下座に座るのがマナーです。秘書は車などに取引先と同乗する機会もあるため，応接セットの席次だけでなく，乗り物の席次についても心得ておく必要があります。

　一般的には，奥の席が上座となり，和室では床の間に近い場所が上座になります。従って応接室などで席をセットするときは，入り口から遠い奥の場所に上座となるソファーを設置し，その反対側に下座となる2脚の椅子を設置するのが通例です。

●応接室での席次

　応接室に来客を案内したときには，「どうぞこちらにおかけになって，お待ちくださいませ」とソファーの席を勧めます。

　席次は以下のようになります。

◆ソファーがある場合。

　◎ソファーがある場合はそれが上座（来客側）になる。

　◎ソファーの席でも出入り口から遠い奥の席が最上席になり，その横が第2位の席になる。反対側には一人用の椅子が2脚置かれるが，奥の方が第3位となり，その横が第4位になる。

⬆ソファー席がある場合の席次。

◆ソファーがない場合。

　◎一人用の椅子だけでセットされた場合の席次は，奥から①〜④の順となるが，来客が二人のときは，対話上来客が①③になり，接遇側（一人）は④になる。来客が3人のときは，①②③の順で，接遇側は④になる。

　◎来客一人，接遇側一人のときは，来客①，接遇側②となる。

⬆一人用の椅子だけでセットされた場合の席次。

190

◆一人用の椅子と補助椅子がある場合。

　◎補助椅子がある場合の席次は，①〜⑥の順になる。

　◎来客が3人で接遇側が二人の場合は，来客が①②③の順で座り，接遇側は④⑥に座る。補助椅子の⑤に座らないのは，接遇側同士が近い方が会話がしやすいからである。

⬆一人用の椅子と補助椅子がある場合の席次。

●車の席次

　車の席次は，運転手付きの車の場合と，車の持ち主（オーナードライバー）が運転する場合とでは席次が違うので注意します。

◆運転手がいる場合の席次。

　◎後部中央席がない場合の席次は，①運転手の後ろの席，②助手席の後ろの席，③助手席の順。

　◎後部中央席がある場合の席次は，後部中央席が第3位，助手席が第4位になる。

◆オーナードライバーが運転する場合の席次。

　◎席次は，①助手席，②運転手の後ろの席，③助手席の後ろの席，④中央席の順になる。

⬆運転手付きの車の席次。

⬆運転手付きの車で，後部中央席がある場合の席次。

⬆オーナードライバーが運転する場合の車の席次。

●列車の席次

　列車では，2席ずつ対面する場合と，進行方向に向かって3席並ぶ場合があります。

◆2席ずつ対面する四つの座席の場合。

　◎進行方向を向いた窓側が最上席で，次いで進行方向を背にした窓側の席，進行方向を向いた通路側の席，進行方向を背にした通路側の席の順になる。

◆1列に3席に並ぶ座席の場合。

　◎窓側の席，通路側の席，中央の席の順になる。

●飛行機の席次

　飛行機の席次は，1列に3席並ぶ列車の座席の席次と同じになります。

序章

受験対策
基礎知識

第1章
必要とされる資質

第2章
職務知識

第3章
一般知識

**第4章
マナー・接遇**

第5章
技能

第6章
面接

終章
模擬試験

SELF STUDY

過去問題を研究し
理解を深めよう！

POINT 出題 CHECK

　「来客接遇」では、通常の来客応対が適切にできるだけでなく、予定外のことにも臨機応変に対応できるかが問われる。何らかのトラブルで予約客や上司が約束の時間に遅れる場合の対応や来客案内時・応接室での接客時に留意しておくべき対応の仕方を押さえておく。多くの事例から学ぶことが問題を解く鍵になる。また、席次では、応接室での座順を問う問題がよく出題されている。

 受付～応接室での接客

　次は秘書Aが、予約客M氏を受け付けてから行ったことである。

○　①M氏は傘とコートを手にしていたので、よければ帰りまで預かっておくと言って受け取った。

○　②応接室へ案内しているとき、M氏に声をかけてきた社内の人がいたので、少し離れて待った。

○　③応接室で前の客の茶わんがそのままになっていたので、M氏にわびて入り口で待ってもらい、急いで片付けた。

×　④お茶を運んだところ、上司とM氏が立ってあいさつをしていたので、その間に手早くお茶を出した。

　　　④相手が他のことをしている最中に手早くしたのでは、もてなしたことにならない。お茶を運んだとき、上司とM氏のあいさつが終わるまで下がって待ち、二人が座ってから出すということになる。

来客案内中の対応

　次は秘書Aが、予約客K氏を受け付けてから行ったことである。

×　①一人で歩いていた他部署の部長に出会ったとき、営業部長を訪ねてきたK氏だと言って紹介した。

○　②同僚Bが話しかけてきたので、後にしてほしいと言い、K氏には失礼しましたと言った。

　　　①K氏は上司を訪ねてきているのである。AはK氏を他部署の部長に紹介するような立場にいるわけでもないし、関係もないことである。

✳ 来客案内〜応接室での接客

次は秘書Aが，上司を訪ねてきた客に対して行ったことである。

○　①来客を案内している途中で他部署の部長に話しかけられたとき，後にしてもらえないかと頼み，来客には失礼しましたと言った。

○　②応接室に入ったとき，来客が遠慮して下座に座ろうとしたので，上座に座るように勧め，座ってもらった。

✕　③来客を案内したと上司に伝えたところ，「急用で電話をかける。終わったらすぐ行く」ということだったので，来客にそのことを伝えた。

③来客応対の前に急用の電話をかけてしまいたいというのは内部の事情である。部外者には内部の事情は関係ないことだから言わないのが一般的である。しかし，上司が応接室に現れるのに多少の時間がかかるのだから，このような場合は，「少々お待ち願えませんでしょうか」などと言って待ってもらうのがよい対応ということになる。

✳ 応接室での接客

秘書Aは新人Bから質問を受けた。上司（部長）と来客がいる応接室にお茶を出すとき，次のようなときはどのように出せばよいかというものである。このような場合Aは，次のそれぞれについてどのように答えるのがよいか。簡単に答えなさい。

①来客が複数いて，どの人が先に出すべき人か分からないとき。

②来客と上司のお茶を持って応接室に入ったところ，課長も座っていてお茶の数が足りないとき。

③奥の席にいる人の前までお茶を運ぶことができないとき。

①上座に座っている人から先に出すのがよい。
②来客と上司に先に出してから，課長の分を持ってもう一度出しに行くのがよい。
③手前にいる人に，送ってもらえないかと頼むのがよい。

CHALLENGE 実問題

次は秘書Aが，上司（営業部長）を訪ねてきた客を応接室へ案内しているとき
に出会った人への対応である。中から不適当と思われるものを一つ選びなさい。

1) 同僚のCが仕事の話をしてきたので，「後で」と言って，来客には「失礼した」
と言った。
2) 他部署の課長が案内中の客に近づいてあいさつを始めたとき，少し離れて終
わるのを待った。
3) 別の来客と一緒に歩いてきた他部署の部長と擦れ違うとき，歩きながら黙礼
をして通り過ぎた。
4) 本部長と出会ったとき本部長は一人だったので，「営業部長を訪ねてきた客だ」
と言って紹介した。
5) 先輩のDと擦れ違ったときDは立ち止まって客にお辞儀をしたが，自分はD
に目礼をするだけにした。

秘書Aの上司は高齢のため，外出のときはAが付き添いで随行している。次は，
それぞれの場面でのAの席の着き方について述べたものである。中から不適当と
思われるものを一つ選びなさい。

1) 業界団体の理事会のとき，主催者に頼んで，上司の隣に席を設けてもらって座っ
た。
2) 出張で新幹線に乗ったとき，上司は通路側の席を好むので，Aはその隣の窓
側の席に座った。
3) 会社の忘年会では席が指定されていたが，幹事に頼んで上司の様子が見える
席に変えてもらった。
4) タクシーでは，上司は乗り降りのしやすい助手席の後ろに座るので，Aは運
転手に断って助手席に座った。
5) 取引先で応接室に案内されたとき，上司に続いて応接室に入り，資料を持っ
ていたので，上司の隣に座った。

【解答・解説】1＝4）営業部長への来客を本部長に紹介するとしたら，それは必要があって
することである。また，そのようなことをするのは営業部長であって，Aはその立場ではない
ので不適当ということである。
2＝1）Aは，理事会に出席する上司の付き添いである。付き添って上司のそばで世話ができ
ればよいのだから，頼むのなら，上司の後ろに席を用意してもらえばよい。理事会のメンバー
ではないので，上司の隣に席を設けてもらうのは不適当ということである。

3 交際

Lesson ①1 慶事の知識と対応

CASE STUDY

あなたなら
どうする？

どうぞゆっくり
ご覧ください。

ありがとう
ございます。

上司から預かった物を届けるときは？

▶秘書の佐藤は上司（中村一郎部長）から，「取引先のY部長から絵の個展の招待状をもらったが，私は都合で行けないのでこれを届けてもらいたい。Y部長によろしく」と言われ，祝い金を預かりました。このような場合，当日佐藤は次の三つについてどのようにすればよいのでしょうか。

①受付で芳名録に書く名前。

②受付で祝い金を出すとき，「私は都合で行けないのでこれを届けてもらいたい」と上司から言われたことを伝えるときの言葉。

③Y部長に会って，上司がよろしくと言っていたと伝えるときの言葉。

対処例 ○△×?…

それぞれ次のようにすればよいでしょう。
①中村一郎（代）
②中村が参れませんので，こちらをお届けするようにと預かってまいりました。
③中村がよろしくと申しておりました。

スタディ 💡!!

①秘書佐藤はあくまでも上司の代理という立場なので，芳名録には招待を受けた上司の名前を記入し，その後に（代）と書いて代理で来たことを示します。

②届け物をするときの慣用表現なので覚えておくようにしましょう。預かった物が祝い金でも品物でも，そのものを言う必要はなく，「こちらを」と言って預かったものを差し出します。

③対処例②と同じく上司のことを「部長」と言わずに「中村」とします。

慶事の種類と対応

自社で慶事を行う場合は，秘書は裏方となって，式典や祝賀会などの準備や進行に携わりますが，上司に関係する慶事についても同様にサポートし，案内状の作成や受付の手伝いなど，頼まれた仕事を引き受けて補佐します。

また，取引先などで祝賀行事が開催される場合は，上司の指示に従って祝電を打ったり，祝いの品を贈ったりしますが，上司が祝賀会などに出席する場合は，祝 儀を用意します。

慶事の主なものとしては，以下のようなものがあります。

◆会社などの祝賀行事。
◎創立30周年記念などの式典や祝賀会。
◎本社社屋や工場などの落成式，竣工式。
◎新店舗などの開店披露。

◆個人の祝賀行事。
◎結婚式。
◎賀寿。
◎受賞・受章。
◎昇進・栄転・就任。

主な慶事の知識と対応

上司が関わることが多い次のような慶事については具体的な知識と対応のポイントを押さえておきます。

●結婚式

上司は，友人や取引先の家族の結婚式などによく招待されます。上司から招待状の事務処理を頼まれたら，出欠の意向を確認し，返事はなるべく早く出すようにします。また，以下のことに留意します。

◆招待状の返事を書く。
◎出欠にかかわらず，返信の際には祝いの言葉を一言添える。

◆祝電を打つ。
◎欠席する場合は式場宛てに祝電を打つ。
◎場所や氏名に誤りがないよう確認し，「祝電」扱いや「日時指定」にする。

◆祝いの品を贈る。
◎直接届ける場合は，吉日の午前中がよい。

●賀寿

　賀寿とは長寿の祝いのことで，次のようなものがあります。なお，賀寿の年齢は一般的に，還暦を除き数え年です。

◆還暦の祝い。
　◎満60歳の祝いのこと（数え年では61歳）。60年でえと（干支）が一回りし，満60歳で生まれた年のえとに戻る（還る）ことから。

◆古希の祝い。
　◎70歳の祝いのこと。中国の詩人，杜甫の「曲江詩」にある一節，「人生七十古来稀なり」からきている。従って，「希」は本来「稀」と記すことになるが，一般的には常用漢字の「希」が用いられている。

◆喜寿の祝いのこと。
　◎77歳の祝いのこと。七十七を組み合わせると喜の草書体「㐂」に見えることから。

◆傘寿の祝い。
　◎80歳の祝いのこと。八十を縦に重ねると，傘の略字「仐」に見えることから。

◆米寿の祝い。
　◎88歳の祝いのこと。八十八を組み合わせると「米」の字ができることから。

◆卒寿の祝い。
　◎90歳の祝いのこと。九十を縦に重ねると，卒の略字「卆」に見えることから。

◆白寿の祝い。
　◎99歳の祝いのこと。「百」の上の「一」を取ると「白」になる（100−1＝99）ことから。

●叙勲・褒章

　秘書は，ニュースなどで関係者の受賞・受章を知ったらすぐに上司に報告し，上司の指示に従って祝電や祝い状を出したり，祝いの品を贈ったりします。また上司が祝賀会の発起人になる場合は，準備を手伝うなどして上司を補佐します。

　各種団体などから賞を受けるのを受賞，国から勲章・褒章を受けるのを受章といいます。勲章・褒章には次のようなものがあります。

◆勲章の種類。
　◎文化勲章，瑞宝章，宝冠章，旭日章，菊花章など。

◆褒章の種類。
　◎紅綬褒章，緑綬褒章，藍綬褒章，紺綬褒章，黄綬褒章，紫綬褒章など。

序章　受験対策　基礎知識　第1章　必要とされる資質　第2章　職務知識　第3章　一般知識　第4章　マナー・接遇　第5章　技能　第6章　面接　終章　模擬試験

●昇進・栄転・就任

　取引先などの関係者や上司の友人が昇進・栄転することになったり，要職に就任することが決まったら，祝電を打ったり上司が直接電話したりしますが，その人と懇意にしている場合は，上司が発起人になって祝賀会を催すこともあります。その際，秘書は上司の指示に従って準備を進めますが，栄転などで転勤する人には餞別を贈ることがあるので，その点も上司に確認しておくことが必要です。

📁 慶事に関する用語

- ☐ 祝儀……………祝いの儀式のこと（狭義では結婚式のこと）。祝いのときに贈る金品。
- ☐ 祝言（しゅうげん）……結婚式などの祝いの儀式。祝いの言葉。
- ☐ 祝詞（のりと）……神事のとき神官が神前で唱える言葉。
- ☐ 吉日（きちじつ）……祝い事など，何かをするのによいとされる日。「きちにち」とも読む。反語は凶日（きょうじつ）。
- ☐ 大安（たいあん）……吉凶占いの六曜の一つで，何をするにも縁起（えんぎ）がよいとされている日。六曜には，他に先勝（せんしょう），友引（ともびき），先負（せんぶ），仏滅（ぶつめつ），赤口（しゃっこう）がある。先勝は「せんかち」とも読み，急ぐことや訴訟にはよい日とされている。午前は吉，午後は凶。友引は，何事も勝負がつかない日のこと。朝晩は吉，昼は凶。「友を引く」として，葬礼を避ける習慣がある。先負は「せんまけ」とも読み，平静を吉とし，急用や訴訟にはよくない日。午前は凶，午後は吉。仏滅は，何事も凶とする日。赤口は「しゃっく」とも読み，一日中凶日だが，正午のみ吉。
- ☐ 金婚式……………結婚50周年の結婚記念日の祝いのこと。25周年を「銀婚式」，60周年または75周年を「ダイヤモンド婚式」という。
- ☐ 餞別……………遠くへ旅立つ人や転任・移転する人に別れの印として贈る金品。
- ☐ 歓送迎会………歓送会と歓迎会のこと。
- ☐ 発起人…………（祝賀会など）何かを始めようと思い立って計画する人。
- ☐ 祝辞・謝辞……式などで述べる祝いの言葉が祝辞。祝いの言葉に対するお礼の言葉は謝辞。
- ☐ 叙勲（じょくん）…………勲等（勲章の等級）を授け勲章を与えること。
- ☐ 落成・竣工（しゅんこう）……どちらも社屋など建築物が完成すること。竣工は「竣功」とも書く。

SELF STUDY

過去問題を研究し
理解を深めよう！

序章　受験対策　基礎知識

第1章　必要とされる資質

第2章　職務知識

第3章　一般知識

第4章　マナー・接遇

第5章　技能

第6章　面接

終章　模擬試験

POINT 出題 CHECK

　「慶事の知識と対応」では，上司の代理で祝賀会などに出席する場合の対応からスピーチの草案に関することまで幅広く出題されるが，慶事の知識や常識である程度解くことができる。よく取り上げられるのは賀寿に関する問題である。賀寿の種類と年齢が合致するように頭に入れておくこと。また，慶事に関連する用語もよく出題されるのでチェックしておきたい。

✳ 賀寿

　次のそれぞれを祝う年齢を下の枠内から選びなさい。

①米寿

②喜寿

③還暦

④古希

1）満60歳	2）70歳	3）75歳	4）77歳
5）80歳	6）88歳	7）90歳	8）99歳

　①　6）　　②　4）　　③　1）　　④　2）
　　5）は傘寿，7）は卒寿，8）は白寿である。3）の75歳の祝いはない。

✳ 慶事に関する用語

　次は用語の説明である。

○　①「叙勲(じょくん)」とは，勲等を授け，勲章を与えること。

○　②「吉日(きちじつ)」とは，物事をするのによいとされる日のこと。

×　③「祝詞(のりと)」とは，神前で結婚式を行った人に贈る，祝いの言葉のこと。
　　③「祝詞」とは，神事のとき，神官が神前で趣旨などを述べる言葉のことである。

CHALLENGE 実問題

1 難易度 ★★☆☆☆

次は直接関係ある用語の組み合わせである。中から<u>不適当</u>と思われるものを一つ選びなさい。

1）玉串 ── 榊
2）叙勲 ── 訓告
3）祝詞 ── 神前
4）竣工 ── 落成
5）ふくさ ── 祝儀袋

2 難易度 ★★★☆☆

秘書Ａ（木村）は上司（山田一郎）から，「私の恩師から絵の個展の案内が来たが，出張で行けないので代わりに祝い金を持って行ってもらいたい」と言われて行くことになった。このような場合，Ａが当日受付ですることについて答えなさい。

① 芳名録にはどのように記名するか。
② 祝い金を出すとき，上司から言われたことを伝えるにはどのように言うのがよいか。その言葉を答えなさい。

【解答・解説】1＝2）「叙勲」は，社会活動などで功績のあった人に勲章を与えること。「訓告」は，注意を与えることなので，2）の組み合わせは不適当ということである。
2＝【解答例】
　① 山田一郎（代）
　② 山田が出張で参れませんので，こちらをお届けするようにと預かってまいりました。

序章　受験対策
基礎知識

第1章　必要とされる資質

第2章　職務知識

第3章　一般知識

第4章　マナー・接遇

第5章　技　能

第6章　面　接

終章　模擬試験

Lesson ② 弔事の知識と対応

CASE STUDY

あなたなら
どうする？

かしこまりました。

香典を用意してほしいのだが……

香典を用意するときの心得は？

▶秘書Aは上司から，「取引先の常務が亡くなった。葬儀には私が参列するので香典を用意するように」と指示されました。このような場合，Aは上司に何を確認しなければならないでしょうか。三つ挙げてください。

対処例 ○△×?…

　次のことを確認すればよいでしょう。
1. 香典の金額。
2. 葬儀の形式。
3. 誰の名前で差し出すのか。

スタディ 💡!!

1. 金額が分からなければ用意することができません。上司に指示されれば資料を用意し，内規や前例などを調べます。
2. 葬儀の形式によって香典袋に書く上書きが異なるからです。仏式の場合は「御香典」，神式の場合は「御玉串料」，キリスト教式の場合は「御花料」などとします。
3. 取引先の常務の葬儀なので，会社名を入れて社長名で出すのか，それとも上司の個人名で出すのかなどを確認しなければなりません。

訃報を受けた場合の情報収集

　関係者の訃報を知ったら，秘書は上司が適切に対応できるように，必要な情報を収集しなければなりません。また，得た情報は速やかに上司に報告し，どのようにするか指示を受けます。場合によっては，上司に代わって秘書が告別式に参

列することもあるので，収集した情報は，報告後もきちんと整理して管理しておく必要があります。

　収集すべき情報は以下のようなことです。

◆逝去の日時，逝去の経緯と死因。

　　◎「いつ，何時ごろ亡くなったのか」，「どんな病気（事故）だったのか，直接的な死因は何だったのか」を確認する。これらのことは，関係者に連絡する場合などの基本事項として知っておく必要がある。

　　◎上司が弔辞を頼まれた場合は，立ち入らない範囲で経過などを詳しく聞くこともある。

◆通夜，葬儀・告別式の日時と場所。

　　◎「いつ」「どこで」執り行われるのかを確認し，交通手段や所要時間などを調べておく。

◆葬儀の形式（宗教）

　　◎宗教によって儀式の執行の仕方や拝礼の作法，香典の上書きも異なってくるので必ず確認しておく。また，無宗教の場合は，どのような形式で執り行われるのか，概略を聞いておく。

◆喪主に関する情報。

　　◎弔電は喪主宛てに打つので，故人と喪主との関係，氏名，住所，電話番号などを確認しておく。

◆慶弔規定など，社内資料の収集。

　　◎慶弔に関する決め事や前例などを調べて，上司の判断材料にしてもらう。

弔事への対応

　通常，弔事は通夜，葬儀・告別式という順に執り行われますが，仏式や神式では葬儀に引き続いて告別式が行われます。

●通夜

　通夜とは，家族や故人と親しい関係にあった人が夜を徹してひつぎに付き添うことですが，現在では夜の6時，7時ごろから始まり2時間程度で終了する半通夜と呼ばれる形式が一般的になっています。また本来は，通夜に参列した場合は葬儀・告別式にも参列するのが作法ですが，仕事の都合などで通夜だけで済ます人も多くなっています。

　上司が故人と懇意にしていた場合は，通夜だけでなく，葬儀・告別式にも参列することになりますが，その場合香典は通夜に届けることになるのでそれまでに

準備しておくようにします。

●葬儀・告別式

　葬儀は故人の親族が故人の冥福を祈るための儀式，告別式は，故人と関係があった人たちが最後の別れをするための儀式です。通常，仏式，神式，キリスト教式など故人が信仰していた宗教の儀式に従って行われますが，故人の遺志や遺族の希望などで無宗教形式で執り行うこともあります。

　仏式や神式では葬儀が終了後，5分から10分程度の休憩の後に告別式が執り行われます。告別式では，会葬者は順次祭壇の前に進み出て礼拝を行いますが，仏式の場合は「焼香」を行い，神式の場合は「玉串奉奠」，キリスト教式の場合は「献花」を行って礼拝します。

　会葬者の礼拝が済むと告別式は終了となり，その後，出棺して霊きゅう車でひつぎを火葬場に運ぶことになります。一般会葬者は告別式が終了したら帰って構いませんが，できれば出棺してひつぎを霊きゅう車に納め，喪主または親族代表者が最後のあいさつをするまではいるようにします。

宗教による礼拝のマナー

　上級秘書は，上司の代理として告別式に参列することもあるので，代表的な宗教の拝礼の仕方を心得ておく必要があります。

●焼香の仕方（仏式）

　仏式では，会葬者は焼香を行います。その手順は以下の通りです。

①焼香台の近くまで進み，遺族に一礼する。

②焼香台の前に来たら祭壇に向かって一礼する。

③右手の親指と人さし指，中指の3本で抹香をつまみ，やや頭を下げて目の高さに押しいただいた後，香炉にくべる。

④遺影に合掌して一礼する。

⑤遺族の方を向き一礼して席に戻る。

焼香の仕方

⬆1）右手の親指，人さし指，中指の3本で抹香をつまむ。

⬆2）目の高さに押しいただく。

⬆3）香炉にくべたら，遺影に合掌して一礼する。

序章　受験対策　基礎知識／第1章　必要とされる資質／第2章　職務知識／第3章　一般知識／第4章　マナー・接遇／第5章　技能／第6章　面接／終章　模擬試験

●玉串奉奠の仕方（神式）

神式では玉串をささげ，音を立てずに二礼二拍手一礼します。玉串は神官から受け取りますが，受け取る前に遺族と神官に一礼します。

①神官から玉串を受け取る。左手で葉先側を，右手で茎側を持つ。

②玉串をささげる案（台）まで進む。

③玉串の葉先を神前に向ける（茎が手前になる）。

④手を持ち替え，左手で根元を，右手で葉先側を持つ。

⑤時計回りに180度回転させ,葉先が手前に来るようにして案（台）に置く。

⑥二礼二拍手（音を立てない）一礼する。

⑦遺族と神官に一礼して席に戻る。

玉串奉奠の仕方

1) 左手で葉先側，右手で茎側を持つ。　2) 葉先を神前に向ける。　3) 左手で根元，右手で葉先側を持つように持ち替える。　4) 時計回りに180度回転させ，葉を手前にしてささげる。

●献花の仕方（キリスト教式）

キリスト教式では，献花をします。花は係の人が渡してくれます。

①左に茎，右に花が来るように受け取る。

②花が手前に来るように時計回りに90度回転させる。

③そのまま献花台に置き，一礼して席に戻る。

献花の仕方

1) 左手で茎，右手で花の方を持つ。　2) 花が手前に来るように時計回りに90度回転させる。　3) 献花台に置き，一礼する。

弔事に関する用語

- □ 逝去…………人が亡くなること。
- □ 享年…………死亡したときの年齢。
- □ 会葬者………葬儀に参列する人のこと。
- □ 通夜…………死者を葬る前に，家族や親戚など親しい人が一晩過ごして死者を見守ること。
- □ 告別式………死者が葬られる前に，故人と関係があった人たちが集まって最後の別れをする儀式。
- □ 密葬…………遺族や親戚など身内の者だけで内々に行う葬儀のこと。
- □ 香典…………本来は仏式で使う用語で，仏前に香や花を供える代わりの金銭のことだが，現在では宗教に関係なく，霊前にささげる金銭のことを一般的に香典という。葬儀のときの香典の上書きは，仏教では「御香典，御香料」，神式では「御榊料，御玉串料」，キリスト教では「御花料」。「御霊前」は宗教に関係なく使える。
- □ 供物…………神仏に供えるもの。仏式では生花，菓子，果物，線香，抹香，茶など。神式では生花，果物，酒，魚，榊など。
- □ 忌み言葉……不吉とされ使用を避ける言葉。弔事では「返す返す」，「重ね重ね」，「重ねて」など，不幸が続くことを連想させる言葉を指す。
- □ 喪章…………人の死を悲しむ気持ちを表現するために着ける黒いリボンや布。
- □ 弔問…………遺族を訪問して悔やみを言うこと。
- □ 弔辞…………故人を惜しんで葬儀のときに述べる悔やみの言葉。
- □ 服喪…………喪に服すること（死者の親族がある一定期間，公的な交際を避けたり派手な振る舞いを慎むこと）。
- □ 喪中…………喪に服している期間のこと。忌中ともいう。通常は死後49日間だが，次の年の正月は欠礼する習慣がある。
- □ 喪主…………葬儀を執り行う名義人。
- □ 法要…………故人の冥福を祈るための行事。
- □ 初七日………死後7日目のこと，またはそのときに執り行う法事のこと。
- □ 一周忌………死去した人の翌年の命日やそのときに執り行う法事のこと。
- □ 冥福…………死後の幸福。
- □ (御)布施……葬儀や法事などで僧侶に渡す金品のこと。またその上書きの言葉。
- □ 香典返し……もらった香典に対して，返礼の品物を贈ること。
- □ 忌明け………服喪の期間が終了すること。

SELF STUDY

過去問題を研究し
理解を深めよう！

POINT 出題 CHECK

「弔事の知識と対応」では，弔事の際に確認すべき事柄，弔電を打つよう頼まれたときに確認すること，社葬や上司の家族の葬儀で受付を手伝う際の知識などが問われる。また，弔事に関する用語についてもチェックしておくとよい。

✻ 弔事の際に確認すべき事項

秘書Aの会社の会長が亡くなった。明日の朝刊に掲載されるであろうから，外部からの問い合わせの電話が予想されるという。そこでAは問い合わせにすぐ答えられるよう，次のことを調べた。

○　①喪主の氏名と続柄。

○　②供物や供花，香典の扱い。

×　③葬儀参列者の服装について。

③参列者の服装をどうするかはこちらが言うべきことではない。

✻ 受付の手伝い

秘書Aの上司の家族に不幸があり，告別式の受付を頼まれた。そこで先輩に特に注意すべきことを尋ねた。

○　①受付に名刺を出されたら，名刺受けのお盆を出して，それに載せてもらって受けること。

×　②香典はなく名刺だけの会葬者は，名前が重複するので会葬者芳名録には記帳してもらわないこと。

②名刺を出すのは参列させてもらうと遺族へ名乗る礼儀である。芳名録は名刺代わりに記帳するものだが，一覧性があって見やすいので重複しても記帳してもらった方がよい。香典のあるなしとは関係ない。

✻ 弔事に関する用語

次のそれぞれを何というか。

①身内だけで内々に行う葬式のこと。

②死者の供養のため，命日に行う仏事のこと。

①密葬　②法事

CHALLENGE 実問題

1 難易度 ★★☆☆☆

次の弔事に関することを何というか。（　　　）内に漢字2文字で答えなさい。

1）霊前などに花を供えること。　　　　　　　　　　　　　（　　　　　）
2）仏前や霊前で，香をたいて拝むこと。　　　　　　　　　（　　　　　）
3）死者の冥福を祈るために，命日に行う行事のこと。　　　（　　　　　）
4）故人を惜しんで葬儀のときに述べる悔やみの言葉。　　　（　　　　　）

2 難易度 ★★☆☆☆

秘書Aの上司の家族に不幸があり，Aは葬儀の受付を手伝うことになった。次はそのときAが行ったことである。中から不適当と思われるものを一つ選びなさい。

1）葬儀なので香典は供えたが，手伝いに行ったのだから会葬者芳名録に自分の名前を書くのは控えた。
2）取引先からも顔見知りの人が会葬に来たが，受け付けるとき顔見知りであるような話はしなかった。
3）受付では香典とともに名刺を出す人がいたが，それはそれとして受け取った後，会葬者芳名録に記名をお願いした。
4）受付なのであいさつを受けたが，そのときは上司の家族側の立場であいさつを受けるようにした。
5）出棺後会葬者が徐々に退出したがそのまま残り，後を片付けている葬儀社の人に世話になった礼を言った。

【解答・解説】1＝1）　献花　　2）　焼香　　3）　法事・法要　　4）　弔辞
解答例の他に，1）は「供花」もよい。
2＝1）会葬者芳名録とは，葬儀に参列した人の名前を残しておくためのもの。Aは受付の手伝いだとしても，香典を供えたのだから参列者である。従って，芳名録に名前を書くのを控えたなどは不適当ということである。

序章　受験対策・基礎知識　第1章 必要とされる資質　第2章 職務知識　第3章 一般知識　第4章 マナー・接遇　第5章 技能　第6章 面接　終章 模擬試験

Lesson 3 パーティーと宴席の知識

CASE STUDY
あなたなら
どうする？

出版記念パーティー

パーティーの接待役としての心得は？

▶秘書Aは上司から，「私の個人的なことだが，出版記念パーティーを開くことになったので接待役として手伝ってもらえないか」と頼まれました。A以外にも何人かの人に手伝いを頼んであるそうです。このような場合，Aはどのようなことに注意すればよいでしょうか。三つ挙げてください。

対処例 ○△×？…

次のようなことに注意すればよいでしょう。
1. 手伝いといっても接待役なので，パーティーの形式や開始時間などを上司から聞いておき，それらを参考にしてパーティーの雰囲気に合った服装を選ぶ。
2. いつものように上司の補佐役として気を配るのではなく，接待役として客の接待に専念するよう心がける。
3. どのような人が出席するのか上司から聞いておき，合わせられる話題を幾つか用意しておく。

スタディ 💡‼

1. 上司の出版記念パーティーなので，社会的にも地位のある人たちが集います。従って，接待役なのだから単に機能的であればよいというものではなく，それらの人たちを接待するにふさわしい服装を心がけなければいけません。
2. 会社では秘書であっても，パーティーは上司の個人的なことで，頼まれたのは接待役です。従ってパーティーでは，接待役としての役割を果たすように心がけることが大切です。
3. 食べ物や飲み物を勧めたり，依頼されたことを果たすだけでなく，積極的に楽しい雰囲気をつくり出していくことも接待役に求められる大切な役割です。客が話しやすい話題を用意しておくことはそのための一つの有効な方法で，気が利いた配慮ともいえるでしょう。

パーティーでの基本的な心得

　パーティーは，基本的には楽しい雰囲気の中で社交を楽しむ集いです。従ってそうした雰囲気を壊さないように心がけることが大切です。

●パーティーの服装

　服装はパーティーの形式や格式，開始時間によって決めますが，指定がある場合にはそれに従うのがマナーです。ただし，招待状に「平服でお越しください」と書いてあってもカジュアルな「普段着」で行ってはいけません。その場合は，男性はダークスーツ，女性はスーツか派手でないワンピースを着用して出席するようにします。

　◆正式な服装。
　　◎男性はタキシードに黒のちょうネクタイ。
　　◎女性はイブニングドレスなど。
　◆略式の服装。
　　◎男性はダークスーツ。
　　◎女性はスーツかワンピース。

●パーティーに出席するときのマナー

　パーティーにもいろいろな形式がありますが，出席する際の基本マナーとして，以下のようなことを押さえておけばよいでしょう。

　◆コートや荷物はクロークに預け，ハンドバッグ以外は会場内に持ち込まない。
　◆胸章を渡されたら，会場を出るまで胸の位置に着けておく。
　◆会場の入り口で渡される飲み物は「ウェルカムドリンク」なので，すぐに飲んでも構わない。
　◆時間に遅れたときは，雰囲気を壊さないように心がける。遅れたことをわびるためだけにわざわざ主催者に話しに行く必要はない。
　◆パーティーの途中で帰る場合も主催者に告げなくても構わない。むしろ楽しい雰囲気に水を差さないように配慮して帰ることがマナー。

序章　受検対策　基礎知識

第1章　必要とされる資質

第2章　職務知識

第3章　一般知識

第4章　マナー・接遇

第5章　技能

第6章　面接

終章　模擬試験

宴席の知識

　秘書は上司が主催する宴席の手配などを任されることがあるので，宴席で出される料理の種類や客を宴席に案内する際の席次も把握しておくようにします。

●日本料理の種類

　宴席を設けるときには目的に応じて料理を選ぶようにしますが，以下のことは知識として押さえておきましょう。

- ◆本膳料理：日本料理の正式な膳立てで，主な献立としては，汁物，刺身，焼物，煮物，飯，香の物，果物などがあり，これらが組み合わされて，本膳（一の膳），二の膳，三の膳などとして出される。
- ◆会席料理：本膳を略式化したもので，酒をおいしく飲むための料理。
- ◆懐石料理：もともとは茶事の前に出される軽い食事のことだが，酒よりも料理そのものを味わう料理。料理は作った順に一品ずつ客に出していく。
- ◆精進料理：野菜中心の肉や魚介類を用いない料理のこと。
- ◆小料理　：簡単な一品料理で，酒のさかなとして食するための料理。
- ◆皿鉢料理：高知県の郷土料理のこと。大皿に刺身やたたき，煮物，焼き物などが盛って出される，宴会用の料理。

●宴席での席次

　宴席でも席次があります。基本的には入り口から遠い奥の席が上席，近い方が末席になり，和室で床の間がある場合は，床柱を背にした側が上座になります。客側と接待する側がテーブルを挟んで向かい合って座る場合には席次も違ってくるので注意しましょう。

床の間がある和室の席次

🔼 順に①が最上席，④が最下位の席。

🔼 順に①が最上席，④が最下位の席。

🔼 順に①が最上席，④が最下位の席。ただし，客側・接待側と分かれて座る場合は，客側が①③，接待側は②④の順に座る。

SELF STUDY

過去問題を研究し
理解を深めよう！

POINT 出題 CHECK

「パーティーと宴席の知識」では，パーティーに出席するときのマナーに関する出題が多いが，会社主催のパーティーで受付を担当するときなどの留意点も押さえておきたい。宴席については料理に関する出題もあるので要チェック。

 出席するときのマナー

次はパーティーに出席するときのマナーについて述べたものである。

○　①受付でご祝儀を出すときは，「本日はおめでとうございます」のように
　　　お祝いの言葉を言って出す。

×　②パーティーの途中で帰るときは，周囲の人と主催者に，先に失礼する
　　　とあいさつしてから退出する。

○　③受付で胸章を渡されたときは，出席者に分かるように胸の位置に着け，
　　　パーティーが終わるまで外さない。

> ②パーティーは最後までいないといけないというものではないので，途中で帰っても差し支えない。ただし，パーティーは場も華やかで参加者も華やいでいる。途中で帰ると言えば場に水を差すことになるので，黙って帰るのがよい。

付き添いで出るときの心得

秘書Aは，上司に付き添って取引先の創立記念パーティーに出席することになった。上司が高齢であることと，Aがその取引先と懇意にしている関係で招待されたものである。次はそのときAが行ったことである。

○　①受付で，Aが会社から預かってきた祝儀袋を上司に渡し，上司からお
　　　祝いとして差し出してもらった。

○　②付き添いではあったが，料理や飲み物は，近くのコンパニオンに声を
　　　かけ頼んで運んでもらった。

×　③上司と親しそうに話していた人との話が終わったとき，上司に紹介し
　　　てもらいたいと頼んだ。

> ③Aは上司の秘書であり付き添いという立場である。従って上司が親しく話していたからといって，その人への紹介を上司に頼む立場にはない。

CHALLENGE 実問題

　秘書Ａは上司（営業部長）から，「取引先社長の子息の結婚披露宴に招かれ，スピーチを頼まれたので草案を作ってもらいたい」と言われた。その子息は取引先の営業課長である。次はＡが草案を作成するに当たり考えたことである。中から不適当と思われるものを一つ選びなさい。

1) 取引先との関係や，世話になっている日ごろの礼を含める。
2) 子息の日ごろの仕事ぶりのよさを探して，適度に褒め言葉を入れる。
3) 取引先として出席するのだから，自分の会社の業務内容や業績なども紹介する。
4) 祝いの席であり食事の場でもあるから，明るく楽しいスピーチになるようにする。
5) スピーチする上司の年齢や立場を考えて，ふさわしい内容と言い回しを意識する。

　秘書Ａは上司（部長）から，異動する課長の送別会の幹事を係長と一緒にするように指示された。このような会ではスムーズに進行するために，「開会のあいさつ」など事前に依頼しておくのが通例であるが，それ以外にどのようなことがあるか。一般的に行われる主なことを箇条書きで三つ答えなさい。

【解答・解説】1＝3）結婚披露宴のスピーチは，新郎新婦の新生活を祝福するために行うのである。従って，取引先であっても，自分の会社の業務内容や業績などを紹介するのは不適当ということである。
【解答・解説】2＝〔解答例〕
　　1．乾杯の音頭を取る。
　　2．記念品や花束を手渡す。
　　3．中締め（閉会）のあいさつをする。

Lesson ④ 見舞いの知識

CASE STUDY

あなたなら
どうする？

どんな物がい
いかしら……

**見舞いの品を贈る
際の留意点は？**

▶秘書Aは，後輩Bから「知人が入院したので見舞いに行きたいが，見舞いの品として花か食べ物を贈ろうと思っている。何か注意しなければならないことはないか，アドバイスしてほしい」と頼まれました。Aはどのようなことをアドバイスすればよいのでしょうか。箇条書きで三つ挙げてください。

対処例 ○△×?…

　次のようなことに気を付けるようにアドバイスすればよいでしょう。
1. 食べ物は，病気によっては悪い影響を与えることがあるので注意する。
2. 鉢植えの花は避ける。
3. 病院によっては，生花が禁止されている場合があるので確認する。

スタディ 💡!!

1. 病気によっては治療の一環として食事制限がされていることがあるので，食べ物を届ける場合には，家族などから情報を得て，差し支えのないようなものを選ぶようにします。
2. 鉢植えの花は「根付く」ことから「寝付く」が連想されるので，病気見舞いの品としてはタブーとされています。一般に広く知られていることなので，常識として覚えておきましょう。
3. 生花は見舞いの品としてポピュラーな物ですが，衛生上の観点などから生花の持ち込みを禁止している病院があります。持ち込み可能かどうかは病院に確認するとよいでしょう。

序章　受験対策
基礎知識
第1章　必要とされる資質
第2章　職務知識
第3章　一般知識
第4章　マナー・接遇
第5章　技能
第6章　面接
終章　模擬試験

病気見舞い

　知人や職場の関係者が入院して病気見舞いに行くときは，以下のようなことに留意します。

●見舞いに行くタイミング

　見舞いの時機は慎重に選ばなければなりません。手術の前後や病気が重い場合には避けるのが常識ですが，元気になったからといって立て続けに見舞いに来られても病人の方が迷惑します。

　見舞いに行く場合は，まず家族に電話しておおよその病状を尋ね，見舞いが可能かどうかを確認します。可能ということであれば，突然来られては困るという場合もあるので，希望の日時を話しておくとよいでしょう。また，病院が設定している面会時間があるので，そのことも確認しておきます。

●見舞う際のマナー

　見舞いに行ったら次のようなことに留意します。

◆病状について詳しく聞かない。

　　◎病名や病状を根掘り葉掘り聞いてはいけない。相手のことが気がかりであっても，本人が話したくない場合もある。

　　◎医者が本当の病名を告げていない場合もある。

◆他の病人の話や不幸な話はしない。

　　◎病人は気弱になっていることが多いので，他人のことであっても，病気の話や不幸な話などを聞くと，自分に置き換えて悲観的になる。「もっと大変な人もいるのだから」と励ます意図があっても不適切である。

◆長居はしない。

　　◎相手が希望すれば別だが，そうでない場合は，せいぜい10分程度，長くても30分以内にとどめるのがよい。

◆大勢で押しかけない。

　　◎職場の同僚などと誘い合って大勢で見舞うのは避ける。それぞれが話をしたりすると長居して迷惑をかけることになる。

◆同室の患者にもあいさつする。

　　◎相部屋の場合は，同室の患者や付き添いの家族などにもあいさつをする。

●見舞いの品を贈る際の留意点

　病気見舞いの贈り物で一番喜ばれるのは現金です。他には果物や菓子類などが一般的ですが，食べ物は治療上制限されていることがあるので，家族に確認しておくのがよいでしょう。また，花を贈るなら香りの強いものは避けること，「（根）

寝付く」という言葉を連想させる鉢植えの花は病気見舞いの品としては不適当で
あることを心得ておきましょう。

　このほか，「鉢物」と同じようにタブー視されているものに以下のようなもの
があります。

◆「シクラメン」は，「死」「苦」が入っているからよくない。

◆切り花の数も，4本，9本は「死」，「苦」を連想させるのでよくない。

◆「椿の花」は，花が落ちるときの様子が「首が落ちる」ようなので縁起が悪い。

◆「あじさい」は，色があせることから「精彩がなくなる」ので不吉。

◆「菊」は，「葬儀の花」なので縁起が悪い。

●上司の部下などを見舞うときの留意点

　上司の指示で上司の部下の見舞いに行くときは，以下のことに留意します。

◆上司からの見舞いを届けるときは，自分も見舞いの品を用意する。

◆上司から伝えるよう指示されたこと以外は，仕事の話に触れない。

◆上司に伝言はないか必ず確認する。

◆上司には見舞ったことを報告し，伝言があれば伝える。

 ## その他の見舞い

　見舞いには，病気見舞いのほか以下のようなものがあります。

◆災害見舞い。

　　◎関係者が地震，風水害，火災などで被害を受けたことが分かったら，災害
　　　見舞いをする。見舞いは早ければ早いほどよい。

　　◎見舞いの品は相手が必要としているものを聞くか，現金にする。

◆陣中見舞い。

　　◎競技大会へ向けて合宿したり，イベントを開催している場合，合宿所や事
　　　務所などに陣中見舞いを贈る。

　　◎激励や景気づけのための贈り物なので，品物としては場を鼓舞する酒やビ
　　　ールのほか，多くの人が気軽に飲食できる清涼飲料水や菓子類がよい。

◆楽屋見舞い。

　　◎関係者がリサイタルや発表会などを催す場合は，楽屋見舞いを贈る。華や
　　　かな場なので，花などが好まれる。

◆寒中見舞い・暑中見舞い。

　　◎年賀として贈るものが時機を逸した場合は「寒中御見舞」として，中元の
　　　時機を逸した場合は「暑中御見舞」として贈る。

SELF STUDY

過去問題を研究し
理解を深めよう！

 POINT 出題 CHECK

　「見舞いの知識」では，病気見舞いに関する問題が大部分を占めるので，病気見舞いについて一通りの知識は心得ておく必要がある。見舞いに行く場合は，家族に連絡して確認することや見舞う際のマナー，見舞いの品としてふさわしくないものなどポイントは押さえておきたい。また，問題は職場の関係者が入院するという設定で出されることが多いので，上司や入院している関係者の間に立って「伝言はないか」と確認することを忘れてはならない。

✴ 見舞いに行くときの留意点

　秘書Aは後輩Bから相談を受けた。上司（部長）の代理で，入院中の課長の見舞いに見舞金を持って行くことになった。初めてのことなので，どのようにすればよいか教えてもらいたいとのことである。

○　①服装は，華やいだ感じは避け，落ち着いた印象を与えるものにすること。

×　②課長の家族がいたら，困ったことがあったら何なりと相談してもらいたいと言うこと。

○　③病室には同室者もいるだろうから，気が付いてくれなくてもあいさつして入退室すること。

○　④仕事のことを聞かれたら，必要なら部長から連絡があるはずなので，療養に専念するように言うこと。

　　②代理を頼む部長も，また（相談をしてきた）Bや（相談を受けた）Aも，課長との関係は会社においてのものである。入院中の課長は家族との生活の範囲内にいることになる。従って，困ったことがあったら相談してもらいたいと家族に言うことは，立ち入ったことになり不適当である。

216

CHALLENGE 実問題

序章　受験対策基礎知識

第1章　必要とされる資質

第2章　職務知識

第3章　一般知識

第4章　マナー・接遇

第5章　技能

第6章　面接

終章　模擬試験

1 難易度 ★☆☆☆☆

　仕入部長秘書Aは，けがで入院した課長の見舞いに部を代表して行くことになった。次はこのとき，Aが見舞いの準備として順に行ったことである。中から不適当と思われるものを一つ選びなさい。

1) 知らされていた病院名をインターネットで検索し，面会時間と会社からの経路を調べた。
2) 自分が不在でも上司の仕事に比較的支障のない日時に行くことにし，上司の了承を得た上で，念のため同僚のCに留守中のことを頼んだ。
3) 課長の家族へ電話して，見舞いに行くことと日時を知らせた。
4) 上司や部員から取りまとめて見舞いの品を用意し，言づてを預かった。
5) 課長のけがを心配していた取引先に電話して，見舞いの品や言づてを預かろうかと申し出た。

2 難易度 ★★★☆☆

　部長秘書Aは，病気療養のため入院している課長の見舞いに行くことになった。このような場合，Aが避けた方がよい話題を箇条書きで三つ答えなさい。

【解答・解説】1＝5) 部の代表で課長の見舞いに行くのだから，見舞いの品を取りまとめることは必要。が，それは社内でのこと。外部である取引先に，心配していたからといって5)のように申し出るなどは見当違いで不適当ということである。
2＝〔解答例〕
　　1. 部長などからの伝言以外の仕事に関する話。
　　2. 他の課長の活躍ぶりなど，欠勤中の課長を焦らせるような話。
　　3. 病状についての詳しい話。
　病気療養のため入院している課長を見舞うのだから，精神的に障るような話題は避けた方がよい。その観点から答えることになる。

Lesson ⑤ 贈答・暦の知識と年中行事

CASE STUDY
あなたなら
どうする？

このたびは，ご開業お
めでとうございます。

祝いの品を届ける
ときの言い方は？

▶秘書Aは上司（山田部長）から，上司をよく訪ねてきていたT氏が事務所を開いて独立したことを知らされました。上司は多忙なので，「この品を，お祝いを言って私の代わりに届けてもらいたい」とのことです。そこで，次の四つの要素を用いて話すことにしましたが，具体的にどのように話せばよいのでしょうか。

①開業を祝う言葉。
②山田から届けるようにということで，この品を持ってきた。
③受け取ってもらいたい。
④山田から，事務所の発展を祈っていると伝えるように言われてきた。

対処例 ○△×?…

　次のように話せばよいでしょう。
「このたびは，ご開業おめでとうございます。山田からのお祝いの品をお届けにまいりました。どうぞお納めくださいませ。山田から，事務所のご発展をお祈りしています，とお伝えするようにと申し付かってまいりました」

スタディ 💡‼

①冒頭に「このたびは」と言って，開業の祝辞を述べるのがポイントです。
②使いに来たことを述べるのですが，「○○からの××をお届けにまいりました」という慣用表現を用いて言葉を当てはめ，××には「この品」を「お祝いの品」に代えて入れます。
③受け取ってもらいたいと言うときの慣用表現を用います。
④「事務所の発展を祈っている」という言葉を丁寧な言葉に言い直し，最後は「～とお伝えするようにと申し付かってまいりました」という慣用表現でまとめます。

贈答のマナー

　贈答にはタイミングが大切です。慶事・弔事とも時機を逃すと，間が抜けたものになったり失礼になったりします。また，季節の贈答は昔からのしきたりとして贈る期間が決まっているのでそれまでに贈るのがマナーです。贈答に際しては以下のようなことに留意しましょう。

◆年賀は，正式には年始回りのあいさつとして正月三が日（1月1〜3日）に手土産を持参して贈る。

　　◎三が日に行けない場合は，遅くても松の内（1月1〜7日）までには済ませる。

　　◎事情によって松の内を過ぎた場合は，上書きを「寒中御見舞」にする。

◆中元は，日ごろ世話になっている人へのお礼として7月初旬から7月15日までに贈る（関西では1カ月遅れにすることも）。

　　◎時機を過ぎたら，立秋（8月8日ごろ）までは「暑中御見舞」として，それを過ぎれば「残暑御見舞」として贈る。

◆歳暮は，日ごろ世話になっている人へ1年間の感謝を込めて，12月初旬から遅くとも12月20日ごろまでに贈る。

　　◎中元を贈った場合は，歳暮の方が重視されるのでそれよりよいものを贈る。

◆中元や歳暮は，相手が喪中であっても贈る。

　　◎中元や歳暮は祝い事ではないので喪中であっても贈る。ただし，中元や歳暮の期間が49日の喪中にかかる場合は，時機をずらして暑中見舞，寒中見舞として贈る。喪中のときは年賀としては贈れないので注意する。

◆結婚祝いは知らせを受けたら早めに贈る。直接持参する場合は吉日（大安・友引）の朝がよいとされている。

　　◎品物は他の人と重なることがあるので，親しければ本人の希望を聞いて贈ってもよい。

◆賀寿の祝いは，数日前に贈る。

　　◎品物は，相手の趣味や好みに合うものを選ぶ。

●会社関連の贈答

◆上司の指示で贈る場合は，上司の意向を尊重して幾つか品物の候補を出し，上司に決定してもらう。

◆贈答品を受け取ったら上司に報告し，指示があれば礼状を書く。また必要であればお返しの手配をする。

◆秘書が取り扱った贈答に関することは，整理して記録に残しておき，後日の参考資料にする。

序章　受験対策基礎知識　第1章　必要とされる資質　第2章　職務知識　第3章　一般知識　第4章　マナー・接遇　第5章　技能　第6章　面接　終章　模擬試験

暦の知識と年中行事

- [ ] 年始回り………新年のあいさつのために，取引先などを回ること。
- [ ] 賀詞交換会……業界関係者などで行う新年祝賀会のこと。
- [ ] 松の内…………元日から松飾りのある期間を松の内という。一般的には，1月 1日から7日まで。
- [ ] 節分……………2月3日ごろ。立春・立夏・立秋・立冬の前日をいうが，一般的には立春の前日を指す。各地の神社や寺院で豆まきが行われる。
- [ ] 立春……………2月4日ごろ。この日から暦の上では春。
- [ ] 初午……………2月最初の午の日。稲荷神社の祭礼を初午祭。商売繁盛を祈ってお参りをする会社も多い。
- [ ] 雛祭り…………3月3日。桃の節句。
- [ ] 春分……………3月21日ごろ。昼と夜の長さが同じになる。春の彼岸の中日。
- [ ] 彼岸……………春分の日，秋分の日を彼岸の中日といい，その日を中心に前後各3日間（計7日間）を彼岸という。
- [ ] 年度始め………4月1日。官庁をはじめこの日付けで人事異動が発表される企業が多い。このころ栄転・転勤に伴う歓送迎会が開催される。
- [ ] 八十八夜………立春から数えて88日目のことで，5月1～2日ごろ。茶摘み。
- [ ] こどもの日……5月5日。端午の節句。
- [ ] 立夏……………5月6日ごろ。この日から暦の上では夏。
- [ ] 夏至……………6月22日ごろ。北半球で昼が最も長い日。
- [ ] 七夕祭…………7月7日。
- [ ] 盆………………7月13日～16日の間だが，7月15日が中心。先祖を供養する行事の盂蘭盆会を略したもの。関西では1カ月遅れ。
- [ ] 中元……………7月15日。この日までに中元を贈る。
- [ ] 土用……………一般的には立秋（8月8日ごろ＊この日から暦の上では秋）の前の18日間を指す。
- [ ] 暑気払い………暑さを取り除くために何かを行うこと。
- [ ] 菊の節句………9月9日。重陽の節句。
- [ ] 秋分の日………9月23日。秋の彼岸の中日。
- [ ] 文化の日………11月3日。文化勲章や各種褒章が授与される。
- [ ] 立冬……………11月8日ごろ。この日から暦の上では冬。
- [ ] 歳暮……………歳暮は12月初旬から20日ごろまでに贈る。
- [ ] 納会……………12月下旬。その年の最後の締めくくりとして催す会。
- [ ] 御用納め（仕事納め）…官公庁が12月28日でその年の仕事を終えること。

SELF STUDY

過去問題を研究し
理解を深めよう！

POINT 出題 CHECK

　「贈答」では，贈答のマナーに関する出題が多い。基本的な知識があり，常識を働かせればそれほど難しいものはないが，品物を贈る状況を設定して，ケースごとの事例を学習しておきたい。「暦の知識と年中行事」では，年末年始の社内行事が多く出題される。基本的には常識問題だが，「土用」，「松の内」など暦の問題は，正しく知らなければ解けない。

贈答のマナー

　次は，祝い事や礼で金品を贈るときの配慮について述べたものである。

○　①祝儀袋に入れて贈る紙幣は，新券にするのがよい。

×　②祝儀袋は見栄えのするものより，簡素なものの方がよい。

○　③祝儀袋の現金を書留で贈るときは，祝い状を添えるのがよい。

○　④上書きは「御祝」よりも「成人御祝」のようにした方がよい。

　　②祝儀袋というのは，お祝いに対して使うものだから，見た目にもよく見えるものの方がよいことになる。わざわざ簡素なものにする必要はない。中の金額と見合った袋で，かつ見栄えのよいものがよいということである。

暦の知識と年中行事

　次は用語とその説明である。

○　①「土用」とは，一般的には立秋前の暑い時期を言うことが多い。

×　②「御用納め」とは，歳暮の品を贈っても失礼にならない年内最後の日のこと。

○　③「松の内」とは，正月の松飾りのある期間のことで，元日から7日までのこと。

○　④「大安」とは，何をするにも吉とされ，祝い事などをするのによいとされている日のこと。

　　②「御用納め」とは，官公庁で12月28日にその年の仕事を終わりにすること。一般の企業もその年の仕事の終わりの日に使うようになっている。

CHALLENGE 実問題

1 難易度 ★☆☆☆☆

　次は部長秘書Aが，上司の指示で品物を贈るときに行ったことである。中から不適当と思われるものを一つ選びなさい。

1) 部員に結婚祝いの品を贈るとき，どのような品がよいかを本人に尋ね，希望の品を手配した。
2) 部員の家族に不幸があり供物を届けるとき，届け先を確認して通夜に間に合うように手配した。
3) 知人の祝賀パーティーの会場にスタンド花を贈るとき，贈ることを事前に主催者に伝えて了承を得た。
4) 郷里から訪ねて来た恩師に手土産を用意するとき，帰るのは明日ということだったので，日持ちのする菓子にした。
5) 入院した取引先の担当者にAが上司の代理で見舞いの品を届けるとき，品物に添えるためAの名刺に見舞いの言葉を書いてもらいたいと上司に頼んだ。

2 難易度 ★★☆☆☆

　次は秘書Aが，上司の指示で金品を贈るときに気を使っていることである。中から不適当と思われるものを一つ選びなさい。

1) 個人に贈る中元や歳暮の品は，相手の好みを考慮して選ぶようにしている。
2) 取引先へ贈る中元や歳暮の品は，特殊な物は避け一般的な物を選ぶようにしている。
3) 祝儀袋は，見栄えより贈る金額にふさわしいかどうかを考えて選ぶようにしている。
4) 祝儀袋の上書きは単に「御祝」とせず，祝い事を表す具体的な言葉を書くようにしている。
5) 贈答品に添える送り状はAが清書するが，文面は気持ちの表現なので上司に考えてもらっている。

【解答・解説】1＝5）この場合，見舞いの品に添えるなら上司の名刺となる。見舞いの言葉を贈るなら見舞状かカードなどになるので不適当ということである。
2＝5）贈答品に添える送り状は，贈答の目的によって祝いや感謝の印で贈ることを伝えるものだが，文面は大体決まっているのでAができるようなこと。それを上司に考えてもらうなどは不適当ということである。

Lesson ⑥ 現金の包み方・上書きの知識

名前の書き方の順序は
どのようにすればよい
のでしょうか。

**連名で祝儀を包むと
きの書き方は？**

▶秘書Aのところに新人秘書Cが，代表で祝儀袋の上書きをすることになったの
で書き方を教えてほしいと聞きにきました。聞くと，「前にいた販売課の先輩が
結婚するので，同じ販売課の先輩Dと同僚Eの3人でお祝いを贈ることになったが
どの順序で書けばよいか分からない」と言うのです。Aはどのように教えればよ
いのでしょうか。

対処例 ○△×?…

「右から先輩D，同僚のE，
Cの順で書く」と教えればよ
いでしょう。

スタディ 💡‼

祝儀袋などに二人以上の名前を記す場合は，上位
者を右から順に書きます。この場合は，社内の序列
に従うことになり，先輩Dが上位者なので最初に右
に書きます。CとEは同僚なので同じ序列ですが，C
は代表で世話人という立場から，Eを立てて次に書
き，Cの名前は最後に書きます。

📁 記名の仕方

祝儀袋などに記名する場合は，以下のことに留意します。

◆慶事の場合は濃い墨を，弔事の場合は薄墨を用いる。

◆個人の場合は，中央に氏名を書く。

◆会社名を書くときは，氏名の右横に書き添える。氏名よりも小さくバランスよ
　く書く。

◆連名の場合は，上位者を右から順に書く（次ページの図①）。

○贈る相手の氏名を入れる場合は，左上に書くが，その際，上位者も左側から順に書くことになる（図②）。

◆連名は3名まで。それ以上の場合は，代表者名を書いた後，「他○名」とし，別紙に全員の氏名を書いて袋の中に入れておく。

◆秘書課など部署として包む場合は，「秘書課一同」とする。

◆祝儀袋に名刺を貼るのは略式。貼る場合は中央を避け左端に。

図①
連名のときには上位者を右から順に書く。

図②
宛名を書くときの連名は上位者を左から順に書く。

袋の選び方と現金の包み方

現金を贈るときは，用途にあった袋を選び，しきたりに従って現金を包むようにします。

●袋の選び方

現金を包むときには，市販の祝儀袋や不祝儀袋を購入して使うのが一般的です。袋は以下のように用途によって適切なものを選びます。袋も，豪華なものから簡素なものまでありますが，包む金額に見合ったものを選ぶようにします。

用途	水引の種類
結婚祝い	紅白，あるいは金銀の結び切り。
弔事用	白か黒，あるいは銀白の結び切り。
一般の慶事	紅白のちょう結び。
病気見舞い	水引はない。上書きだけにする。白い封筒に「御見舞」と書けばよい。

●現金の包み方

以下のことに留意します。

◆慶事の場合は，新札を用意する。お札を半紙で中包みするが，市販の祝儀袋に中袋が付いているのでそれを利用するとよい。

◆中袋の中央に金額を記入する。中袋の裏の左脇に氏名と住所を書く。

◆上書きは，慶事の場合は濃い墨で，弔事の場合は薄墨で書く。

◆中包みを上包みする。

上書きの使い分け

上書きは，用途によって，以下のように使い分けます。

上書き	用　途
慶事	
●御祝	新築，開店，栄転，就任など一般慶事。
●寿	結婚，賀寿などの祝い。
●内祝	家内の慶事。慶事や病気見舞いのお返し。
●御祝儀	祝い事での心付け。
弔事	
●御霊前，御仏前　御香典，御香料	仏式の葬儀，告別式，法要。ただし，一般的に御霊前は四十九日の法要まで，御仏前はその後。
●御霊前，御神前　御玉串料	神式の葬儀，告別式，御霊祭。
●御霊前，御花料	キリスト教式の葬儀，追悼式，記念式。
●志	香典返し。
●御布施	葬儀や法要で，お寺や僧侶へのお礼。
他	
●謝礼，薄謝，御礼　寸志	一般の御礼。寸志は目下の人への謝礼。
●御見舞　祈御全快	病気，けが，入院の見舞い。
●○○御見舞	災害見舞い。○○に「震災」，「火災」などと書く。
●記念品，御餞別	転勤や送別会のとき。
●粗品	訪問のときの手土産。景品。
●御奉納	祭礼などへの寄付。
●陣中御見舞	運動選手の合宿などに贈るとき。
●暑中御見舞	お中元が遅くなったとき。立秋（8月8日）まで。
●残暑御見舞	立秋以降に贈るとき。
●寒中御見舞	1月6日ごろから立春（2月4日）までに贈るとき。

SELF STUDY 過去問題を研究し理解を深めよう！

POINT 出題 CHECK

「現金の包み方・上書きの知識」では，上書きに関する出題がほとんどである。「寸志」「御車代」などがよく出題されるが，曖昧なものは意味を調べ，正しく使い分けができるようにしておきたい。記名に関しては，連名の場合の書き方がよく問われる。「通常は右から上位者，贈る相手を書いた場合は左から」と覚えておけばよい。このほか，外包の畳み方や水引に関する出題もあるので，要所は押さえておきたい。

✳ 上書き ①

次は，秘書Aが，上司から言われて用意したことである。

○ ①香典を用意するように言われたとき，葬儀がキリスト教式ということだったので，「御花料」と書いてある不祝儀袋を用意した。

× ②取引先の担当者が転職することになった，世話になったので現金を贈りたいと言われたとき，祝儀袋に「栄転御祝」と書いて用意した。

○ ③取引先の課長が退職して海外に移住する，世話になったので現金を贈りたいと言われたとき，「御餞別」と書いてある祝儀袋を用意した。

②「栄転」とは，今までよりもいい役職や地位に転任することである。転職することは栄転ではないので不適当。

✳ 上書き ②

次の上書きは，どのようなときに用いるか。

①寸志
②御車代
③快気内祝

〔解答例〕
①目下の人などに，少額または心ばかりの謝礼をするとき。
②交通費という名目で支払う謝礼のとき。
③病気見舞いのお返しをするとき。
③は，「病気がよくなったときの内祝いをするとき」などもよい。

✳ 上書き③

次のものをもらいお返しをするとき，上書きはどのように書けばよいか。

①香典

②新築祝

③病気見舞

①志　②内祝　③快気祝
解答例以外に，①は「忌明」，③は「全快祝」，「内祝」，「快気内祝」などもよい。

✳ 上書きと外包の畳み方

(株) K商事秘書課に勤務するAの上司の家族が亡くなった。そこで課の全員が一緒に香典を包むことになりAがまとめ役になった。このような場合のそれぞれについて，Aはどのようにすればよいか。（　　）内に答えなさい。

①葬儀の形式が分からなかったら，不祝儀袋の上書きは（　　　　）とする。

②不祝儀袋に書く名は（　　　　）とする。

③不祝儀袋の畳み方は，（　　）のようにする。（AかBのどちらか選べ）

①御霊前　②株式会社K商事秘書課一同　③A
②は正式名称を書かなければならない。

✳ 水引

秘書Aは後輩Bから，祝儀袋など，次の上書きの水引は「ちょう結び」のものでよいかと尋ねられた。そこでAは，中に「結び切り」にするものが一つあると教えた。それはどれか。

①「竣工御祝」

②「結婚御祝」

③「受章御祝」

②「ちょう結び」の水引は，何度あってもよい祝いのときに使う。それに対して，「結び切り」のものは，二度とない方がよい祝いのときに使う。結婚は二度ない方がよいものだから，結婚祝いは「結び切り」のものが使われるということになる。

CHALLENGE 実問題

1 難易度 ★★★☆☆

次の上書きは，どのようなときに用いるか。簡単に答えなさい。

1) 御餞別
2) 御車代
3) 全快内祝

2 難易度 ★★★★☆

次は秘書Aが上司の贈答について行ったことである。中から<u>不適当</u>と思われるものを一つ選びなさい。

1) 上司の友人の子息が就職したとき，上書きを「就職御祝」にしてネクタイを贈った。
2) 取引先の専務が社長に就任したとき，上書きを「御栄転祝」にして高価なワインを贈った。
3) 上司の知人が事務所を構えたとき，立て札に「開業御祝」と書いた胡蝶蘭の鉢植えを贈った。
4) 10月に取引先M社の部長の家族に不幸があったが，M社には12月初めに例年通り「御歳暮」の上書きで菓子の詰め合わせを贈った。
5) 7月下旬に上司から，新規取引先のE社に中元を贈るように言われたので，上書きを「暑中御見舞」にして冷菓の詰め合わせを贈った。

【解答・解説】1＝〔解答例〕
　　1）転勤や退職をする人に別れの印として金品を贈るとき。
　　2）交通費を概算で支払うとき。
　　3）病気などが，すっかりよくなってから見舞いのお返しをするとき。
2＝2）「栄転」とは今までより高い地位になって，他の職務または他の任地に移ることをいう。
社長はその会社の最高位で，今までより高い地位に違いないが栄転とは言わないので不適当。
適切な上書きは，「祝御就任」「御就任御祝」などになる。

第5章

技　能

会議

Lesson ① 会議の準備から終了まで

かしこまりました。

新入社員歓迎会の準備をしてもらいたい。

あなたならどうする？

指示する人と仕切る人が別の場合は？

▶秘書Aは上司（販売部長）から，新入社員歓迎会の準備をするように指示されました。販売部では，このようなときの指示は部長から受けますが，実際に会を取り仕切るのは課長です。この場合Aは，どのようにして場所と日時を決めればよいのでしょうか。それぞれについて二つずつ挙げてください。

　①場所　　②時間

次の要領で決めればよいでしょう。

①場所
1. 食事の種類（和・洋・中）と形式（座敷席・椅子席）の希望を部長に確認する。
2. 部長の希望を課長に伝え，その際二，三の前例や候補の店も示して，課長に決定してもらう。

②時間
1. 部長，課長，課員全員が出席できる日時を近日中に選ぶ。
2. 全員の予定を調整すると先になるということなら，部長と課長の都合を優先して決める。

スタディ

　部長が指示しても，実質的には課長が取り仕切っているということですから，部長と課長の両方への配慮という観点から考えていくことになります。

　このような場合は，まず①を決める際の目安となる主要な部分に関して部長の希望を確認し，その意向を課長に伝えて具体的なことを決めてもらうようにするとよいでしょう。

　②については，全員が出席できる日時がベストです。しかし，その結果日程を遠い先まで延期せざるを得ないということになると新入社員を歓迎するという趣旨が薄れてしまうので，部長と課長の予定を優先して日時を絞るようにします。

　対処例の他に，「日時を絞ったら，新入社員に伝え，出席を確認する」もよいでしょう。

上司が主催する会議の準備

　上司が会議を主催する場合は，以下の手順で準備します。社外で行う場合は，会場の選定も秘書の仕事になります。

①参加者の選定。

　　◎上司の指示を受け，参加予定者をリストアップする。

　　◎上司にリストを見せて，漏れがないか確認する。

　　◎参加予定者名簿を作成する。名簿は，参加予定者に通知状を送付する際や当日の出欠確認に利用する。

②会場の選定。

　　◎参加人数や会議の目的を考慮して，広さや備品類の有無を確認し，会議に適した会場を選ぶ。

　　◎社外会場の場合は，交通や宿泊の便なども考慮する。

③資料の準備。

　　◎上司に必要な資料を確認して準備し，作成すべき資料があれば作成する。

　　◎外部講師を招く場合は，資料に講師紹介を入れるかどうかも確認しておく。

④開催通知の作成と送付。

　　◎開催通知状を作成し，参加予定者に送付する。

　　◎開催通知状には次のような項目を記入する。

☆会議の名称	☆出欠の連絡方法と締切日
☆開催日時（開始・終了予定時刻）	☆主催者名（事務局名）と担当者名
☆開催場所（地図・住所・電話番号・会場名・階・室名など）	および連絡先
	☆駐車場や食事の有無
☆議題（開催の趣旨）	☆資料に関する補足事項など

　　◎事前に資料を配布する必要があれば，通知状と一緒に送る。

⑤出欠予定の確認。

　　◎届いた返信はがきをチェックし，出欠の確認をする。

　　◎返事が来ていない人には，電話などで確認する。

⑥会場の設営。

　　◎会議の目的に応じた机・椅子などの設営をする。

　　◎食事を用意する場合はその手配をする。直前の出欠変更のケースを考え，数の取り消しや追加は何時までなら可能かを確認しておく。

　　◎必要な書類を準備しておく。また参加者のための資料については事前に配

布してある場合でも，当日忘れてきた人のために予備を用意しておく。

◎プロジェクター*1) やビデオなどの視聴覚機器，指し棒やポインター*2) などの備品類を設置し，使えるかどうか確認しておく。

◆その他，上司への確認事項。

◎宿泊の手配をする必要があるかどうか。

◎会議中に出すお茶の回数と時間。食事を用意する場合は，出す時間を確認しておく。

◎長時間にわたる場合は，喫煙をどのようにするか。

☆休憩時間に一定の場所で喫煙してもらうか全面的に禁煙とするか。

◎会議中の電話の取り次ぎ。

☆全て取り次ぐか，緊急以外には取り次がないか。上司宛ての場合，参加者宛ての場合に分けて確認する。

◎携帯電話の扱い。

☆マナーモードに設定しておいてもらうか，電源を切っておいてもらうか。また，電話をかけるときは場所を指定するかなど。

◎会議中の記録をどうするか。取るなら専門家に依頼するか，秘書が取るか。

◎外部講師を招いた場合は，謝礼の額をどうするか。

◎参加者の胸に着ける名札や机上に置く名札が必要かどうか。

開催当日や会議中の仕事

会議が開催される当日は，会議が終了するまで以下のような仕事をします。

◆案内表示の確認。

◎ホテルなど，会場の玄関に表示してある会議名や主催者名に間違いがないか確認する。

◆受付の設置。

◎会議場の入り口近くに受付を設け，ここでコートや荷物を預かる。

◆出欠の確認。

◎受付で参加予定者名簿に基づいて出欠を確認する。

◎定刻近くになったら，出欠状況を上司に報告する。

◎定刻になっても現れない参加予定者には，電話などで確認を入れる。

*1) プロジェクター＝グラフや図版，文字などをスクリーンに映し出す装置。液晶のものが主流になっている。

*2) ポインター＝指し棒の代わりにレーザー光を利用したもの。遠い位置から対象を指し示せる特性がある。

◆会場の管理。

　◎会場の冷暖房や換気，騒音などに注意して適切に調節する。調節の仕方は，事前に会場側の担当者に確認しておく。

　◎預かったコートや荷物などは確実に保管しておく。

◆茶菓・食事などの接待。

　◎茶菓や飲み物，食事などのサービスは事前の打ち合わせに従って用意する。

　◎食事を出す時間になっても，議論が白熱しているような場合は「食事の時間になったので区切りのいいところで指示してほしい」などと上司にメモで伝えて指示を受けるようにする。

　◎事前の打ち合わせになくても，指示があればその都度，臨機応変にお茶やコーヒーのサービスをする。

◆電話の取り次ぎ。

　◎会場側の担当者に，会議に関して電話があれば会議の受付担当に取り次いでもらうよう頼んでおく。

　◎会議中に上司や参加者に取り次ぐ場合は，必ずメモで知らせ，小声でも口頭では伝えない。

会議終了後の主な仕事

会議が終了したら，以下の要領で参加者を送り出し，後始末をします。

①参加者への対応。

　◎車で帰る人のために，配車の手配をする。

　◎預かったコートや持ち物を間違いなく本人に渡す。

　◎会議中に受けた伝言は確実に本人に伝える。

　◎忘れ物はないか会場内を確認する。

②会場の後片付け。

　◎資料や備品類を片付ける。

　◎机や椅子を元の位置に戻し，コップや湯飲み茶わんなどを片付ける。

　◎エアコン・換気扇・照明などのスイッチを切る。

　◎窓を閉め，戸締まりをする。

③会場の管理者への対応。

　◎会議室の管理者に会議が終了したことを告げ，必要ならその場で会場費や備品の使用料などを精算する。

序章　受験対策・基礎知識
第1章　必要とされる資質
第2章　職務知識
第3章　一般知識
第4章　マナー・接遇
第5章　技能
第6章　面接
終章　模擬試験

SELF STUDY

過去問題を研究し
理解を深めよう！

POINT 出題 CHECK

　「会議の準備から終了まで」で出題されるのは，上司が主催する会議の準備に関する問題がほとんどである。その中には，一般的なビジネス会議だけでなく，懇親会や新入社員歓迎会といった社交的な会合なども含まれるのでケースによって異なる準備の仕方も心得ておく必要がある。

❋ 一般会議

　秘書Aは上司（総務部長）から，「今度の部長会議は議題が多いため，午前，午後にまたがるので準備を頼む」と言われた。このことに対して，Aは次のように行うことにした。

○　①長時間にわたるので，会議中の喫煙はどのように扱うかを事前に確認し，それによって換気を考えることにした。

○　②原則的にはお茶は午前，午後の2回出すが，どちらかが日本茶で，どちらかがコーヒーと変化をつけることにした。

×　③議論が白熱したときなどに臨機応変にお茶を出せるよう，会議室の隅にお茶を用意して控えているようにした。

　　　③臨機応変にお茶を出せるようにしたいという気遣いは大変よいことである。しかし，会議室に控えている必要はなく，連絡があったときにすぐ出せるようにしておけばよい。

❋ 懇談会

　秘書Aは上司から，「社外関係者二人を昼食に招いて懇談会をHホテルのレストランで行いたいので，予約をしておくように」と指示された。日時は決まっている。次はこのとき，Aが上司に確認したことである。

○　①個室がよいか。

×　②予約は誰の名でするのか。

○　③社内から誰が参加するのか。

　　　②上司が，社外関係者を招いて行う会合であるから，会合の主催者は上司ということになる。予約をするのはAであっても，会合の主催者である上司の名前でするのは当然のことなので確認することではない。

CHALLENGE 実問題

1 ｜難易度 ★★☆☆☆｜

　秘書Aの上司は業界団体の事務局担当理事もしているので，Aは事務局の仕事を手伝うことがある。次は，業界団体の総会の開催に当たり受け取った委任状について，先輩から教えられたことである。中から<u>不適当</u>と思われるものを一つ選びなさい。

1) 会員が総会を欠席するとき，自分の議決権を他の会員に委任する文書が委任状である。
2) 委任状は，総会で委任された人の議決権行使が済めば本人に返送することになっている。
3) 総会での出席者数は，実際に出席した人の数と委任状で出席したことになる数との合計である。
4) 委任状は，委任する人を指名することになっているが，特に指名がない場合は理事長などとする。
5) 委任状が出されていれば，その会員は出席していなくても出席して議決権を行使したことになる。

2 ｜難易度 ★★★☆☆｜

　秘書Aは上司から，全国営業所長会議を行うのでPホテルの会議室を予約しておくようにと指示された。このような場合，Pホテルの会議室を予約できるものとして開催日時，予算の他に，上司に確認しなければならないことを箇条書きで三つ答えなさい。

【解答・解説】1＝2) 総会などの委任状は，欠席する人が出席する特定の人に，自分の議決権を行使してもらうための文書である。従って，議決が済めば委任状の役割も済んだことになる。が，議決の証拠となる文書なのでしばらく保管する必要があるため，返送したりはしない。
2＝〔解答例〕
　　1. 使用機器
　　2. 食事，茶菓，飲み物などの希望
　　3. 宿泊の手配
　　解答例の他に，「会場のレイアウト」「会議終了後の予定（懇親会などの有無）」などもよい。

Lesson ② 会議の知識

「委任状」って何ですか？

「委任状」にはどのような効果があるの？

▶秘書Aは，上司が所属している団体の会議の準備のため，新人秘書Cと一緒に事務局の臨時係員として手伝っていました。出欠の返信を整理しているとき，Cが封筒に上司宛ての委任状が入っているのを見つけて，「委任状とは何か」と尋ねてきました。Aはどのように説明すればよいのでしょうか。

対処例 ◯△×?…

次のように説明すればよいでしょう。

1. 委任状とは，ある人に一定の事項を行うことを委ねる（委任する）意思を表明した書状のこと。
2. 会議で用いる委任状とは，会議を欠席するメンバーが，自分の議決権を出席するある人に指名して委任する文書のことである。
3. 委任状が出されていれば，そのメンバーは出席していなくても，出席したと見なされ，出席者数は実際に出席した数と委任状の数を合計したものとなる。
4. また，委任状が出されていれば，そのメンバーは出席していなくても，出席した人と同様に議決権が行使できる。

スタディ 💡!!

1. まず，委任状とは何かを説明します。
2. 次に，会議に使われる委任状について説明します。なお委任状は，出席者の誰かに委任することになっていますが，特にいない場合には，理事長などに委任するのが一般的です。
3. 出席人数が定足数に満たない場合に，委任状が重要な役割を果たすことも説明しておきます。例えば，会議が成立するための定足数が10人で，出席者が7人しかいなかった場合は，そこでどんなことが決定されても会議が成立しないので，決定事項は無効になりますが，委任状が3通以上あれば「出席数」は10人以上になり会議は成立します。
4. これも補足しておきます。ある議案に賛成が4人，反対が5人だった場合，議案は否決されますが，賛成側に2人分の委任状があれば賛成6人になり，議案は可決します。

議事録作成

秘書は上司の指示があれば，会議のときに記録を取り，議事録を作成することがあります。議事録には基本的に次のような項目を記入します。

◆会議名や開催日時・場所。

◆主催者名および議長名。必要なら司会者名。

◆出席者名と欠席者名。出席者人数（うち委任状の数）と欠席者人数。

◆議題（テーマ）

　　◎複数ある場合は「第○号議案」などのように番号を付ける。

◆発言者と発言の要旨。議事の経過。

◆決定事項（決議事項）と懸案事項。結論。

◆議事録作成者名。

 会議に関する用語

☐ 円卓会議………円卓を用いて，上下や席次の区別なく行う会議のことをいう。話し合い中心の会議では円卓式にするが，話し合いを効果的に行うには20人程度が限度とされている。

☐ パネルディスカッション…テーマに沿って，専門家の討論者（パネリスト）がそれぞれの立場で聴衆の前で討論し，その後，聴衆からの意見や質問を受ける形式で討論を続けていく。

☐ パネリスト……討論会などで代表発言したり，問題提起をする人のこと。

☐ シンポジウム…公開討論会。特定のテーマについて専門家が数人，講演形式で自分の意見を発表し，それについて聴衆と専門家の間で質疑応答をするもの。

☐ フォーラム……公開討論会，公開座談会。参加者の自由な討論を基本とし，一つの話題に対して参加者全員で質疑応答などさまざまな意見の交換をする。

☐ バズセッション…小グループによる話し合い。参加者が6人ぐらいのグループに分かれて6分ほどあるテーマを集中して話し合う。その後，各グループのリーダーがそれぞれのグループの意見や主張を代表して発表する方式。

☐ ブレーンストーミング…商品名や開発商品を決める際などに用いられる手法で，会議の参加者にさまざまな意見や考えを自由に出してもらい，その中

から優れた発想やアイデアを導き出そうというもの。さまざまなアイデアを収集することが目的なので，どんなアイデアも批判したり否定してはいけないというルールがある。

- [ ] 招集……………会議を開催するために，メンバー（議員，委員）を集めること。国会を開くときに議員を集めるときは「召集」を用いるが，一般の会議は「招集」を使う。

- [ ] 議決権…………議案の評決に参加する権利。

- [ ] キャスチングボート…賛成反対が同数のときは，議長の決定投票によって可否を決定する。これを「キャスチングボート（casting vote）」という。転じて，二大勢力がどちらも過半数を得られないとき，第三勢力がいずれかに加担することで過半数を制する決定権を有する場合，「キャスチングボートを握った」などと用いる。

- [ ] 議案……………会議で審議するための案。会議にかける議案が複数ある場合は，1号議案，2号議案などと番号をふる。

- [ ] 委任状…………委任したことを記載した文書のこと。会議における委任状とは，採決に際しての賛否を委任状を預けた人に一任すること。会議のメンバーの委任状を持っている人は，自分の議決権のほか委任状の数だけ議決権を有することになる。

- [ ] 定足数…………会議が成立するために最低必要な会議のメンバーの数のことをいう。定足数に満たない場合は，会議は不成立となる。

- [ ] 動議……………議事進行で予定されている議案以外に，議題を出すこと。またその議題のこと。

- [ ] 採決……………議論をした後，賛成か反対かの決を取ること。挙手や起立，投票などの方法で決定する。表決ともいう。

- [ ] 諮問・答申……上級者や組織が，下級者や組織，あるいは学識経験者などに意見を求めることを諮問といい，それに対して答えを出すことを答申という。そのために選ばれたメンバーの委員会を諮問委員会などという。上級者は諮問委員会の意見を参考にするだけで，委員会の結論がそのまま決まるというわけではない。

- [ ] 分科会…………全体会議の下に設定された専門分野ごとの小さな会議体のことで，小委員会などともいう。

- [ ] 一事不再議の原則…一度会議で決定したことは，その会議の期間中に再度会議にかけて議論することはないという原則。

- [ ] オブザーバー…会議に出席を許されていて発言することはできるが，会議の正規のメンバーではないために議決権を有していない人。座る位置は会場の後方など。

SELF STUDY

過去問題を研究し
理解を深めよう！

POINT 出題 CHECK

「会議の知識」で押さえておきたいのは，議事録作成と会議関連の用語である。特に用語については，会議の形式に関するものから「キャスチングボート」などのカタカナ語も含めて意味を理解しておくことが重要である。

✿ 議事録作成に必要な項目

秘書Aは，上司主催の社内委員会の議事録を作成することになった。次はAが，「委員会名」の他に記載した内容である。

○　①開催日時・使用会議室名。

○　②次回に持ち越された議題。

×　③欠席者名と欠席の理由。

> ③議事録とは，会議の内容を記録したものである。議事録であるから，出席者名，欠席者名を記載しておくのはよい。しかし，欠席者の欠席理由は会議の内容に関係ないので，記録しておくのは不適当ということである。

✿ 会議に関する用語 ①

次は，会合の形式についての原則的な説明である。会合の名称を答えなさい。

> ①あるテーマについて，違う意見を持つ数人の代表が聴衆の前で討議し，後で聴衆の意見や質問を受け，結論に近づける集会。
> ①パネルディスカッション

✿ 会議に関する用語 ②

次は，会議用語とその説明である。

○　①「定足数」とは，会議の成立に必要な最小限の出席者数のこと。

○　②「白紙委任状」とは，委任先や委任事項の書かれていない委任状のこと。

×　③「オブザーバー」とは，議案について意見が分かれたとき，意見をまとめる人のこと。

> ③「オブザーバー」とは，会議に出席するが正式の参加者ではなく，採決に加わらない人のこと。

序章 受験対策・基礎知識／第1章 必要とされる資質／第2章 職務知識／第3章 一般知識／第4章 マナー・接遇／第5章 技能／第6章 面接／終章 模擬試験

CHALLENGE 実問題

---

1 難易度 ★★☆☆☆

次は秘書Aが後輩に，会議について教えたことである。中から<u>不適当</u>と思われるものを一つ選びなさい。

1) 会議出席者と委任状を合わせた数が定足数に達していれば，会議は成立する。
2) 議決権は，議案の評決に参加する権利のことで，欠席の場合も議決権行使書の提出で行使できる。
3) オブザーバーは，普段は議決権を持たないが，可否同数となったときは議決に加わることができる。
4) ブレーンストーミングでは，他の出席者が出したアイデアを批判したり否定したりしてはいけない。
5) 投影した資料を指し示しながら説明する際，指し棒は届かなかったり投影の邪魔になったりするので，レーザーポインターを使うのがよい。

---

2 難易度 ★★☆☆☆

秘書Aは，上司主催の社内会議の議事録を作成するように指示された。このような場合，議事録に記入する必要事項を，「会議名」「開催日時」「場所」の他に箇条書きで三つ答えなさい。

【解答・解説】1＝3)「オブザーバー」とは正式なメンバーでない出席者のことで，発言はできるが議決権はない人，または，発言権もない傍聴者のこと。従って，可否同数となったときでも議決に加わることはできないので不適当である。
2＝【解答例】
　　1．議題　　　2．決定事項　　　3．出席者名
　議事録というのは，会議の全容を後々分かるように記録しておくものである。解答例の他に，「配布資料」「議事録作成者名」などもよい。

序章 受験対策・基礎知識

第1章 必要とされる資質

第2章 職務知識

第3章 一般知識

第4章 マナー・接遇

第5章 技能

第6章 面接

終章 模擬試験

Lesson 1 社内文書・社外文書（商用）

CASE STUDY

あなたなら
どうする？

各課長宛ての文書を作成してほしいのよね……

かしこまりました。

形式を整えた社内文書の書き方は？

▶秘書Aは上司（総務部長）から、新入社員を対象にした電話応対の研修会を第一研修室で行うので、各課長に出す文書を作成してもらいたいと言われました。要点は「7月12日（水）の午後3時から5時に行う」「全員出席させるように」「参加者数を7月5日までに連絡するように」「資料は当日配布する」ということで、文書番号、発信日、担当者名、内線番号はまだ決まっていないので書かなくてよいとのことでした。どのように形式を整えて書けばよいのでしょうか。

対処例 ○△×?…

以下のように書けばよいでしょう。

課長各位

　　　　　　　　　　　　　総務部長

　　新入社員電話応対研修会について

　標記について下記の通り実施しますので、業務調整の上、全員出席するようお取り計らいください。

　　　　　　　　　　記

1. 日時　　7月12日（水）午後3時～5時
2. 場所　　第一研修室
3. 資料　　当日配布
※参加者数を7月5日までにご連絡ください。

　　　　　　　　　　　　　　　　以上

スタディ 💡!!

　上記の文章から社内文書に必要な情報を整理すると、「受信者」「発信者」「標題」および記書きにする「日時」「場所」はすぐ分かりますが、課長は複数なので「各位」とするのを忘れないように。

　「参加者数」は、追記に入れることになります。追記の場合は、「なお」で始めますが、社内文書の場合は「※」などを用いて簡潔に記しても構いません。

　問題は①「全員出席」と②「資料」の扱いですが、①は本文に、②は「記」か「追記」に入れるとすっきりするでしょう。

社内文書の種類

　社内文書には，以下のようなものがあります。手紙形式の文書だけでなく，「欠勤届」「遅刻届」「休暇届」などの各種届け書や「営業報告書」「研修報告書」などの報告書類，上司に伺いを立てる稟議書など，社内には多くのビジネス文書があることを心得ておきましょう。なお，各種届け書や月例営業報告書などは様式が統一されているのでそれらを利用します。

◆主な社内文書。

　◎「稟議書」とは，決裁や承認を仰ぐための文書。

　　担当者が案を作成して関係者に回覧し，その件に決裁権限を持つ上位者の承認・決裁をもらうことを稟議といい，その文書を稟議書という。具体的には，「〜してよろしいでしょうか」，「〜することをお願いします」と伺いを立てる文書のことで，起案書，回議書ともいう。

　◎「報告書」とは，結果や経過，事実などを報告する文書。

　　出張した成果や経過などを報告する「出張報告書」，調査したことの事実関係や明らかになったことを報告する「調査報告書」，研修を受けて習得したことを報告する「研修参加報告書」，研修を実施した成果を報告する「研修実施報告書」など，さまざまな報告書がある。定期的な報告書としては，「営業日報」，「営業月報」などがある。

　◎「通知文」とは，経営幹部が，関係する社員に命令や指示を伝えるための文書。

　　会社の上層部で決定したことを伝える文書だが，命令や指示の他に，規定に近い文書や単なる案内文もこれに含まれる場合がある。

　◎「案内文」とは，「お知らせ」や「案内」など情報を伝えるための文書。

　　研修会の参加を呼びかけたり，健康診断の案内をするときなどの文書。社員に役立つ情報を提供するためのもので，強制力はない。

　◎「進退伺」とは，自分や部下に重大な過失＊1)があったとき辞職すべきかどうか伺う文書。

　◎「回覧文書」とは，関係部署に順次回していく文書。

　　必要な人にだけ見せるときに使われる。文書に回覧先が記してあり，読んだら捺印して次に回す。

　◎「上申書」とは，上役に事実や意見を申し述べる文書。

ワード
Check!

＊1) 過失＝そうするつもりはなかったのに，不注意などのため悪い結果や失敗をもたらすこと。

◎「始末書」とは，自分や部下が犯した過失などに対して謝罪する文書。

◎「依頼文書」とは，社内の場合，社内報の原稿執筆依頼など，社内業務の範囲で人に何かを依頼する場合に用いる文書。

◎「議事録」とは，会議の内容や経過，決議事項，結論などを記録した文書。

◎「委任状」とは，ある人にあることを代行してもらう意思を表明した文書。

◎「照会状」とは，工場などに在庫品の状況などを問い合わせる文書。

社内文書の形式

社内文書は基本的に以下のような形式で作成します。

□③受信者名
例）秘書室長殿
個人名ではなく役職名にする。同じ文を多数出す場合は「各位」，「関係者各位」，「部長各位」などとする。

□④発信者名
例）人事部長
個人名ではなく組織単位の責任者の役職名にする。

□⑤標題
例）接遇研修会の開催（案内）
本文の内容を簡潔に記す。標題の後に（案内）（お願い）など文書の性質を表す言葉を（　）内に入れる。

□⑥本文
例）標記について下記の要領で開催しますのでご参加ください。

□⑦記（記書き）
例）1. 開催日：3月6日（金）
中央に記と書き，その下に日時などを箇条書きにする。

□②発信日付
例）令和○年○月○日
元（年）号が一般的だが，西暦も使う。

□①文書番号
例）人事部発12035号
正式文書に付け，重要でない文書には付けない。

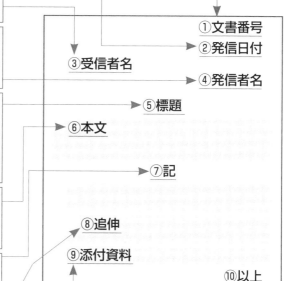

□⑧追伸（追記）
例）なお，定員になり次第申し込みを締め切ります。注意事項や補足する事項を書く。

□⑨添付資料
例）1. 研修会場案内図 1枚
図表や地図など，資料があればその名称と枚数などを記す。

□⑩以上
最後に必ず付ける。

□⑪担当者名（連絡先）
部署，氏名，連絡先を書く。

序章　受験対策　基礎知識　第1章 必要とされる資質　第2章 職務知識　第3章 一般知識　第4章 マナー・接遇　第5章 技能　第6章 面接　終章 模擬試験

社外文書（商用）の種類

　社外文書は大別すると，営業や商用のための社外文書と儀礼的な社交文書に分けることができますが，ここでは商用文書について述べます（社交文書については，「Lesson2 社交文書」を参照）。

　商用のための社外文書には，以下のようなものがあります。

◆主な社外文書（商用）。

　◎「通知状」とは，会議を開催するときなど，相手に必要な情報を伝えるための文書。営業所の移転や人事異動，機構改革などのときにも出す。

　◎「案内状」とは，新製品発表会など催し物の日時や内容などを知らせる書状で，相手に参加を促す文書。

　◎「照会状」とは，不明点や疑問点を問い合わせるための文書。在庫の問い合わせや商品についての問い合わせなどがある。

　◎「回答状」とは，送られてきた照会状に対して回答する文書。

　◎「注文状」とは，商品の発注などをするときの文書。

　◎「依頼状」とは，工事の見積依頼や研修会などの指導依頼など，相手に何かを頼むときの文書。

　◎「督促状」とは，入金や納品などを催促する文書。約束した期日を過ぎても実行されないときに出す。

　◎「苦情状」とは，商品の欠陥や納期の遅れなどに対して苦情を申し立てる文書。

　◎「抗議状」とは，権利の侵害や契約違反などに対して抗議する文書。

　◎「反論状」とは，相手の苦情や抗議に対してそうではないと反論する文書。

　◎「わび状」とは，納品した商品の間違いや納期の遅れなど，当方の非によって迷惑をかけたことを謝罪する文書。

　◎「断り状」とは，品切れや納期に間に合わないなどの理由で相手の注文や依頼を断る文書。

　◎「承諾状」とは，相手の依頼や注文を受諾したことを伝える文書。

◆商用に関するその他の文書。

　◎「趣意書」とは，会社設立など何かを設立したり，実施しようとする際に，そのことの目的や考え方を表明した文書。

　◎「念書」とは，後々の証拠として，念のために書いて相手に渡す文書。

　◎「覚書」とは，当事者が契約内容や合意事項などを書き記し，互いに確認し合う意味で取り交わす文書。

社外文書の形式

商用の社外文書は，基本的に以下のような形式で作成します。

□ ③**受信者名**
例）○○株式会社総務部御中
団体，部署宛ては御中。職名を使ったら殿（総務部長殿）。個人名に職名を使ったら様（総務部長山田様）。多数に宛てる場合は，各位（株主各位）。

□ ④**発信者名**
例）営業部長
発信者は受信者と同格の職位にするのがマナー。

□ ⑤**標題**
例）新製品展示会開催（案内）
文書の内容を簡潔に記す。標題の後に（案内）（お願い）など文書の性質を表す言葉を（　）内に入れる。

□ ⑥**前文**
例）拝啓　時下ますますご発展のこととお喜び申し上げます。
用件に入る前のあいさつ。頭語には，謹啓，前略などがある。返信では拝復。

□ ⑦**主文**
文書の中心となる用件を述べる。「さて」で書き始めるのが一般的。

□ ⑧**末文**
例）まずはご案内申し上げます。　　　　敬具
最後の締めくくりの文。「まずは」で書き始めるのが一般的。結語は，頭語に合わせる。前略→草々，拝啓，拝復→敬具。

□ ①**文書番号**
例）営発07・1234号
社交文書や私信には付けない。

□ ②**発信日付**
例）令和○年○月○日
元（年）号が一般的だが，西暦も使う。

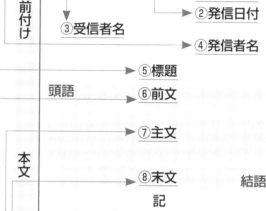

前付け
　①文書番号
　②発信日付
③受信者名
　④発信者名
　⑤標題
頭語　⑥前文
本文　⑦主文
　⑧末文　　結語
　記

＊記書きについては
　社内文書の形式を参照。

付記　⑨追伸
　⑩同封
　　　　　⑪以上
⑫担当者名（連絡先）

□ ⑨**追伸（追記）**
例）なお，駐車場はございませんのでご注意ください。
補足する事項を書く。本文より行を落とし，「なお」で書き出す。

□ ⑩**同封**
図表や地図など，資料があればその名称と枚数などを記す。

□ ⑪**以上**
最後に必ず付ける。

□ ⑫**担当者名（連絡先）**
発信者と担当が違う場合に付ける。

序章　受験対策
基礎知識
第1章　必要とされる資質
第2章　職務知識
第3章　一般知識
第4章　マナー・接遇
第5章　技能
第6章　面接
終章　模擬試験

社外文書の慣用表現

社外文書の作成に当たっては，「時候のあいさつ」を間違えないように注意し，慣用表現をうまく使いこなせるようにしておくことが大切です。

●時候のあいさつ

時候のあいさつには，以下のようなものがあります。

時候のあいさつ例		
1月	初春の候／厳寒の候／厳冬の候	
2月	晩冬の候／向春の候／余寒の候	
3月	早春の候／春情の候	
4月	陽春の候／春暖の候／晩春の候	
5月	新緑の候／薫風の候	
6月	初夏の候／梅雨の候	
7月	盛夏の候／猛暑の候	
8月	残暑の候／残夏の候	
9月	新秋の候／初秋の候	
10月	秋冷の候／秋晴の候／紅葉の候	
11月	霜降の候／晩秋の候	
12月	歳晩の候／初冬の候／寒冷の候	

●前文に用いる慣用表現

前文では，頭語を書いた後1字空けて時候のあいさつを書き，相手の繁栄や健康を祝い，喜ぶ言葉を述べます。続いて，日ごろ世話になっていることや引き立ててもらっていることへの感謝の言葉を述べて，前文を終わります。

以下は一例です。

◆会社宛ての前文の例。

「拝啓　盛夏の候，貴社ますますご発展のことと，お喜び申し上げます。また，平素は格別なご愛顧をいただき，深く感謝申し上げます」

◆個人宛ての前文の例。

「拝啓　早春の候，ますますご健勝のこととお喜び申し上げます。また，いつも格別なご厚情を賜り，誠にありがたく感謝申し上げます」

●末文に用いる慣用表現

末文とは，前文，主文を述べた後，最後にあいさつして締めくくる文のことです。

以下は一例です。

◆用件をまとめる言い方。

「取り急ぎ用件のみ申し上げました」

◆本来は出向いてあいさつすべきところを書面でする場合の言い方。

「まずは，略儀ながら書中をもってごあいさつ申し上げます」

●その他の慣用表現

　以下のような慣用表現もよく用いられるので，意味や使い方を心得ておきましょう。

◆日ごろの感謝を述べるとき。
　　◎格別のご配慮をいただき，厚く御礼申し上げます。
　　◎格別のご愛顧をいただき，ありがとうございます。

◆「今まで以上に引き立ててほしい」とお願いするとき。
　　◎より一層のご指導を賜りますようお願い申し上げます。
　　◎倍旧のご愛顧を賜りますようお願い申し上げます。

◆相手の礼儀正しい手紙に対して礼を言うとき。
　　◎ご丁重なるお手紙をいただき，ありがとうございました。

◆（書類などを）「確かめて受け取ってもらいたい」と伝えるとき。
　　◎ご査収*1) ください。

◆（資料などを）「受け取った」と伝えるとき。
　　◎拝受いたしました。

◆（資料や手紙などを）「読んだ（見た）」と伝えるとき。
　　◎同封の資料，拝読いたしました。
　　◎お手紙拝見いたしました。

◆相手の親切な気持ちに礼を言うとき。
　　◎いつもご厚意（厚志・厚情）をいただき，ありがとうございます。

◆「一生懸命にしている」と説明するとき。
　　◎鋭意努力いたしておりますので……。

◆「忙しいところ手間をかけるが」と前置きするとき。
　　◎ご多忙中（ご繁忙中）のところお手数ですが……。

◆「詳細は会ってから話したい」と伝えるとき。
　　◎委細は拝顔の上申し上げたく存じます。

◆「どうしても出席してほしい」とお願いするとき。
　　◎万障お繰り合わせの上*2)，ご来臨*3) いただきたくお願い申し上げます。

◆「〜してくれればありがたい」と希望を述べるとき。
　　◎ご出席いただければ幸甚に存じます。

◆「〜の考えである」と伝えるとき。
　　◎今月中には完成させる所存でございます。

*1) 査収＝金品や書類などをよく調べてから受け取ること。
*2) 万障お繰り合わせの上＝いろいろ差し障りがあっても都合をつけての意味。
*3) 来臨＝相手が出席することやある場所へ来ることをいう尊敬語。

SELF STUDY 過去問題を研究し 理解を深めよう！

POINT 出題 CHECK

　「社内文書・社外文書（商用）」では，社外文書に用いる時候のあいさつや手紙文の慣用表現がよく出題される。これらは社交文書でも用いられるので，文書内容に応じて使い分けられるようにしておきたい。また，記述問題では提示された情報を基に社内文書を作成する問題が出題されるので基本的な形式をマスターしておこう。このほか，文書の種類もチェックしておく必要がある。

 時候のあいさつ

　次の枠内から，下の（　）内のそれぞれに当てはまる手紙用語を選び，その番号を答えなさい。

　　① 4月ごろは（　）
　　② 6月ごろは（　）
　　③ 7月ごろは（　）
　　④11月ごろは（　）

1	余寒の候	2	盛夏の候	3	仲秋の候
4	陽春の候	5	向暑の候	6	初春の候
7	晩秋の候	8	師走の候		

　　　　①＝4　②＝5　③＝2　④＝7

慣用表現

　秘書Aは，上司から指示された文書を作成するのに次のように書いた。

○　①書類を送るときの添え状に「ご査収願います」と書いた。

×　②役員委嘱を引き受けるという返事に「受命いたします」と書いた。

　　　②「受命」とは，命令を受けること。ここは「拝受」とする。

文書の種類

　次は，文書の名称とその組み合わせである。

○　①趣意書　＝　そのことの目的や，考え方を述べた文書。

×　②委任状　＝　委員会の委員に任命するときに渡す文書。

○　③覚書　＝　当事者が，契約・合意事項確認のために取り交わす文書。

　　　②「委任状」とは，ある事柄を，他人に代行してもらうことを意思表示するための文書のことである。

CHALLENGE 実問題

1 難易度 ★★☆☆☆

　次は秘書Aが，社外文書を作成するときに行っていることである。中から不適当と思われるものを一つ選びなさい。

1）見舞状は，時候のあいさつや日ごろの礼などを省いている。
2）文中に金額や数量などを書くときは，数字が2行にまたがらないようにしている。
3）縦書きの文書に相手の名前を書くときは，名前が行の最後にならないようにしている。
4）上司名で出す祝い状などを代筆するときは，上司名の脇に（代）と書くようにしている。
5）会議などの開催通知に日時や場所を書くときは，「記」と書いてから箇条書きにしている。

2 難易度 ★★★☆☆

　次の各文は社外文書の一部である。下線部分を適切な慣用表現に直しなさい。

1）委細は　お会いして　申し上げたく存じます。
2）まずは，略式でございますが　書中をもってごあいさつ申し上げます。
3）何とかご都合をおつけいただき，ご来臨くださるようお願い申し上げます。
4）粗品ではございますが，お受け取り　くださいますようお願い申し上げます。

【解答・解説】1＝4）忙しい上司に代わって秘書が代筆するケースはよくあること。この場合は，上司名で出す祝い状だから，内容は上司からの祝いの言葉ということになる。それを，わざわざ代筆したと知らせるなどは不適当ということである。
2＝〔解答例〕
　　1）拝顔の上・拝眉の上
　　2）略儀ながら
　　3）万障お繰り合わせの上
　　4）ご笑納・お納め

Lesson ② 社交文書

かしこまりました。

簡単な送り状を出しておいてもらいたい。

CASE STUDY

あなたならどうする？

形式を整えた社交文書の書き方は？

▶秘書Aは出張から戻った上司から、「向こうで世話になった取引先の部長にお中元を送るので、今から言うことをメモしてはがきで簡単な送り状を出しておいてもらいたい」と指示されました。内容は以下の通りで、これを体裁の整った縦書きの文書にするというものです。どのように作成すればよいのでしょうか。

「ますます健康であることを喜んでいる。いつも特別に目をかけてもらって、本当に感謝している。ついては、普段の感謝の気持ちを表すために別便で〇〇を送った。どうぞ受け取ってほしい。取りあえず、手紙であいさつする」

対処例 〇△×?…

以下のように書けばよいでしょう。

拝啓　盛夏の候、ますますご健勝のこととお喜び申し上げます。
平素は格別のお引き立てにあずかり、誠にありがとうございます。
つきましては、日ごろの感謝のしるしとして、別便で〇〇をお送りいたしました。何とぞご笑納くださいますようお願いいたします。
まずは書中をもってごあいさつ申し上げます。

敬具

スタディ 💡!!

まず、頭語の「拝啓」または「謹啓」を書き、時候のあいさつと相手の健康を祝う言葉を慣用表現を用いて述べます。時候のあいさつは、中元の季節なので7月の時候のあいさつ「盛夏の候」「猛暑の候」などを用います。

「普段の」は「日ごろの」や「平素の」に、「特別に目をかけて」は「格別のお引き立て」や「格別のご厚情を（いただき）」などにします。また、「感謝の気持ちを表すため」は「感謝のしるしとして」、「受け取ってほしい」は「ご笑納ください」などとします。末文もこのような場合に用いる慣用表現です。

社交文書の種類

　社外文書の中でも，祝い状やあいさつ状など，儀礼的な文書や社交を目的とした文書を総称して社交文書といいます。社交文書には次のようなものがあります。

◆主な社交文書。

◎「あいさつ状」とは，個人では転任や就任を知らせるとき，会社では新規開店や営業所移転などを通知するときに出す文書。

◎「祝い状」とは，個人では栄転や昇進に対して，会社では新規開店や新社屋落成などに対して祝意を表するために出す文書。

◎「招待状」とは，新製品展示発表会や式典，パーティーなどに招待する際に出す文書。「招待」の場合の費用は全て主催者持ちになる。

◎「案内状」とは，式典，パーティーなどの開催を知らせるときに出す文書。会費制とする場合は「案内状」として出す。

◎「贈答状」とは，贈り物をしたときに出す文書。送り状ともいう。

◎「贈呈状」とは，記念品などを贈るときに出す文書。

◎「見舞状」とは，火災や震災にあったり，けがや病気で入院したときなどに，相手の安否を気遣って出す文書。頭語は「前略」や「冠省」とし，前文のあいさつは書かずにすぐ主文を書く。書き出しは，「テレビのニュースで御地の台風の被害状況を知り……」「○○氏からご入院のことを伺い，驚いております」など。「暑中見舞い」や「寒中見舞い」も見舞状の一種。

◎「悔やみ状」とは，人の死を惜しんで慰めの言葉を述べる文書。頭語や前文を省いてすぐ主文を書く。また，結語も書かない。「承りますれば」「このたびは」などと書き出し，文中では，「重ね重ね」「再び」など不幸が重なることを連想させる忌み言葉を使わないように注意する。

◎「礼状」とは，相手の厚意に対して感謝の意を示すための文書。

◎「紹介状」とは，知人などを，自分がよく知っている人に紹介するときに書く文書。通常，権限のある人が書き，秘書は代筆することになる。上司が自分より目下の人宛てに紹介する場合は，名刺に紹介文を書き，押印して紹介を依頼してきた人に渡す場合もある。上司が目上の人宛てに書く場合は，簡略化せず体裁を整えて丁寧に書き，封をしないで渡すのが一般的。また，紹介状を書いた後は，電話や手紙で相手先にそのことを告げてお願いしておくのが礼儀である。

◎「引見依頼状」とは，紹介状を書いたとき，会ってもらう相手に，こういう理由で紹介状を書いたので会ってほしいと依頼するための文書。

社交文書の慣用表現

社交文書の慣用表現には，以下のようなものがあります。

◆「引見依頼状」などで，面会してほしいと頼むとき。
　◎ご引見くださるようお願い申し上げます。

◆「招待状」などで，出席してもらえばうれしいと述べるとき。
　◎ご来駕*1)（来臨，臨席）いただければ幸甚に存じます。

◆病気見舞いへの「礼状」などで，元気なので心配しないでほしいと伝えるとき。
　◎元気にしていますのでご放念*2)（休心*3)）ください。

◆「贈呈状」で，記念品を別便で送ったことを知らせるとき。
　◎つきましては，記念の印までに，別便にて粗品をお送りいたしました。

◆「贈答状」などで，品物を送ったので受け取ってほしいと伝えるとき。
　◎心ばかりのものですが，ご笑納くださいますようお願い申し上げます。

◆「礼状」で，品物を贈ってもらったことへの感謝の気持ちを述べるとき。
　◎結構なお品をご恵贈賜り，誠にありがとうございました。

◆「礼状」で，報告を兼ねて礼を言うとき。
　◎ご報告かたがた御礼申し上げます。

◆「礼状」で，贈られた食べ物を食べたと伝えるとき。
　◎早速賞味いたしました。
　◎おいしくいただきました。

◆個人宛ての「暑中見舞状」などで最後に健康に留意してほしいと付け加えるとき。
　◎暑さ厳しき折（時節柄），ご自愛のほどお祈りいたします。

◆「祝い状」などの結びで相手の発展を祈るとき。
　◎末筆ながら，貴社のますますのご隆盛をお祈り申し上げます。
　◎末筆ながら，ご一同様（貴家）の一層のご多幸をお祈りいたします。

◆「あいさつ状」などで，今後一生懸命社業に取り組むなどと述べるとき。
　◎今後社業に精励*4)いたす所存でございます。

◆「悔やみ状」に香典を同封し，それを霊前に供えてほしいと頼むとき。
　◎ささやかですが，同封のもの，ご霊前にお供えくださるようお願い申し上げます。

*1) 来駕＝来訪の尊敬語。
*2) 放念＝心配しないこと，気にかけないこと。
*3) 休心＝安心すること。
*4) 精励＝一生懸命励むこと。

自他の使い分け

　社外文書では，相手や相手に関係することに対しては尊敬表現を，自分や自分側のことに対しては謙譲表現を用いて自他を区別します。

名詞の場合	相手方	自分側
☐ 本人・職業	○○様／貴殿／先生／貴職	私／当職／本職
☐ 団体・組織	貴社／御社／貴校／貴店	当社／当行／弊社
☐ 場所・土地	御地／貴地／貴方面／貴県	当地／当方面／弊地
☐ 住居	貴邸／貴宅／尊宅	拙宅／拙家／小宅
☐ 物品	佳品／結構なお品	粗品／寸志／心ばかりの品
☐ 手紙	ご書面／ご芳書／ご書状	愚書／愚状／書状／書中
☐ 息子	ご令息様／ご子息様／お子さま	息子
☐ 娘	ご令嬢様／お嬢さま／ご息女様	娘
☐ 夫	ご主人／ご主人様	主人／○○（姓）
☐ 妻	奥さま／奥方様／ご令室様	妻／家内
☐ 父	お父さま／お父上／ご尊父様	父／老父
☐ 母	お母さま／お母上／ご母堂様	母／老母
☐ 両親	ご両親様／ご父母様	両親／父母
☐ 夫の父	お舅さま／お父上様	義父／舅／夫の父
☐ 夫の母	お姑さま	義母／姑／夫の母
☐ 妻の父	ご岳父さま	義父／岳父／妻の父
☐ 妻の母	ご岳母さま	義母／外母／妻の母
☐ 祖父	ご祖父さま／ご隠居様	祖父
☐ 祖母	ご祖母さま／ご隠居様	祖母
☐ 兄・弟	お兄さま／ご賢兄／弟さま／ご賢弟	兄／愚兄／弟／愚弟
☐ 姉・妹	お姉さま／妹さま	姉／愚姉／妹／愚妹
☐ 家族	皆々様／ご一同様	一同／家族一同
☐ 親族	ご親族／ご親類／ご親戚	親族／親類／親戚

SELF STUDY

過去問題を研究し
理解を深めよう！

POINT 出題 CHECK

　「社交文書」では，贈答状，礼状のほか，祝い状や招待状など主な社交文書に使われる慣用表現を押さえておく。また，病気の見舞い状や悔やみ状などを書くときの留意点も問われるので，マナーなど基本的なことは心得ておきたい。記述問題では，書くべき内容が提示され，それを基に社交文書を作成するといった内容のものが多いが，一通りのことを押さえておけば十分対応できるはずである。このほか，会社宛ての文書と個人宛ての文書の違い，自他の使い分けなども頭に入れておきたい。

❋ 社外文書の作成上の留意点

　次は，秘書Aが社交文書を書いたり出したりするときに，行っていることである。

× ①取引先の災害などに出す見舞状にも，日ごろの礼だけは最初に述べている。

○ ②悔やみ状では，頭語や時候のあいさつなどは省略し，結語も書かないでいる。

○ ③役員交代のあいさつ状は，前任者のあいさつ，後任者のあいさつを，1枚の用紙に続けている。

　　①見舞状は，予期しない事態が起こったときに急いで書くという性質のものなので，見舞い以外のことは書かない。

❋ 慣用表現 ①

　次は，上司から指示された文書を作成するときに書いた言葉である。

○ ①心配しないようにお願いするとき，「ご放念くださいますよう，お願い申し上げます」

× ②少し気にかけてくれるようにお願いするとき，「ご微意くださいますよう，お願い申し上げます」

　　②「微意」とは，自分の気持ちを謙遜して言う言葉なので，「ご微意くださいますよう……」などという言い方はない。

254

慣用表現 ②

次の「　　」内の下線部分は，秘書Aが先輩から指摘されて直した社交文書の中の用語である。

○　①病気の見舞状の「ご治療に専念を」を「ご加療」にした。

○　②悔やみ状の「伺うべきところ」を「参上すべき」にした。

○　③病気見舞いへの礼状の「ご安心ください」を「ご休心」にした。

×　④役員就任あいさつ状の「専心努力する所存です」を「執心」にした。

> ④「専心努力」とは，「心を集中して努力すること」の意味である。「執心」とは，そのことにとらわれて心から離れないことである。従って「執心努力」という言葉はなく，「専心努力」が正しいので直したのは不適当である。

社交文書の作成

次は，着任のあいさつ状の草稿である。下線部分は原文のままにして，体裁の整ったあいさつ状を横書きで全文書きなさい。

拝啓　そちらの会社がますます発展していることを喜んでいます。さて私こと，このたび，経理部長を命じられ，過日着任いたしました。昨今の業界を取り巻く情勢は，誠に厳しいものがございますが，微力ながら新任務に専心するつもりです。前任者と同じに，指導と厚情を頂けるようお願いします。略式ですが手紙であいさつを述べます。敬具

〔解答例〕

拝啓　貴社ますますご発展のことお喜び申し上げます。

　さて私こと，このたび，経理部長を命じられ，過日着任いたしました。昨今の業界を取り巻く情勢は，誠に厳しいものがございますが，微力ながら新任務に専心する所存でございます。前任者同様に，ご指導とご厚情とを賜りますようお願い申し上げます。

　まずは，略儀ながら書中をもってごあいさつ申し上げます。　　　　敬具

自他の使い分け

次は手紙で使う，相手側と自分側の言い方の組み合わせである。

		〈相手側〉	〈自分側〉
○	①自分の父のこと	ご尊父様	父
○	②自分の母のこと	ご母堂様	母
○	③妻の父のこと	ご岳父様	義父
×	④息子のこと	ご令息様	子息

> ④「ご令息」も「子息」も相手側の息子の言い方である。自分側を言う場合は「息子」，「愚息」などとしなければいけない。

CHALLENGE 実問題

難易度 ★★★☆☆

次は秘書Aが，上司から指示されて文書を作成したときに書いた言葉である。中から不適当と思われるものを一つ選びなさい。

1) 資料を「受け取った」ということを，「拝受いたしました」と書いた。
2) 意見を「聞きたい」ということを，「拝聴したいと存じます」と書いた。
3) 自分の著書を「差し上げます」ということを，「ご謹呈させていただきます」と書いた。
4) 贈り物を「受け取ってもらいたい」ということを，「ご笑納くだされば幸いに存じます」と書いた。
5) 紹介する人と「面会してほしい」ということを，「ご引見賜りますようお願い申し上げます」と書いた。

2 難易度 ★★★☆☆

次は社交文書の一部である。□内に適切な漢字1文字を入れて文章を完成させなさい。

1) ご栄転との □ ，誠におめでとうございます。
2) 仲介の □ をお執りくださり，誠にありがとうございます。
3) 末永くご愛顧を賜りますよう，□ にお願い申し上げます。
4) その □ は大変お世話になりまして，ありがとうございました。

【解答・解説】1＝3)「謹呈」は謹んで物を差し上げるという意の謙譲語で，「ご謹呈する」とは言わない。従って，「ご謹呈させて〜」は不適当ということ。この場合は，「謹呈いたします」「謹呈させていただきます」などと言うのがよい。
2＝〔解答例〕
　　1) 由　　2) 労　　3) 切　　4) 節

Lesson ③ グラフの作成・助数詞

CASE STUDY

あなたなら
どうする？

作成したグラフを
チェックしていた
だけますか。

いいよ。自信があ
りそうだね。

数量の比較に最適なグラフは？

▶右は，新人秘書Cが「令和○○年5月の商品別売上数」をグラフにしたものです。これを見て，適切なグラフにするために，秘書AはCにどのような注意をしなければならないでしょうか。直す箇所や書き足す箇所を四つ指示してください。

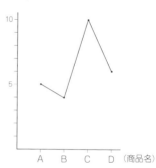

対処例 ○△×?…

　以下の点を指摘すればよいでしょう。
1. 商品別の売上数を比較するものなので，棒グラフにする。
2. 調査年月日とともにタイトルを入れる。
3. 基点の「0」を入れる。
4. 売上数の単位を入れる。

スタディ 💡!!

1. この場合は，数量の推移ではなく数量の多い少ないを比較するためのグラフなので，折れ線グラフではなく，棒グラフにします。
2. タイトルを入れないと何のグラフなのか分かりません。ここでは，「令和○○年5月の商品別売上比較」とします。
3. 折れ線グラフも同様ですが，棒グラフには，数量の基点が必要です。この場合は目盛りの一番下に「0」を入れます。
4. 単位を入れなければ，数量が分かりません。目盛りの最上部に「台」，「千台」，「万台」などの単位を入れます。

棒グラフ作成のポイント

棒グラフを作成する際には以下のことに留意します。

◆棒グラフは数量の比較に用いる。

◆基点は原則として「0」から始める。

◆棒が極端に長くなる場合は，区切りのよい部分で切断して2本にして並べるか（図①），中断記号を利用する（図②）。図①の場合は上端中央に数値を入れる。

◆マイナスのデータがあるグラフは，図③，図④のように処理する。

◆一つの項目に二つの要素が入るグラフは，棒を少しずらして重ねる。途中で要素の前後が替わっても，数値が見やすいように常に短い方を前に出す（図⑤）。

◆「賛成」と「反対」など対比を明確にしたい場合は一方のグラフの反対側に並べて表示すると分かりやすい（図⑥，図⑦）。

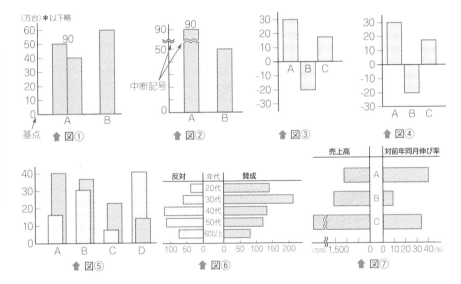

折れ線グラフ作成のポイント

折れ線グラフを作成する際には以下のことに留意します。

◆折れ線グラフは伸び率など推移を見るときに用いる。

◆基点は原則として「0」から始める。

◆下が空き過ぎるときは中断記号を利用する（図⑧）。

◆複数の折れ線グラフを作成するときは，実線や点線，一点鎖線（―・―）など

にしたり，色分けするなどして見やすくする（図⑨）。

◆マイナスのデータがあるグラフは，図⑩，図⑪のように処理する。

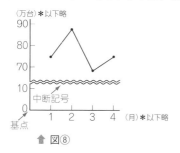

⬆ 図⑧

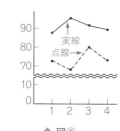

⬆ 図⑨

⬆ 図⑩

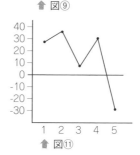

⬆ 図⑪

円グラフ作成のポイント

円グラフを作成する際には以下のことに留意します。

◆全体を100％として各項目が占める割合を示すときには円グラフを用いる。

◆構成項目の百分率（パーセンテージ）を求め，それぞれを角度に変換する。

◎角度は全体が360°なので，1％の角度は，360÷100＝3.6°になる。

例）項目A，B，C，Dがそれぞれ，A＝30％，B＝35％，C＝20％，D＝15％だった場合を角度換算すると，A＝3.6°×30＝108°，B＝3.6°×35＝126°，C＝3.6°×20＝72°，D＝3.6°×15＝54°となる。

◆円グラフでは比率の大きい順に基線（図⑫，図⑬）から時計回りに並べる。

例）上記の例では，B＝35％，A＝30％，C＝20％，D＝15％の順となる（図⑭）。

⬆ 図⑫

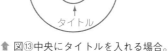

⬆ 図⑬中央にタイトルを入れる場合。

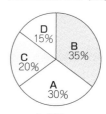

⬆ 図⑭

序章

受験対策
基礎知識

第1章
必要とされる資質

第2章 職務知識

第3章 一般知識

第4章 マナー・接遇

第5章 技 能

第6章 面 接

終章 模擬試験

◆アンケート調査などで使用する調査項目は，比率に関係なく「よい」，「ややよい」，「やや悪い」，「悪い」，「どちらともいえない」などの順序で並べる（図⑮）。なお，「どちらともいえない」は「ややよい」と「やや悪い」の間でもよい。

◆「その他」の項目がある場合は，比率に関係なく最後にもってくる。

◆大項目中に小項目のデータがある場合は，円を二重にする（図⑯）。

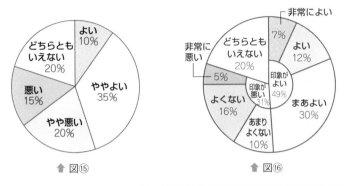

⬆ 図⑮　　　⬆ 図⑯

帯グラフ作成のポイント

帯グラフを作成する際には以下のことに留意します。

◆帯グラフは帯の長さを100％として，各項目の比率を示したもので，年度ごとに各項目の比率の変化を見る場合などに適したグラフである。

◆帯グラフでは，比率の大きい項目順に左から並べる（図⑰）。

◆「その他」の項目がある場合は円グラフと同様に最後にもってくる。

◆上期と下期，あるいは年度別に比較するために複数の帯グラフを並べて書く場合は，比較しやすいように最初の順序を変えず，グラフ間の各項目の端を破線で結ぶようにする（図⑱）。

東京支店 42%	大阪支店 28%	名古屋支店 18%	福岡支店 12%

⬆ 図⑰

	製品W	製品X	製品Y	製品Z
上期	36%	27%	24%	13%
下期	31%	37%	15%	17%

⬆ 図⑱

助数詞の知識

　グラフで数の単位を示すときに用いる「台」や「枚」など，数や量を表す語を助数詞といいます。助数詞の知識は，発注文書を作成する際などにも必要になるので基本的なことは一般常識として押さえておきましょう。

●助数詞の使い方の基準
　助数詞は，基本的に以下の基準で用いるようにします。

◆物品は一般的に「個」を使う。
　　　例）1個の石，リンゴ1個，カップ1個。

◆形の長い物は一般的に「本」を使う。
　　　例）ネクタイ1本，鉛筆1本，定規1本。

◆平面的な物は一般的に「枚」や「面」を使う。
　　　例）紙1枚，カード1枚，将棋盤1面。

◆小さい物は一般的に「粒」を使う。
　　　例）米1粒，ブドウ1粒。

◆動物は一般的に「匹」を使う。
　　　例）猫1匹，犬1匹。
　　◎鳥は「羽」。大型の動物には「頭」を使うこともある。
　　　例）牛1頭，象1頭。ウサギは「羽」と数えることもある。

◆家などの建物は一般的に「軒」，「棟（とう）」，「戸」などを使う。
　　　例）食堂1軒，倉庫10棟，住宅100戸。

◆機械類は一般的に「台」を使う。
　　　例）複写機1台，カメラ1台，自動車1台。

◆基底部が固定してあるものは一般的に「基」を使う。
　　　例）塔1基，鳥居1基，原子炉1基。

◆船舶は一般的に「隻（せき）」や「艇（てい）」を使う。
　　　例）貨物船1隻，ボート1艇。

◆束ねたものは一般的に「束（たば）」，「杷（わ）」を使う。
　　　例）わら一束，そうめん1杷。

◆袋や箱に入ったものは一般的に「袋」，「箱」を使う。
　　　例）セメント10袋，ミカン1箱。

◆その他手に持つ道具は「丁（ちょう）」で数えることが多い。
　　　例）はさみ1丁，包丁1丁，のみ1丁。

● 主な「物」の数え方

事物	数え方
祝電・封書	通・本
はがき	「用紙」としては枚，「文書」としては通・本
本	冊・部・巻
新聞	「同じ新聞の数」は部，「新聞の種類」をいう場合は紙
論文・詩文	編
漢詩・和歌	首
賞状	通・枚
絵画	点・枚・幅
額	面・枚
掛け軸	幅・軸
花輪	基
遺骨	柱・体
線香	本・束
提灯	張り
酒	瓶・本・樽
ビール	瓶・本・缶・ケース
米	俵
料理	品・人前・皿
重箱	重ね
果物など盛ったもの	盛
箸・飯	膳

事物	数え方
客用の茶わんセットなど	客
ビル	棟
エレベーター	基・台
幕	張り
椅子	脚
机	脚・台・卓
列車・電車・飛行機などのダイヤ	本
スーツ	着・組・揃い
帯	本・枚
衣類	枚・着
履物	足
扇子	本
布団	枚・組
数珠・真珠の首飾り	連
粉薬	服・包
錠剤	錠・粒
香水	瓶
花	本・輪・鉢
樹木	本・株
口座・保険・寄付	口
議案・議事・事件	件

SELF STUDY

過去問題を研究し
理解を深めよう！

POINT 出題 CHECK

「グラフの作成」では，マイナスのデータがある棒グラフ・折れ線グラフの作成や，提示されたグラフの不備な点を指摘したり加筆したりする応用問題も出されるが，いずれも基本をマスターしておけば問題ない。

「助数詞」ではあまり耳にしない数え方も出題されるので，知識の蓄積が先決。普段から身の回りの事物に用いる助数詞にも関心を持つようにしておきたい。

✳ グラフの作成

次の表は令和X年からZ年度におけるS社の製品別売上構成比を示したものである。これを見やすいグラフにしなさい。

	A製品	B製品	C製品
令和X年度	40%	35%	25%
令和Y年度	35%	45%	20%
令和Z年度	30%	55%	15%

「S社の製品別売上構成比」が年度別に比較できるようなグラフとなると，帯グラフが適切である。「表題」「単位%」の書き落としに注意すること。

S社製品別売上構成比

	A製品	B製品	C製品
令和X年度	40%	35%	25%
令和Y年度	35%	45%	20%
令和Z年度	30%	55%	15%

✳ 助数詞

次の「　」内は物の数え方を示したものである。

○　①創業50周年記念式典を行ったところ「30通」の祝電が届いた。

×　②額に入った表彰状のうち「1幅」を選んで，上司室の壁にかけることにした。

○　③業界団体の役員の葬儀には，役員一同として花輪を「1基」届けることにした。

　　　②賞状の数え方は1通または1枚である。1幅は絵や軸の数え方になる。

序章 受験対策
基礎知識
第1章 必要とされる資質
第2章 職務知識
第3章 一般知識
第4章 マナー・接遇
第5章 技能
第6章 面接
終章 模擬試験

CHALLENGE 実問題

1 難易度 ★★★☆☆

次の「　」内の物の数え方の中から<u>不適当</u>と思われるものを一つ選びなさい。

1) 創業 50 周年記念式典に届いた祝電は，全部で「75 通」だった。

2) 系列会社の役員の葬儀に，社長名で生花を「1 基」供えることにした。

3) 社内でエコ対策懸賞論文を募集したところ，予想以上に集まって「20 編」あった。

4) 今年度の株主総会に提案されている議題は，「6 件」であると総務課長が伝えてきた。

5) 会社が各種の功労で表彰された表彰状のうち，「1 幅」を選んで額に入れ会議室の壁にかけた。

2 難易度 ★★★★☆

円グラフは，アンケート結果や売上高の内訳など，全体を 100% とした項目の構成比などを示すのに適したグラフである。この円グラフの書き方で注意することを箇条書きで四つ答えなさい。

【解答・解説】1＝5）表彰状の数え方は「枚」である。なお，「幅」は床の間に飾る掛け軸などの数え方である。

2＝〔解答例〕

1．円の中心から 12 時の位置に基線を引く。

2．大きい比率のものから右回りに並べる。

3．アンケート結果などのように，内容に意味がある場合は内容順にする。

4．「その他」などは比率にかかわらず最後にする。

解答例の他に，「項目名，数値，単位（%）を記入する」「タイトルは，円を二重にして内側の円の中に書いてもよい」などもよい。

Lesson ① 文書の受信業務

CASE STUDY

あなたなら どうする？

開封しないで渡すのは私信以外にどのようなものがあるのでしょうか？

開封しないで渡すのは……

上司宛ての郵便物で開封しないのは？

▶ 秘書Aは、新人秘書Cから、「上司宛ての郵便物を受け取ったとき、開封しないで上司に渡すのは私信以外にどのようなものがあるのか」と聞かれました。この場合、Aはどのように答えるのがよいのでしょうか。

対処例 ○△×?…

Cに、以下のように答えればよいでしょう。

1. 業務用の文書か私信か判断しかねる場合。
2. 簡易書留、現金書留、一般書留など書留扱いの郵便物。
3. 封筒の表に「親展」と表示してある郵便物。

スタディ 💡!!

上司宛ての郵便物には「私信」と「業務用の文書」がありますが、私信は開封しないで渡すことが原則です。この場合は「私信以外に開封しないもの」を尋ねられているので、1.～3. の例を説明します。

1. 例としては、「取引先の部長名で来た郵便物だが、社用ではない封筒に入っている場合」や「社用封筒だが、印刷されている会社名を消して、個人名が書いてある場合」などがあります。このほか、私信かどうか判断に迷う場合は、開封しないで渡すようにします。
2. 書留扱いの郵便は、重要な書類や現金が入っているので、直接本人が開封するのが原則となっています。
3. 「親展」とは、名宛て人本人に直接開封してほしいという意味なので、この表示がある場合は、開封しないで上司に渡します。

受信文書の取り扱い

　上司宛ての郵便物を受け取ったら，以下のようなことをチェックしてから上司に渡します。

◆上司宛ての手紙かどうか確認する。
　　◎他人宛てのものが紛れ込んでいる場合がある。
◆業務用の文書か私信か，また開封してよいかどうかを確認する。

開封しない	私信	上司の知人からの手紙など個人的なもの。白封筒に，宛名や差出人の名が直筆で書かれていることが多い。
	不明	私信かどうか不明なもの。封筒に印刷された社名が線で消され，差出人の名が個人名になっているものなど。
	業務用	「書留」や，封筒の表に「親展」と記してあるもの。
開封する		その他の業務用の文書。

◆中身が開封しても差し支えないと分かっている場合は私信でも開封してよい。
◆記録が必要かどうかを判断する。
　　◎書留（現金書留，一般書留，簡易書留）は，「受信簿（受信記録簿，受発信記録簿など）」に記録し，受け渡しの際に受領印をもらっておく。
◆同封物が入っているかどうかをチェックする。
　　◎手紙に記されている同封物が間違いなく入っているかどうかを確認する。入っていなければ先方に問い合わせて確かめる。
◆請求書などは計算して照合する。
　　◎各項目の計算数値や合計額が合っているかどうかなどを確認する。
◆ダイレクトメール（DM）は見せる必要があるかどうかをチェックする。
　　◎DMは相当な数になるので，あらかじめ上司と打ち合わせておき，不要なものは廃棄する。
　　◎DMでは，見てもらいたいがために「親展」としてあることが多いので，開封すべきかどうか，見せるべきかどうかは，事前の上司との打ち合わせに沿って判断する。
◆上司に見せずに他へ回す文書があるかどうかをチェックする。
　　◎上司宛ての手紙でも，その件を扱っている担当者がいて上司に見せる必要がない場合は直接担当者に渡す。

受信文書を上司に渡すときの留意点

　文書を私信と業務用の文書に分けたり，開封してチェックしたら，そこで文書の仕分けは終わりますが，ただより分けたものをそのまま上司に渡せばよいというものではありません。数多くの受信文書を見る上司のことを考えて，できるだけ手間や時間を取らせないように工夫して渡すのも秘書の役目です。

●緊急のもの，重要なものを上にして渡す

　「速達」扱いの文書や封筒の表に「至急」などの外脇付け*1）がある文書のほか，以下のような重要文書はすぐ目に付くように上にして渡します。

◆「親展」の外脇付けがある封書。

　◎「秘」扱い文書を郵送する場合は，通常「親展」として出すので，重要文書が入っている可能性もある。「親展」とあれば秘書は開封できないため，重要かどうかの区別もつかないが，基本的には重要文書と判断する。

◆上司が気にしていた文書や重要と思われる文書。

　◎上司が重視している取引先からの手紙など，上司の視点から重要度を計る。

●上司の手間を取らせないように工夫する

　次のような文書は，上司の手間を取らせないように気を利かせて渡します。

◆往信に対する返信には，こちらが出した文書のコピーも一緒に渡す。

◆決裁や回答を求める文書には，それに必要な資料を添付して出す。

◆枚数が多い文書には，重要部分に薄くアンダーラインを引いたり，内容を要約したメモを添付する。

◆私信でも，定期的に届く案内文書などは，事前に開封の許可をとっておき，上司の手間を省くようにする。

●処理の確認とすべきこと

　上司が読んだ後，文書が秘書に戻されたら以下のようなことを確認します。

◆決裁や回答が必要な文書があった場合は，きちんと処理されたかどうか。

◆招待状などへの出欠の返事について指示をもらったかどうか。

◆経理処理が必要がなものがあったかどうか。あれば，速やかに済ませておく。

◆受信文書の内容を再確認し，そこから次にしなければならないことを予測して必要なことを準備しておく。

---

*1）外脇付け＝「至急」，「親展」，「○○在中」など文書に関する注意や内容を示したもの。「脇付け」とは，相手に敬意を表すため手紙の宛名の左下に添えて書く言葉で「侍史」，「御許」，「御前」などがある。侍史は，（直接差し出すのは失礼なので）相手の秘書を通して届けるという意。御許や御前は，女性宛ての手紙に用いる脇付けで，あなたのそばに置きますという意。

SELF STUDY

過去問題を研究し
理解を深めよう！

POINT 出題 CHECK

　「文書の受信業務」では，文書の取り扱いに関する出題が多いが，その中でも開封して渡す文書と開封しないで渡す文書の判断を問う問題がよく出される。「速達扱いの郵便物はすぐに開封して渡す」など，一見正答と思えるような選択肢もあるので注意したい。この場合，業務用の文書の場合はそれでよいが，私信の場合は開封してはいけない前提があることに留意しなければならない。

✳ 受信文書の取り扱い ①

　次は秘書Aが行った，上司宛ての郵便の受信業務である。

○　①業界団体の年会費の請求書だったので，上司の目を通さずに直接担当者に回した。

○　②私信だったが，上司が幹事をしている同窓会関係の文書だと分かっていたので開封して渡した。

×　③差出人が個人名だったがAが聞いたことのあるような人だったので，中身を確認してから上司に渡した。

　　　③Aが聞いたことのある名前ということである。中身が開封しても差し支えないものだと分かっている場合は開封して上司に渡すことはあるにしても，中身が分からず差出人が個人名ということなら純然たる私信である。従って，中身を確認してから上司に渡したというのは不適当。

✳ 受信文書の取り扱い ②

　次は秘書Aが行った，上司宛ての郵便の受信業務である。

○　①文書の内容で，日付と曜日が一致していなかったので，差出人に確認してから渡した。

×　②上司が返事を待っていた友人からの文書が速達だったので，開封して，他の郵便物の上に載せて渡した。

○　③取引先のパーティーの案内状だったが，その日時に上司の予定が入っていたので，そのことを書いたメモを付けて渡した。

　　　②友人からの文書は私信なので開封して渡してはいけない。

CHALLENGE 実問題

1 難易度 ★★★☆☆

　秘書Aは新人Bから，「上司宛ての郵便物を受け取ったとき，開封しないで上司に渡すのは私信以外にどのようなものがあるか」と聞かれた。この場合，Aはどのように答えるのがよいか。箇条書きで三つ答えなさい。

2 難易度 ★★★★☆

　次は秘書Aの，上司宛てに届いた郵便物の処理の仕方である。中から<u>不適当</u>と思われるものを一つ選びなさい。

1) DMに「重要」と印刷されていたが，上司には関心のない内容だったので破棄した。
2) 差出人が封筒に書かれていなかったので，開封して差出人を確認してから上司に渡した。
3) 同封されていた書類の枚数が送り状と違っていたので，先方に確認し訂正してから上司に渡した。
4) 白い洋形封筒で宛名も差出人も毛筆で書かれていたが，取引先からだったので開封して上司に渡した。
5) 会議の通知状だったがその日時に他の予定は入っていなかったので，渡すときに出席で返事を出してよいか尋ねた。

【解答・解説】1＝1.封筒に「親展」と書いてあるもの。
　　　　　　　2.書留郵便のもの。
　　　　　　　3.業務上の文書か私信か判断しかねるもの。
2＝2) 差出人が封筒に書かれていなかったら，私信かどうかは分からない。私信であったら開封してはいけないので，この場合は開封せずに渡す。確認のためとはいえ開封したのは不適当である。

Lesson 2 「秘」扱い文書

この文書を○○支店のYさんに郵送してほしい。「秘」扱い文書なので注意して……

はい，かしこまりました。

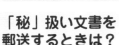

あなたならどうする？

「秘」扱い文書を郵送するときは？

▶ 秘書Aは上司（部長）から，「秘」印の押された書類を渡され，「○○支店のY氏に，この書類を郵送してもらいたい」と指示されました。このような場合，Aが郵送するとき注意しなければならないことはどのようなことでしょうか。箇条書きで三つ挙げてください。

対処例 ○△×?…

　以下のことに留意すればよいでしょう。
1. 封筒は二重にし，内側の封筒に書類を入れて「秘」の印を押す。
2. 外側の封筒は透けないものを用い，「親展」の表示をする。
3. 簡易書留扱いにする。

スタディ

　ポイントは，中に「秘」扱い文書が入っていることを第三者に分からないようにすることです。
1. ここでは，単に「封筒は透けないものを利用し，二重にする」としてもよいでしょう。
2. 「親展」とは名宛て人本人に開封してほしいという発信人のメッセージです。「親展」や「至急」などと封筒の表に記したものを「外脇付け」といい，宛名の左に添えて書きますが，市販されているゴム印を押すのが一般的です。
3. 簡易書留にすれば，確実に相手に渡るので安心です。

　対処例の他に，「Y氏に電話し，郵送したことを知らせる」などもよいでしょう。

「秘」扱い文書を作成する際の留意点

　秘書は，上司から「秘」扱い文書の作成を指示されるときもあります。原稿を預かり，パソコンで作業をする場合は以下のことに留意しましょう。

◆原稿は作業中も作業後も厳重に管理する。

◆文書作成中に離席するときは，いったんコンピューター内に保存して画面を閉じ，第三者に見られないようにする。

◆文書作成中に関係者以外の人が近づいてきたら，データを保存して作業を終えるか別の画面に切り替えるなどの操作をする。

◆外部記録装置に保存する場合は，記録媒体の保管にも注意する。

◆作成した文書のコピーを取ったり，コンピューターに接続してあるプリンターから出力する場合は，周囲に人がいないことを確認する。

◆コピーは必要人数分だけ取り，ミスコピーしたものはシュレッダー（文書細断機）で廃棄する。

「秘」扱い文書を取り扱う際の留意点

　「秘」扱い文書を社内で取り扱ったり，外部へ郵送する際は，以下の点に留意します。

●社内で取り扱う際の留意点

◆「秘」扱い文書を机の上に広げているときに人が来たらさりげなく裏返す。

◆離席するときは鍵のかかる机の引き出しにしまう。

◆持ち歩く際は透けない封筒に入れ，封筒には「秘」などと書かない。

◆他部署の部長などに渡すときは，本人かその秘書に渡し，必ず文書受け渡し簿に受領印をもらう。

◆本人も秘書もいないときは他の人に預けたりしないで持ち帰る。

◆複数の人にコピーを配布するときは，コピーした文書に連番を付け，誰に何番を渡したか記録しておく。

◆他部署の部長などに持っていくときは，中が透けない封筒に文書を入れて封をし，表には部長名とその左に「親展」と書くようにする。

●郵送する際の留意点

◆郵送する場合は，①「秘」扱い文書を封筒に入れて「秘」の表示をし，②さらにその封筒を透けない別の封筒に入れる。③外側の封筒に宛名を書き，「親展」と表示する。

　　◎文書を簡易書留で送った後，相手にそのことを電話で知らせておく。

SELF STUDY

過去問題を研究し
理解を深めよう！

POINT 出題 CHECK

　「『秘』扱い文書」では，「秘」扱い文書を取り扱う際の留意点を押さえておく。特に，コピーを取る際，郵送する際，保管する際の取り扱い方に注意。ポイントとなるのは「第三者に『秘』扱い文書であることを知らせないこと」で，それを理解しているかどうかを問う問題が繰り返し出題されている。関係者には文書の重要性を知らせる必要があるので，文書そのものに「秘」の印を押すことはよいが，持ち歩いたりする封筒に「秘」マークを記せば当然第三者の目に触れることになる。問題を読むときは，このように「うっかり」人に知られる行為をしていないかをチェックする必要がある。

✳ 文書の取り扱い ①

　次は部長秘書Aが，上司から「秘」扱い文書について指示されたときに行ったことである。

×　①専務秘書から借りていた文書を返すとき，封筒の表面に「『秘』文書返却」と赤色で書いて専務秘書に渡した。

○　②部長保管の「秘」扱い文書をT部長に届けるとき，持っていったが席を外していたので，持ち帰って改めて届けた。

　　　①「秘」扱い文書は，関係のない人には分からないようにして扱うのがよい扱い方になる。封筒の表面に「『秘』文書返却」と書けば，中に「秘」扱い文書が入っていることが誰にも分かるので不適当である。このような場合は，何も書かずに専務，あるいは専務秘書に直接手渡すのがよい。

✳ 文書の取り扱い ②

　秘書Aは上司から「秘」の印が押してある資料を渡され，「会議で使うので，出席者分をコピーしてもらいたい」と言われた。この場合，コピーをするときに注意しなければならないことを，箇条書きで三つ答えなさい。

　　〔解答例〕
　　1．必要数以上のコピーはしない。
　　2．ミスコピーが出たら，シュレッダー（文書細断機）で処理する。
　　3．資料をコピー機に置き忘れないようにする。
　　　他に「近くに人がいないときを見計らってコピーをする」などもよい。

CHALLENGE 実問題

1 難易度 ★☆☆☆☆

秘書Aは上司から，この資料をコピーして配布してもらいたいと，「秘」扱い文書と配布先名（10名）が書かれたメモを渡された。次はAが順に行ったことである。中から不適当と思われるものを一つ選びなさい。

1) 11部コピーして予備の1部は自席の引き出しに保管し，原本はすぐに上司に返した。
2) 資料には連番を打って赤色で「秘」の印を押し，誰に何番を渡したかを管理できるようにした。
3) 資料を1部ずつ封筒に入れ，封筒の表面には渡す人の名前と番号を書いた。
4) 渡すときは「秘」扱い文書とは言わず直接本人に手渡し，配布者名簿に受領印を押してもらった。
5) 不在の人の分は，何時ごろ戻る予定かを周りの人に尋ね，資料は持ち帰った。

2 難易度 ★★☆☆☆

次は部長秘書Aが，秘文書の取り扱いについて最近行ったことである。中から不適当と思われるものを一つ選びなさい。

1) 秘文書をS支店長に郵送するとき，封筒の宛名の横に「親展」と書いて，「簡易書留」で送った。
2) 会議で配る資料のうち一部が秘文書だったので，他の文書と区別するためその文書に「秘」の印を押した。
3) 他部署から借りていた秘文書を返すとき，封筒の表面に「返却秘文書」と書いて貸してくれた人に渡した。
4) 上司の指示で秘文書をY部長に届けに行ったとき，席を外していたので持ち帰り，Y部長の在席を確認して改めて届けた。
5) 部外秘の文書を部員が貸してもらいたいと言ってきたとき，上司は不在だったので，返却日を確認して貸出簿にサインをもらって渡した。

【解答・解説】1＝1）情報漏えいの危険を減らすため，「秘」扱い文書のコピーは必要部数しかしてはいけない。また，「秘」扱い文書を自席の引き出しに保管するなどは不適当ということである。
2＝3）秘文書は関係者以外の目に触れないように取り扱うのが基本。封筒に入れて返却するのはよいが，表面に「返却秘文書」と書いては，周囲の人に秘文書が入っていると教えているようなもの。そのような返却の仕方は不適当ということである。

序章　受験対策
基礎知識
第1章　必要とされる資質
第2章　職務知識
第3章　一般知識
第4章　マナー・接遇
第5章　技能
第6章　面接
終章　模擬試験

Lesson ③ 郵便の知識

CASE STUDY

あなたなら
どうする？

例の書類をホテルに
すぐ郵送してほしい
のよね……

かしこまりました。○○
の書類でございますね。
至急お送りいたします。

文書をホテルに郵送するときは？

▶ 秘書Aの上司（W株式会社専務取締役田中順子）は，出張でオリンピックホテル621号室に滞在しています。Aは上司から，重要文書をすぐ郵送するようにと指示を受けました。郵送方法とホテルの所在地以外の宛名の書き方はどのようにすればよいのでしょうか。

対処例 ○△×?…

以下のようにして郵送すればよいでしょう。
1. 郵送方法は，簡易書留で速達扱いにする。
2. 宛名の書き方は，
オリンピックホテル気付　621号室
田中順子様
とする。

スタディ 💡!!

1. 重要書類を郵送する場合は，簡易書留にします。書留にすると引き受け時と配達の際の記録が残るので確実に届けることができ，万一事故があって届かなかった場合は，損害賠償を受けることができます。また，この場合は「すぐ」ということなので，速達扱いにすることも忘れてはなりません。
2. ホテル名の後に書く「気付」とは注意を促す言葉。その人の住所ではないところに送るときの断り書きで，英語のcare of（c/o）からきた言葉です。なお，ホテルに滞在している田中順子に，会社名や職名は関係ないので，「W株式会社専務取締役」などの表記は不要です。

郵便小包

郵便小包とは，第一種郵便では送れないようなもの，定形外郵便で送れば割高になる重量があるものやかさばるものを送るときに利用します。

郵便小包には「ゆうパック」と呼ばれる一般小包，本などを送るときに利用する「ゆうメール」，荷物と信書を同時に送ることができる「レターパック」などがあります。

◆ゆうパックは大きな荷物(箱の3辺の合計170cm以内で25Kgまで)を送るときに便利だが信書を入れることはできない。万一の時は原則30万円までの実損額の賠償がある。届け先の都道府県によって料金が違う。

◆ゆうメールは書籍・カタログのほかCD，DVDを送るときに利用すると割安である。急ぐ時は速達に，貴重品は書留にすることができる。信書の同封はできない。重量は1Kgまででポストに投函できる。

◆レターパックはA4サイズが入る大きさの専用封筒を購入する。重量は4Kgまでを全国一律料金で送ることができる。信書を入れることができるので，手紙を添えた贈り物や業務用サンプルの発送に便利。

特殊取扱郵便物

郵便物を以下のような特殊取扱郵便物として送ることができます。その場合は，通常の料金に特殊取扱料金が加算されます。

◆速達扱いにする。

　　郵便物を早く送りたいときは，「速達」扱いにする。

　　◎郵便物の右上部（横長式の場合は右側下部）に赤線を引くか，赤で「速達」と記入する。

↑ 縦式は右上部に赤線。

↑ 横長式は右側下部に赤線。

↑ 赤で速達と表示。

◆書留扱いにする。

　重要なものを送る場合は，書留を利用する。郵便物を引き受けたときと，配達した際の記録が残るので，確実に届けることができる。また，万が一事故などで届かなかった場合は損害賠償が受けられる。

◎書留には，「現金書留」，「一般書留」，「簡易書留」の3種類がある。

◎「現金書留」は，現金を送るときに利用する。専用の封筒（有料）に現金を入れるが，紙幣だけでなく硬貨も送ることができる。封筒の中には，現金のほか通信文なども入れられる。

◎現金書留は，事故にあって届かなかった場合は，最高50万円までの実損額が補償される。

◎現金書留の封筒には，現金を入れた香典袋や祝儀袋をそのまま入れて送ることができる。

◎「一般書留」は手形や小切手，商品券など，現金以外の高額な有価証券を送るときに利用する。ただし，5万円までの有価証券を送る場合は，簡易書留の方が割安である。

◎「簡易書留」は，一般書留に比べて料金が割安。事故等があった場合の賠償額は原則5万円までの実損額なので，5万円までの有価証券を送る場合，または「秘」扱い文書や生原稿等，重要な文書などを送るときに利用する。

◆速達と書留は両方利用することができる。

◎重要な文書を急ぎで出したいときには，「簡易書留」にして，「速達」扱いにすると速く確実に届けることができる。

◆速達はポストに投函して出すことができるが，書留類は郵便局に出向いて差し出し，受領証をもらわなければならない。

◆その他の特殊取扱について。

　書留（簡易書留を除く）扱いにしたときのみ，以下の特殊取扱を利用できる。

◎「引受時刻証明」の利用。郵便物を差し出した時刻を証明するもの。

◎「配達証明」の利用。郵便物を配達した年月日を証明するもの。

◎「内容証明」の利用。どういう内容の文書を差し出したかを証明するもの。

 ## 大量郵便物の郵送方法

　郵便物を大量に送る場合は，以下のような日本郵便の郵便制度を利用すると，切手を貼る手間が省けて便利なほか，料金が割安になったりします。

◆料金別納郵便。

　料金が同じ郵便物を，同時に10通以上（一般小包は1個からでもよい）出すとき

に利用する。

◎事前に郵便局の承認を受けて右図のようにスタ
ンプを押すか，印刷しておく。切手を貼る手間
が省ける利点がある。

◎料金はまとめて窓口で支払う。

◆料金後納郵便。

毎月50通以上の郵便物を出す場合に利用できる。

◎料金別納郵便同様，事前に郵便局の承認を受け
て，右図のようにスタンプを押すか印刷してお
く。料金は翌月末日までに現金で納付すること
になっている。

◆料金受取人払。

アンケートなどで，相手側に料金負担をかけずに
返信をもらいたいときに利用する。

◎利用する際は，あらかじめ郵便局の承認を受け
て，右図のような表示をしておく。

◎受取人は，返信を受けた分だけの郵便料金を支
払えばいいので経費節減できる。

◆郵便区内特別郵便物。

同じ差出人が，同じ形・重さ・取り扱いの郵便物を同時に100通以上，同一郵
便区内に出す場合に利用でき，料金が割安になる。

◎大きさ，重さに制限があり，料金の支払方法は，料金別納か料金後納（また
は料金計器別納）になっている。郵便物には支払方法の表示とともに「郵便
区内特別」の文字を表示する必要がある。

●社交文書に大量郵便物発送制度は利用しない

　大量郵便物の発送制度は，手間がかからずコストの削減にもつながることから
ビジネスでは広く利用されていますが，これらの制度は，いわば郵便の略式によ
る送付方法です。礼儀や格式を重んじる社交文書の発送には向きません。従って，
祝賀会や披露宴の案内状や招待状などの社交文書を送る場合は，大量に発送する
場合でも「料金別納郵便」などを使わず，手間がかかっても1通ごとに慶祝用の
切手を貼って出すことになります。（弔事には弔事用切手を貼ります）

SELF STUDY

過去問題を研究し
理解を深めよう！

POINT 出題 CHECK

　「郵便の知識」では，速達や書留などの「特殊取扱郵便物」，料金別納郵便や料金後納郵便などの「大量郵便物」についての出題が多い。大量郵便物に関しては，郵送方法と「社交文書には利用しない」原則があることを押さえておく。そのほか，ホテルなどに郵送する場合の宛名の書き方や小包に関する知識など，出題範囲は広いが，2級の学習内容とさほど変わらない。これまで学習してきたことがどれだけ応用できるかがポイントになるだろう。

 郵送方法 ①

　　次のそれぞれの場合，どのような郵送方法が適切か。

　　　　①出張中の上司に，「秘」扱い文書を送りたい。

　　　　②お祝い金を祝い状と一緒に送りたい。

　　　　③社史を取引先に送りたい。

　　　　④希望した日に郵便物が相手に届くように送りたい。

　　　　　①簡易書留　　②現金書留　　③ゆうメール　　④配達日指定郵便

 郵送方法 ②

　　次は，秘書Aがとった郵送方法である。

　○　①支店へ重要な急ぎの書類を送るとき，簡易書留の速達で送った。

　○　②代金支払いの催促状を送るとき，二度目だったので書留で送った。

　×　③世話になった人に礼状と一緒に商品券を贈るとき，現金書留で送った。

　○　④取引先30社へカタログを送るとき，切手を貼る手間を省くため料金別
　　　　納郵便で送った。

　　　　③現金書留は，現金を送るための郵便である。商品券は現金ではなく有
　　　　価証券である。従って現金書留で送ることはできない。5万円を超える
　　　　商品券などの有価証券は一般書留で送るのがよい。

CHALLENGE 実問題

1 難易度 ★★★☆☆

　次は，秘書Aが手配した郵便や電報の送り方である。中から<u>不適当</u>と思われるものを一つ選びなさい。

1) 上司の賀寿祝賀会の招待状を送るとき，通数がかなり多かったので料金別納郵便で送った。
2) 上司の知人に叙勲の祝電を送るとき，文面は文例を参考にし，ふさわしい台紙を選んで送った。
3) 上司の友人の葬儀に香典を送るとき，悔やみ状と香典袋を現金書留の専用封筒に入れて送った。
4) 上司が手数をかけた人に礼として商品券（1万円）を送るとき，礼状を同封して簡易書留で送った。
5) 上司から締め切り日が迫っているので急いで送ってもらいたいと業界紙の原稿を渡されたとき，簡易書留の速達で送った。

2 難易度 ★★★★☆

　秘書Aは上司から，「600人を対象にアンケート調査をする。返信はがきを同封して発送するが，回収率はおおよそ3割と考えている。手間や経費がなるべくかからない方法で頼む」と指示された。この条件を満たす仕方として，次のことに答えなさい。

1) アンケートを発送するときは，どのような郵送方法にするのがよいか。
2) 同封する返信はがきは，どのようなはがきにするのがよいか。

【解答・解説】1＝1）料金別納郵便は，1通ずつ切手を貼らなくても済むので通数の多いときは便利だが，これは事務的なやり方。賀寿祝賀会の招待状には格式が必要なので，事務的にするのは不適当。このような場合は，慶事用の切手を貼るのがよい。
2＝〔解答例〕
　　1）料金別納郵便
　　2）料金受取人払の手続きをしたはがき

Lesson ① 資料管理

CASE STUDY

あなたなら
どうする？

いいわよ。

カタログの整理の仕方を
教えていただきたいので
すが……

カタログ整理の
ポイントは？

▶秘書Aは，新人秘書Cにカタログの整理方法について教えることになりました。
このような場合，AはCに次のそれぞれについてどのようなことを教えたらよい
のでしょうか。

　①分類の仕方。

　②廃棄の仕方。

　③リーフレットのようなものの整理の仕方。

　④厚い冊子になっているものの整理の仕方。

対処例 ○△×？…

　Cに，以下のように教えればよいで
しょう。

①総合カタログ以外は，製品別に分類
　すること。

②年に1回は点検して，新しいものが
　出たら古いものは処分すること。

③ハンギング・フォルダーを使って整
　理するとよい。

④書棚に，背文字が分かるように並べ
　て整理するとよい。

スタディ 💡!!

①「コンピューター」，「プリンター」，「コ
　ピー機」など製品別に分類しておかない
　と，利用するときに役に立ちません。例
　えばコンピューターを購入したいときに
　は各社の製品を比較検討しますが，その
　とき会社別に分類されていると，各社の
　コンピューターカタログを抜き取ってい
　かなければならず手間がかかります。

②古いものは不要なので保存しません。

③薄い冊子はハンギング・フォルダーを使
　った方が整理しやすく，扱いも楽です。

④厚い冊子はファイルしにくいので，棚に
　並べて整理するのが一般的です。

資料・書類の整理方法

資料や書類を整理する場合は，以下のバーチカル・ファイリング方式あるいはバインダー・ファイリング方式を利用すると便利です。

◆バーチカル・ファイリング方式による整理法と特性。

　◎厚紙を二つ折りにしたフォルダーに文書を挟み，キャビネットの引き出しの中に垂直に立てるか，つるして収納する方法。

　◎つるして収納する方法を「ハンギング式」という。これは，フォルダー本体に付いているツメを引き出しに設置されたハンギング・フレームという枠に引っかけてつり下げる方式。

　◎文書の集中管理や大量管理に向いている。

　◎フォルダーに入れる文書は，フォルダーにとじたりしないのが原則。

　◎文書を折る場合は，書類を取り出さなくても何の書類か一目で分かるように，文字が書いてある表面を外側に折って入れる。

　◎折ってある文書は折り目を上にしてフォルダーに入れる。折り目を下にすると，文書が開いて一緒に入っている他の文書が取り出しにくく，他の文書を入れるときにも不便である。

　◎とじる手間が省け，書類の取り扱いが便利。

◆バインダー・ファイリング方式による整理法と特性。

　◎分類したバインダーごとに文書をとじ，書棚などに並べて整理する方法。

　◎書棚などに並べると一覧性があって，バインダーごとすぐ取り出せる。

　◎バインダーの背幅がスペースをとるため，収納量はバーチカル・ファイリング方式より少ない。

　◎書類をとじる手間が必要で，個別の書類の取り扱いが不便。

資料・書類の貸し出しのポイント

バーチカル・ファイリングで整理した資料や書類などを貸し出すときは，「貸出ガイド」（通常，貸出先・貸出日・返却予定日・書類名などの項目を記入する欄がある）に必要事項を記入して貸し出し，以下の方法で管理します。

◆貸し出した資料の代わりに，貸出ガイドをフォルダーの中に入れておく。

◆フォルダーの中の資料を全部貸し出す場合などは，「持ち出し用フォルダー」に書類を移し換えて渡し，空のフォルダーには貸出ガイドを入れておく。

◆資料が返却されたら，ガイドを抜き取り，資料を元のフォルダーに納める。

資料の整理・保存

　各社から送られてくるカタログや購入した雑誌，受け取った名刺などをきちんと整理しておくのも秘書の仕事です。

●カタログの整理・保存

　カタログとは商品を紹介する目的で作成された冊子のことで，その会社の全商品が載っている総合カタログから，ある分野の商品群を紹介した小冊子，単品の商品を紹介した1枚物までさまざまなものがあります。

　整理するときは以下のようなことに留意します。

◆商品別に分類するのを原則とする。

◆厚みのある総合カタログは書棚などに書籍のように立てて並べる。

◆薄い冊子や1枚物は，商品別に分類してハンギング・フォルダーに収納する。

◆年に1回は点検して，不要なものは廃棄する。また，新しいカタログを入手したら古いものは廃棄する。

●雑誌の整理・保存

　雑誌を整理・保存する際は以下のようなことに留意します。

◆購入した雑誌は，購入簿などに購入年月日を記入し，会社の蔵書印を押す。上司が個人的に購入した場合は，上司の個人印を押しておく。

◆上司の部屋や応接室には常に最新号を置いておく。

◆保存する雑誌は，半年か1年ごとにまとめて合本する。合本した本の背には「雑誌名」，「発行年月」，「巻・号数」などを記入しておく。

◆保存期間は，一般誌は前年分だけ，専門誌は長くて5年分とする。

●名刺の整理と管理

　来客から受け取った名刺や上司が出張先や外出先で受け取った名刺は，以下のようなことに留意して管理します。

◆名刺を受け取ったら，そのときの日付と用件，その人の特徴などを記入する。

◆新しい名刺を受け取ったら古い名刺は廃棄する。また，年に1回は整理して，不要な名刺は処分するが，廃棄する場合は細かく破って捨てるようにする。

◆通知状などで肩書や住所の変更を知ったら，すぐに訂正しておく。

◆新しい名刺を名刺整理箱に入れる場合は，その名刺を当該ガイドのすぐ後ろに差すようにする。必要があって名刺整理箱から抜き取った名刺を戻すときも，元の場所ではなくガイドのすぐ後ろに差す。このようにしていくと，よく使う名刺がガイドの近くに集まるようになり，使い勝手がよくなる。

◆上司の友人など私的な関係の名刺や飲食店の名刺は業務関係とは別に管理する。

序章　受験対策

基礎知識

第1章　必要とされる資質

第2章　職務知識

第3章　一般知識

第4章　マナー・接遇

第5章　技　能

第6章　面　接

終章　模擬試験

SELF STUDY

過去問題を研究し
理解を深めよう！

POINT 出題 CHECK

　「資料管理」では，ファイリングに関する出題が多い。書類の収納法やバーチカル・ファイリングの用具に関することを問う問題のほか，フォルダーにとじない利点を記述させる出題もある。3級・2級で学習してきたことも含めてポイントをしっかり押さえておくとともに，基本的なことは箇条書きで記述できるようにしておく必要がある。このほか，カタログや名刺の整理に関する問題なども出題されるが，なぜそうするのかが理解できていれば難しくはない。

✻ ファイリング①

　下の図は，ファイリングの一例を示したものである。これについて次の問いの答えを書きなさい。

　　①11から14までのフォルダーを何というか。
　　②「1　雑」のフォルダーを何というか。
　　③「11　青木商事」のフォルダーには何が入っているのか。
　　④「1　雑」のフォルダーには何が入っているのか。

　　　　〔解答・解答例〕
　　　　①個別フォルダー
　　　　②雑フォルダー
　　　　③青木商事から来た文書と，青木商事へ出した文書の控え。
　　　　④個別フォルダーにない，アで始まる名前の会社から来た文書とその会社
　　　　　へ出した文書の控え。

✻ ファイリング②

　文書をフォルダーで整理する場合，原則としてフォルダーにとじないが，とじないことの利点は何か。箇条書きで三つ答えなさい。

　　　　〔解答例〕
　　　　1．文書の出し入れがしやすい。
　　　　2．とじ具を付けないので，フォルダーがかさばらず多くの書類を収納す
　　　　　ることができる。
　　　　3．穴を開けられない文書も同じフォルダーで整理できる。
　　　　　解答例以外に，「文書に穴を開けなくても済むので，手間がかからな
　　　　　い」などもよい。

CHALLENGE 実問題

1 難易度 ★☆☆☆☆

　秘書Aは保存文書を社内の人に貸し出すとき，文書を抜いた箇所に貸し出しガイドを差し入れている。この貸し出しガイドにはどのような事項を記入すればよいか。箇条書きで三つ答えなさい。

2 難易度 ★★★☆☆

　「名刺整理簿」と「名刺整理箱」を使用する上での特性を，それぞれ簡単に説明しなさい。

【解答・解説】1＝〔解答例〕
　　1．文書名　　2．貸出日　　3．貸出先（部署名，名前）
　解答例の他に，「返却予定日」などもよい。
2＝〔解答例〕
　「名刺整理簿」は一覧性があり見やすいが，名刺が増減したときの整理には不便である。
　「名刺整理箱」は容易に出し入れでき，多量の名刺を整理するのに便利である。

Lesson ②　資料収集と情報提供の仕方

CASE STUDY

あなたなら
どうする？

その資料は縦書きだから
右肩をホチキスで留めて
ほしいんだけど……

はい。

使いやすいコピー
の取り方は？

▶秘書Aは上司から，午後の部長会議で配布するので会議用の資料のコピーを取ってもらいたいと資料を預かりました。資料はAが他部署から取り寄せて上司に渡したもので，A4判の書類5枚と，B5判の書類が6枚あります。このような場合，Aはどのような手順でコピーし，上司に渡せばよいのでしょうか。順を追って答えてください。

対処例 ○△×?…

　以下のようにしてコピーを取り，上司に渡せばよいでしょう。

1. 上司に以下のことを確認する。
   a　コピーする部数と必要なら予備の部数。
   b　B5判の書類はA4判にそろえてコピーするか。
   c　留めるときはホチキスがよいかクリップがよいか。
2. 大きさをそろえるなら，B5判をA4判に拡大コピーする。
3. コピーを終えたら丁合いを取り，希望の留め具で留める。
4. 預かった資料とともに，上司に渡す。

スタディ ！！

1. 資料をコピーしてほしいという指示を受けても，それだけでは仕事はできません。最低限何部必要なのかを聞く必要がありますが，他にサイズが違うものを統一した方がよいか，仕上げとして渡すときの留め方はどのようにするのがよいかなどを確認する配慮が必要です。
2. 大きさをそろえる場合は，拡大コピーするほか，用紙だけを統一してコピーする方法もあります。
3. 丁合いとは，印刷した紙を順序よくそろえることです。また，留め方は，横書きの場合は左肩，縦書きの書類は右肩をとじます。本を読むときと同じ感覚でページをめくれるからです。

社内外の情報収集

　秘書は，上司に必要な書類やデータを求められたら，素早く的確な情報を収集し，上司に提供しなければなりません。そのためには，どのようにすれば必要な情報が得られるかも把握しておく必要があります。

●社内の情報収集

　会社の各部署では，一般的には以下のような情報を持っています。

- ◆総務部門には，「株主総会」，「取締役会」，会社全体の「各種行事・式典」，「社屋等の増改築」，「備品購入・管理」，「車両管理」などの情報がある。
- ◆人事部門には，「人事採用」，「人事配属」，「福利厚生」，「教育研修」，「給与体系」などの情報がある。
- ◆経理部門には，「在庫」，「仕入」，「生産」，「資材購入」などの数値情報のほか，財務諸表に関する情報がある。
- ◆営業部門には，「営業所別売上」，「商品別売上」，「販売予測」，「販売計画」，「製品別取引先名簿」，「顧客名簿」，そのほか営業統計など営業・販売に関する情報がある。
- ◆企画部門には，市場調査を含む「各種調査」，店舗展開企画などの「各種企画」，「経営企画」などの情報がある。
- ◆広報・宣伝部門には，「社内報」，「広報誌」，そのほか視聴率調査資料など宣伝活動に関する資料や情報がある。

●社外の情報収集

　業務上必要な資料は最新のものをそろえておくようにします。例えば「列車時刻表」，「会社年鑑」，「会社四季報」，官公庁の「職員録」，「職業別電話帳」，政府発行の各種白書*1)，現代用語を解説した事典など，常に最新版を入手しておかねばなりません。

●インターネットを活用した情報収集

　インターネットを活用すれば，郵便局やNTT，各交通機関，各省庁，都道府県庁や市町村役場・役所，あるいは企業のホームページなどにアクセスして多くの情報を入手することができます。また，個人でも専門的な知識を持つ人が，豊富な知識をサイト上に公開しているので目的に応じてアクセスしてみるとよいでしょう。ただし，インターネットの情報には間違いも多いので注意が必要です。

　インターネットを利用する際には，以下のようなことに留意します。

 ＊1）白書＝政府が発行する各界の年次報告書。「経済財政白書」，「環境白書」，「国民生活白書」などがある。

◆一つの情報に頼らないで，幾つかの情報を照合して信頼性を高める。しかし，情報源が不確かな場合は，その情報をうのみにしないで，一つの参考知識や手掛かりとして利用すること。

◆企業のサイト内のデータは，基本的に信頼できると考えてよいが，内容を更新していない場合もあるので，更新日時を必ず確認すること。不安がある場合は電話や電子メール*2) などで直接問い合わせるとよい。

● 人脈を活用した情報収集

書籍やインターネットで調べて情報を得るよりも，具体的な関連情報を持っている人から情報を得た方が早い場合もあります。多くの情報を得るためには，日ごろから交際範囲を広げる努力をして人的ネットワークである人脈を構築しておく必要があります。以下のことに留意しておきましょう

◆社内外を問わず業務上の人間関係を常に良好にしておく。

◆積極的に趣味のサークルや勉強会などに参加する。

◆さまざまなことを学習して，数多くの話題を持つようにし，知的な交友関係を広げていく。

情報提供の仕方

入手した情報は効果的に伝えなければ意味がありません。例えば，上司が求める情報も資料だけをそのまま渡すのではなく，それを見る人が利用しやすいように工夫して提供するのが秘書の役割です。

情報を提供するときは，次のようなことに留意します。

◆収集した資料をコピーして一つの文書にまとめるとき，資料の大きさが異なる場合はサイズを統一する。できればA4判に統一するとよい。

◆文書をとじるときは，本を読むときと同じように，縦書きの文書は右肩を，横書きの文書は左肩をとじるようにする。

◆小さい文字は拡大コピーして見やすくする。

◆入手した資料の数値データなどに誤りがないか，きちんと検証してから渡すように心がける。

ワード
Check!

*2）電子メール＝宛先以外の人にも同時にコピーを送れる。「CC：」の欄にメールアドレスを入力すると，受信者にも確認できる。「BCC：」の欄に入力すると，受信者は自分以外に送られた人がいるかどうかは分からない。

序章 受験対策 基礎知識／第1章 必要とされる資質／第2章 職務知識／第3章 一般知識／第4章 マナー・接遇／第5章 技能／第6章 面接 終章 模擬試験

出版物に関する用語

スタディガイド

領域：理論編

領域：実技編

面接編

テスト

- ☐ 日刊・週刊・月刊 …日刊は毎日，週刊は毎週，月刊は毎月発行される刊行物。
- ☐ 旬刊（じゅんかん）………………10日に1回発行される刊行物。
- ☐ 隔月刊（かくげっかん）…………2カ月に1回発行される刊行物。
- ☐ 季刊 ………………年に4回発行される刊行物。
- ☐ 増刊 ………………定期刊行物が定期以外に，臨時に発行される刊行物。
- ☐ バックナンバー …定期刊行物の発行済みの号のこと。
- ☐ 総目次 ……………雑誌などの半年分や1年分の目次を集めたもの。
- ☐ 索引（さくいん）………………本に掲載された重要な語句などを抜き出し，一定の基準で配列してその語句があるページを捜しやすくしたもの。
- ☐ 奥付 ………………本の著者や発行所名，発行日などが記されている部分。
- ☐ 絶版 ………………売り切れた後，印刷・販売をしていない刊行物。
- ☐ 再版 ………………すでに発行されている本を同じ形式で重ねて発行すること。
- ☐ 改訂版 ……………出版後，内容を改めて出版された書物。
- ☐ 創刊 ………………定期刊行物を新しく発行すること。
- ☐ 海賊版 ……………著作権を侵害して違法に複製された書籍やCD（コンパクトディスク）など。
- ☐ 縮刷版（しゅくさつ）…………すでに出版された出版物の版を縮小して作成した印刷物などのこと。
- ☐ 復刻版 ……………すでに出版された出版物を元の体裁に近づけて再度出版された書物のこと。復刻本ともいう。
- ☐ 紀要（きよう）………………大学や学会，研究所などが出す定期刊行物のことで，研究論文や調査報告書などが掲載されている。
- ☐ 公報 ………………官庁が施策や業務の報告を一般に知らせるために出す報告や告知のこと。新聞や小冊子などの形式で告知される。
- ☐ 官報 ………………告示・予算・人事など政府が国民に知らせるために毎日発行する文書のこと。
- ☐ 機関紙（誌）………団体などが会員との情報交換をしたり，活動内容をPRするために発行する新聞や雑誌のこと。
- ☐ 業界紙 ……………その業界に関する情報を報道する新聞のこと。
- ☐ タブロイド判 ……普通の新聞の大きさの半分のサイズのこと。普通の新聞のサイズの判のことをブランケット判という。

SELF STUDY

過去問題を研究し
理解を深めよう！

POINT 出題 CHECK

　「資料収集と情報提供の仕方」では，出版物に関する用語の出題がほとんどである。よく出題される用語としては，「官報」，「紀要」，「白書」などがあるが，よく耳にする用語の意味は理解しておきたい。このほか，情報提供の仕方として，サイズの違う資料をコピーするときの手順を問う問題も出されている。

✳ 出版物に関する用語 ①

　次は，出版物に関する用語とその意味の組み合わせである。

× 　①旬刊 　＝ 　年に4回発行される刊行物。

○ 　②増刊 　＝ 　定期刊行物で臨時に発行されるもの。

○ 　③絶版 　＝ 　出版した本の印刷・販売をやめること。

　　　①「旬刊」とは，10日ごとに発行される刊行物のことである。年4回発行される刊行物は「季刊」というので，意味の組み合わせとしては不適当。

✳ 出版物に関する用語 ②

　次は，出版物に関する用語の説明である。

× 　①「改訂版」とは，書物などの印刷をぜいたくに作り直すこと。

○ 　②「縮刷版」とは，既出版物の版を縮めて作った本や印刷物などのこと。

○ 　③「復刻版」とは，一度出版されたものを，元の体裁に近い形で再度出版したもののこと。

　　　①「改訂版」とは，書物の発行後に出た，内容や不備な点を直して再度出版されたもののことである。

✳ 出版物に関する用語 ③

　次は，出版物に関する用語とその意味の組み合わせである。

○ 　①白書 　＝ 政府が発行する各界の実情と展望を述べた報告書のこと。

× 　②官報 　＝ 裁判官が出した判決を一般に知らせるための報告書のこと。

　　　②「官報」とは，法令など，国民に知らせるべき事項を掲載する，政府発行の日刊紙のことである。

序章　受験対策 基礎知識

第1章　必要とされる資質

第2章　職務知識

第3章　一般知識

第4章　マナー・接遇

第5章　技能

第6章　面接

終章　模擬試験

CHALLENGE 実問題

1　難易度 ★★☆☆☆

次は出版物に関する用語の説明である。中から<u>不適当</u>と思われるものを一つ選びなさい。

1)「落丁」とは，本などのページが抜け落ちていること。
2)「帯」とは，本の表紙などに巻く宣伝用の細い紙のこと。
3)「装丁」とは，写真やイラストなど装飾のためのページのこと。
4)「索引」とは，その本で使われた語句の所在ページを示した表のこと。
5)「増刷」とは，発行した部数が足りなくなり，同じ版で再度発行すること。

2　難易度 ★★★★★

次の出版物に関する説明は何のことをいっているか。（　　　）内に漢字で答えなさい。

1) 特定の業界に関する情報を専門に扱う新聞のこと。
　（　　　　　　　　　）
2) 政府が一般国民に知らせる事項を掲載した日刊紙のこと。
　（　　　　　　　　　）
3) 企業の概要や財務状況などをまとめた季刊の刊行物のこと。
　（　　　　　　　　　）
4) 各省庁が発行する，各界の実態と政策などを述べた報告書のこと。
　（　　　　　　　　　）

【解答・解説】1＝3)「装丁」とは，印刷した紙をとじ，表紙を付けて本の形にすること。また，本の表紙，外箱などの外装やそのデザインのことである。
2＝〔解答例〕
　　1）業界紙　　2）官報　　3）会社四季報　　4）白書

Lesson ① 日程管理の要領・オフィスレイアウト

CASE STUDY

あなたなら
どうする？

**予定がある日時に
急な会議が入った!!**

緊急会議の打ち合わせをしたいのですが……

誠に申し訳ございませんが……

▶秘書Aは上司から，急な会議が入ったので，予定されているY氏との面談の日時を変更して決めておくようにと指示されました。このような場合，AはY氏にどのように連絡をして面談日を決めればよいのでしょうか。

対処例 ○△×?…

以下のように調整して日程を決めればよいでしょう。

1. Y氏に電話で，急な都合で面談の予定を変更してもらいたいと頼む。この際具体的な理由は言わない。
2. 上司の空いている日時を二，三用意しておき，それにY氏の都合のよい日時を合わせて新たに面談の予定日を決める。

スタディ 💡‼

1. この場合は面談の日時をどのように決めるかということが問われているので，わびを入れることは省いてありますが，実務では，最初にY氏に約束を果たせなかったことをわびることになります。また，変更の理由は，「急な都合で」や「急用ができたので」などとし，「緊急会議がある」などとは話しません。相手にとって内部事情は関係ないことですし，社内の不都合な事情を外部にもらすことにもなるからです。
2. こちらの都合で日時の変更をするのですから，できるだけ相手の都合に合わせます。こちらが用意していた日時に相手の都合が合わない場合は，相手の希望日時を幾つか聞いておき，上司と打ち合わせて新しい面談の日時を決めるようにします。

序章 受験対策・基礎知識

第1章 必要とされる資質

第2章 職務知識

第3章 一般知識

第4章 マナー・接遇

第5章 技能

第6章 面接

終章 模擬試験

日程を組む際の留意点

予定を入れる場合は，上司の意向に沿って決めるのが基本です。そのことを前提にしながらも，秘書は，上司の健康状態や忙しさを考慮したり，次の予定や前の予定などを考えて日程作成をするように心がけなければなりません。日程を作成するときには以下のようなことに留意します。

● 「できるだけ予定を入れない」ケース

次のようなときは，できるだけ予定を入れないようにします。

◆出社直後や退社直前。

　◎出社直後は，一息入れて今日の予定を確認したり，それに対して考えをまとめたりする時間として必要。そこに予定を入れると慌ただしくなる。

　◎退社間近は，上司も今日一日の仕事の整理や明日の準備などがある。

◆会議や打ち合わせの直前直後。

　◎会議直前に予定を入れると，そのことを引きずって会議に出席したりするだけでなく，会議の準備や考えをまとめる時間がなくなる。

　◎会議直後の予定は，会議が長引いたりしたときの調整に困る。

◆昼食時間の直前直後。

　◎昼食の前後は，上司としてもゆっくりしたいところ。その辺を考慮する。

◆面談の直前直後。

　◎直前は来客との面談に際しての準備があり，直後は面談が長引いた場合の調整に困る。

◆出張・外出の直前直後。

　◎出張前は事前に準備したり連絡することが多く慌ただしい。直後は出張の事後処理で忙しく，上司も疲れている。また，外出直前の予定は，時間が来たら話を中断せざるを得ず，直後は帰社が遅れる可能性もある。

◆仕事が立て込んでいるとき。

◆上司の体調が悪いとき。

● スケジュールにはゆとりを持たせる

上司が高齢者である場合はもちろんですが，他にも以下のようなことを念頭に入れて，スケジュールはゆとりをもって組むようにします。

◆出先での交通渋滞や交通機関の遅延など予測のつかないことがある。

◆会議や面談などは当初の予定より長引くことがある。

◆次の予定のために上司が準備をしたり，考えをまとめたりする時間が必要。

◆上司の健康管理が十分に行き届かなくなる可能性もある。

●優先させる予定

　基本的には上司が決定しますが，スケジュール調整する場合など，優先すべきことを知っておく必要があります。以下のことは基本的に優先事項になります。

　　◆取締役会議や臨時会議。

　　◆既に決まっている会社の重要行事。

●勝手に優先してはいけない予定

　次のようなケースは，つい優先しなければと考えがちなので注意します。どれを優先するかは仕事の重要性で決まり，それを決定するのは上司です。

　　◆上司が既に予定している私的な用事。

　　◆既に出席が決まっている業界の会議や行事。

　　◆上司が外出先や出張先で決めてきた予定。

　　◆予定が決まっている日時に入ってきた急な用件。

予定の変更と調整

　面会予約がしてあっても，こちらの都合や先方の都合で面会が取り消しになる場合があります。秘書はそのようなときの対処の仕方も心得ておく必要があります。予定の変更は以下の要領で行います。

　　◆行事の変更があった場合は，上司に変更を告げ上司と秘書の予定表を修正する。

　　◆当方の都合で予定を変更する場合は，上司の指示に従って関係者と調整し，上司と秘書の予定表を修正する。

　　　　◎面会の約束を断る場合は，先方にわびて希望の日時を二，三聞いておく。上司の意向を聞いて日時を決めたら，速やかに相手に連絡する。

　　　　◎約束を断る際，こちらの空いている日時を二，三用意しておき，先方と都合が合えば，上司に確認してその場で決めてもよい。

　　◆先方の都合で予定変更を申し入れてきた場合は，上司の意向に従って先方と新しい予定を決め，上司と秘書の予定表を修正する。

　　◆予定が変更になったら，上司の予定表を配布していた関係者に漏れなく連絡し，予定表の修正を依頼する。

出張事務

　上司が出張する際の補佐業務も秘書の仕事です。予定表以外に旅程表を作成するほか，出張事務としてどのようなことをするのか心得ておきます。

序章　受験対策
基礎知識

第1章　必要とされる資質

第2章　職務知識

第3章　一般知識

第4章　マナー・接遇

第5章　技　能

第6章　面　接

終章　模擬試験

上司が出張する際は以下のような業務を行います。

①出張計画を立てる。

　◎上司に「出張の目的，期間，目的地」を確認する。ただし，目的については上司が告げない限りは聞かない。

　◎出張の目的地・訪問予定先に便利な宿泊先や交通手段を選択し，それを盛り込んだ出張計画案を作成する。

　◎上司に出張計画案を見せ，上司の意向や好みなどを聞いて修正する。

②交通機関や宿泊先の手配をする。

　◎交通機関は上司の希望や旅費規定，到着地での行動予定，出発・到着時刻，目的地までの効率などを総合的に考えて選定する。

　◎予約できる交通機関は早めに予約しておく。

　◎宿泊するホテルや旅館は上司の意向を聞いて，できるだけ希望に沿った施設を選び，上司に確認して手配する。

③旅程表を作成する。

　◎出張中の全ての予定を一覧表にした旅程表を作成する。

　◎旅程表には1日ごとに時間の目盛りを付けて，出発・到着時刻，利用交通機関，訪問先，出席する会議，宿泊先などの項目を分刻みで綿密に記入する。

　◎旅程表は上司と秘書が1部ずつ持ち，場合によっては関係先にも配布する。

④出発の準備をする。

　◎出張に必要な費用を算出し，経理から仮払いを受ける。

　◎必要な所持品を準備する。例えば，名刺，旅程表，搭乗券や切符，旅費，資料や関係書類など。リストを作成して漏れがないようにチェックする。

　◎長期出張で資料などが多い場合は宿泊先などに郵送する。

●出張中・出張後の秘書の仕事

　上司が出張しているときは手の空いた時間ができるので，日ごろできなかったファイリングや名刺の整理などに空いた時間を当てます。

　上司が出張から戻ったら次のようなことをします。

◆留守中に届いた手紙類を整理して渡す。

◆留守中の来訪者や電話など，留守中に起こったことを報告する。

◆経費精算や持ち物の整理をするほか，上司の指示があれば，出張報告書の作成の手伝いや出張中に世話になった人に礼状を書くなどする。

オフィスレイアウト

序章

受験対策
基礎知識

第1章 必要とされる資質

第2章 職務知識

第3章 一般知識

第4章 マナー・接遇

第5章 技能

第6章 面接

終章 模擬試験

　部屋のレイアウトを一任されたら，まず上司の机，応接セットの配置を考え，後は動線を考慮して備品類を配置していきます。

　上司の机，秘書の机，応接セットなどの配置は以下のようなことに留意します。

◆上司の机は部屋の奥の，直接入り口から見えないところに配置する。

　　◎秘書と同室の場合は，秘書と対面しないようにする。秘書は電話応対や来客接遇など，デスクワーク以外の仕事もするため，向き合っていると上司が落ち着いて仕事ができないからである。ついたて，パーティションなどを利用して部屋を仕切るなど，それぞれ独立したスペースが確保できるように工夫する。

　　◎手暗がりにならないように，上司が座ったとき窓が左側か後ろになるように配置する。

◆秘書の机は来客の出入りがすぐ分かるように入り口の近くに配置する。

　　◎キャビネットは秘書が使いやすい場所に配置する。

◆応接セットは上司の近くに置き，上司が座りやすいように配置する。

　　◎来客が座ったとき，秘書と向かい合わないようにする。

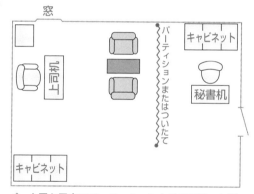

⬆　上司と同室でパーティションなどで区切った例。

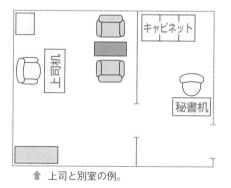

⬆　上司と別室の例。

⬆　上司と同室でついたてを置いた例。

SELF STUDY

過去問題を研究し
理解を深めよう！

POINT 出題 CHECK

「日程管理の要領」では，日程を組む際の留意点や日程調整の仕方を問う問題が多い。日程調整の仕方に関しては記述問題も出されるので，こちらから変更を申し出るケースも想定して，一連の手順を押さえておく。また出張事務では出張の準備を頼まれたときの確認事項を問う記述問題がよく出題されるので，基本事項を四，五点挙げられるようにしておきたい。

「オフィスレイアウト」では，レイアウトをする際に留意すべきことを，その理由も含めて理解しておくこと。

日程を組む際の留意点

次は上司のスケジュールを組むときや，それを管理するときに行っていることである。

○　①所要時間をあらかじめ決められない部内打ち合わせなどは，見当で時間を予定している。

×　②上司が出先などで決めてきた予定は，他の予定が入っていても調整して優先させている。

　　②上司が出先で入れた予定が，無条件で他の予定に優先するということはない。他の予定が入っている場合，どちらを優先させるかは上司に確認して決めることになる。従って，上司が出先で入れた予定を優先させるのは不適当ということである。

出張事務

秘書Aは上司から，「来週，取引先M社訪問のため出張することになったので，準備をしてもらいたい」と指示された。このような場合Aは，上司に何を確認すればよいか。箇条書きで四つ答えなさい。

　〔解答例〕
　　1．出発の日時と出張期間
　　2．交通機関と宿泊の希望
　　3．同行者の有無
　　4．持って行く資料
　　　解答例の他に「仮払金」などもよい。

✽ オフィスレイアウト

秘書Aは上司と同室で仕事をすることになり，上司から，上司とAの机，応接セットの配置を考えるよう指示された。次はAが考えた図である。中から適当と思われるものを選べ。

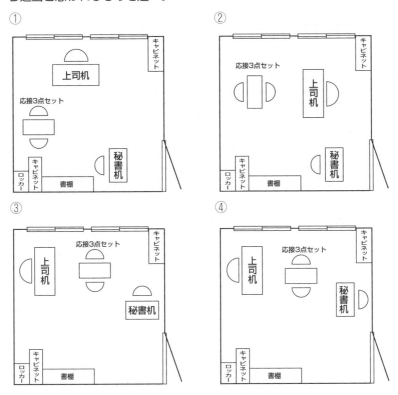

③この図を適当とする理由は，上司の机が入り口から見て一番奥であり，上司が室内を見渡せる，上司が秘書に対面しない，来客などが室内に入るとき秘書と対面しない，また，上司の所に行くとき秘書の前を通る，などである。

序章　受験対策 基礎知識

第1章　必要とされる資質

第2章　職務知識

第3章　一般知識

第4章　マナー・接遇

第5章　技能

第6章　面接　終章　模擬試験

CHALLENGE 実問題

1 難易度 ★★☆☆☆

次は秘書Aが，上司のスケジュール管理について行っていることである。中から不適当と思われるものを一つ選びなさい。

1）所要時間をあらかじめ決められない打ち合わせなどは，見当で時間を記入している。
2）毎回終了時間が延びる定例会議のときは，すぐ後には予定を入れないようにしている。
3）上司の確認を得ないで入れる面談予約などは，予定表には記入するが（仮）と書いている。
4）雑談の折などに知った上司の私的な予定は，特に確認せずに，自分の予定表に書き留めるようにしている。
5）既に予定のある時間に，上司が出先で新しい予定を決めてきたら，上司にその予定は変更できないか聞いている。

2 難易度 ★★★☆☆

営業部長秘書Aは上司から，「来月の第1月曜日から4日間の日程で営業所を視察して回るので，出張の準備を頼む」と指示された。次はこのとき，Aが上司に言ったことである。中から不適当と思われるものを一つ選びなさい。

1）回る営業所と同行する人は決まっているか。
2）回る順番は回りやすいようにこちらで組んでみてよいか。
3）視察の予定を入れない方がいい日はあるか。
4）必要な資料が決まったら指示してもらいたい。
5）場所によっては，営業所に車を手配してもらうのでよいか。

【解答・解説】1＝5）予定の優先順位は入った順番ではなく重要度で決まる。既に予定があるところに，他の予定が入ったらどうするかは上司の判断。従って，出先で入れた予定は変更できないかと聞くなどは不適当ということになる。
2＝3）視察のために出張すると言う上司に対して，視察の予定を入れない方がいい日はあるかと言うなどは，見当違いで不適当。なお，長期の出張であれば休みの希望を尋ねることはある。

面　接

面接試験の予備知識

Lesson 1 面接試験の概要

　面接試験の課題は三つで，「あいさつ」，「報告」，「状況対応」の順で実施されます。「あいさつ」では，面接番号と名前を言ってあいさつします。「報告」では，上司役を演じる審査員に，受験者は秘書役を演じて，事前に覚えた内容を報告します。「状況対応」では，パネルに書かれた内容を読み，来客役の審査員に対して秘書役を演じ，指示された内容にふさわしい適切な応対をします。

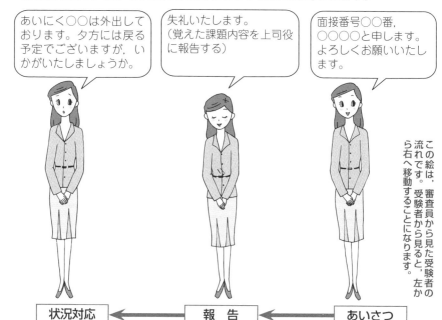

あいにく○○は外出しております。夕方には戻る予定でございますが，いかがいたしましょうか。

失礼いたします。
（覚えた課題内容を上司役に報告する）

面接番号○○番，○○○○と申します。よろしくお願いいたします。

この絵は，審査員から見た受験者の流れです。受験者から見ると，左から右へ移動することになります。

| 状況対応 | ← | 報　告 | ← | あいさつ |

秘書検定の面接は「役割演技」

　通常の面接試験は，受験者に審査員がさまざまな質問をして，知識や人格，適性などを判定していく口頭試問*1) による審査という形式をとります。しかし，秘書検定の面接試験では，知識を問う試験は行われません。それは，知識については，筆記試験で終了したという考えに立っているからです。しかし，秘書とし

ワード
Check!

*1) 口頭試問＝試験官の質問に対して口頭で答える試験のこと。

ての知識があったとしても，それが実際にビジネスの場で体現できなければ意味がありません。そこで，秘書検定の面接では，知識として身に付けたことを実際に行うことができるかどうかを見る，ロールプレーイングという形式で試験が行われます。ロールプレーイングは役割演技ともいわれ，ある役を演じることで，問題の解決法を考えたり仕事内容を理解していくという学習法の一つですが，秘書検定の面接試験では，秘書役を演じる受験者の立ち居振る舞いや言葉遣いがチェックされ，秘書としてふさわしいかどうか，秘書の仕事をどの程度理解しているかが審査されることになります。

面接試験での課題

　課題は以下の三つで構成されていますが，「あいさつ」以外は，審査員が上司役や来客役を務め，受験者が秘書として役割演技をします。課題でそれぞれどのようなことをするのかしっかり押さえておきましょう。

あいさつ　面接番号と氏名を告げ，あいさつをする。
それ以外のことを言う必要はない。

　例）面接番号71番，山田○○と申します。
　　　よろしくお願いいたします。

報　告　提示された課題の内容を上司役の審査員に報告する。
①受験者は試験に入る直前に，課題を読む席に案内される。そこで「以下の内容を上司に報告してください」と50字程度の報告内容が書かれた課題が渡される。
②受験者は課題を読み，上司に報告する話し言葉に置き換えて記憶する。制限時間は2分。
③記憶したことを棒読みするのではなく，実際にオフィスで上司に報告するつもりで伝える。

　課題例）1台で三つの機能を果たすICレコーダーができた。機能は，録音と音楽プレーヤーとパソコン用メモリーだという。

　報告例）失礼いたします。
　　　　　1台で三つの機能を果たすICレコーダーが開発されたとのことでございます。機能は，録音と音楽プレーヤーとパソコン用メモリーだそうでございます。以上でございます。

序章　受験対策　基礎知識

第1章　必要とされる資質

第2章　職務知識

第3章　一般知識

第4章　マナー・接遇

第5章　技能

第6章　面接

終章　模擬試験

状況対応　審査員を来客に見立てて応対をする。
①課題はパネルで示される。
②受験者は，パネルの言葉を適切な言葉に直して来客応対をする。
③課題は二つ用意されている。

課題例1）気を使ってもらってありがとう。
お辞儀をする

対応例1）お気遣いいただきましてありがとうございます。（最敬礼をする）

課題例2）（前傾姿勢で言う）席にいないが，呼んでくるので，待ってもらえないか。

対応例2）（前傾姿勢で言う）席を外しておりますが，呼んでまいりますので，お待ちくださいませんでしょうか。

審査の基準

　審査の対象となるのは，「あいさつ」，「報告」，「状況対応」の三つの課題についてだけではなく，指名されてから課題が終了するまでの立ち居振る舞い，言葉遣い，表情なども含まれます。これらがビジネスの場にふさわしいかどうかが審査されます。

　審査の際の具体的なチェック項目は以下の通りです。
①お辞儀の仕方
②歩き方
③立ち止まったときの姿勢
④聞くとき・話すときの姿勢，表情，手の組み方
⑤視線
⑥身のこなし
⑦服装
⑧言葉遣い（適切かどうか）
⑨話し方（違和感がなくなじんでいるかどうか）
⑩動作，行動（適切かどうか）

序章　受験対策
基礎知識

第1章　必要とさ
れる資質

第2章　職務知識

第3章　一般知識

第4章　マナー・
接遇

第5章　技　能

第6章　面

接

終章　模擬試験

Lesson ② 面接試験に臨む前の点検事項

　面接試験を受ける前に，身だしなみは適切かどうか，面接試験で審査される項目はクリアしているかなどをきちんとチェックしておく必要があります。

お姉さん，こんな感じはどうかしら。第一印象はどう？

清潔感があって，機能的。すっきりしていい感じ……

 ## 身だしなみ

　面接試験は，そこがビジネスの場であることを前提に行われるので，それにふさわしい身だしなみを心がけなければなりません。服装はスーツが最も望ましいといえます。学生であれば，制服でも構いません。服装以外のことについては，以下のことに留意します。

◆髪形

　　◎髪形にも，清潔感が必要です。

　　◎お辞儀をしたときに，髪が前や横に垂れ下がらない髪形にする。

◆化粧（女性）

　　◎派手にならないように注意する。

　　◎ナチュラルメイクで自然な感じを出すのがよい。

◆アクセサリー（腕時計）

　　◎秘書という職種を考えて派手にならないものを選ぶ。すっきりとさりげな

く上品な感じを与えるものに。

◆靴

　◎スーツに合わせたもの。女性はパンプスなどがよい。

　◎ヒールの高さは中ヒールで，歩きやすく機能的なものにする。

　◎ビジネスの場なので，ブーツやサンダルなどカジュアルなものは不可。

　◎悪天候の場合は，道中は別の靴を履き，会場で履き替えるとよい。

◆ストッキング（女性）

　◎黒のストッキングは避ける。

◆靴下（男性）

　◎スーツに合わせたものにする。

◆爪

　◎長過ぎる場合は短く切って整える。

　◎マニキュアをするときは，爪に光沢が出る程度のものにし，派手な色は避ける。

◆その他

　◎香水など香りの強いものは避ける。

面接試験前にチェックしておく動作

　面接試験では立ち居振る舞いも審査の対象になります。特別な作法や動作が求められるわけではありませんが，以下のような基本動作は確実にできるようにしておきます。ぶっつけ本番では失敗することが多いので，前もって練習して慣れておくとよいでしょう。

◆立ち姿は背筋を伸ばすのが基本。

　◎かかとをつけ，爪先を少し開く。手は自然に前で重ねる。

　◎おなかを引っ込め，やや胸を張る感じにし，肩を丸めたりしない。

　◎立っているとき手を後ろで組むのは厳禁。

◆歩き方は背筋を伸ばしてリズミカルに。

　◎視線を前方に置き，真っすぐ直線上を歩くような意識で歩く。

　◎だらだらした感じの歩き方や，せかせかした歩き方をしない。

◆着席するときは，椅子の前でいったん止まってから腰かけるようにする。

　◎腰かけるときは背と背もたれの間を少し空ける。

　◎腰かけたら背もたれに寄りかからない。

　◎背筋を伸ばし，膝は合わせて，足はそろえておく。

　◎手はどちらかの手を重ねて自然に両太ももの上に置く。男性は軽く握って

膝の上に置く。

◆離席するときは，椅子の前に立って一瞬止まり，それから歩き出す。

　◎立ち上がるときは，もたもたせず，すっと一気に立ち上がる。

◆お辞儀の仕方と使い分けを心得る。

　◎お辞儀には，「会釈」，「普通礼（敬礼）」，「最敬礼」の3種類がある。

　◎「会釈」は角度15度程度のお辞儀で，廊下で人に出会ったときや部屋に出入りするとき，人に話しかけるとき，次の動作に移るときなどに用いる。

　◎「普通礼（敬礼）」は，角度30度程度のお辞儀で，人を迎えるとき，見送るとき，あいさつをするときなど，ビジネスの場ではよく用いられるお辞儀。

　◎「最敬礼」は，角度45度〜60度のお辞儀で，人にお願いをするとき，感謝するとき，おわびをするときなどに用いる。

　◎面接試験では，面接会場に入るときや出るとき，話しかけたり次の動作に移るときには「会釈」，氏名を言って「よろしくお願いいたします」とあいさつするときや「状況対応」で客を迎えるときは「普通礼（敬礼）」，「状況対応」で謝罪したり感謝するとき，また，最後に審査員に「ありがとうございました」と礼を述べるときは「最敬礼」，と使い分けができるように訓練しておく。

◆人に接するときは「前傾姿勢」で行う。

　◎来客応対や上司に報告するときなどは前傾姿勢を忘れない。

　◎体を会釈程度に曲げて，相手の目を見て話したり聞いたりする。

◆来客を案内するときや物を指し示すときなど，その方向を示すときは，右手の指を軽く閉じ，手のひらを45度程度傾けて指し示す。

| お辞儀の種類 | 前傾姿勢 | 方向を指し示す手 |

⬆ 会釈。　　⬆ 普通礼（敬礼）。　⬆ 最敬礼。　⬆ 人に接するときの基本姿勢。　⬆ 人を案内するときなど，方向を示すときの手の形。

Lesson ① 面接試験の実際の流れ

スタディガイド
領域：理論編
領域：実技編
面接編
テスト

　面接試験が実際にどのような手順で行われるのか，その流れを具体的につかんでおくと安心して試験に臨むことができます。どの部分でどのようなことに留意すべきなのか，事前にチェックしておきましょう。

受付で手続きした後は，控室で待機……という手順ね。

 ## 筆記試験から面接試験まで

　準1級の筆記試験は，毎年6月，11月に実施されます。そして，その約2週間後に筆記試験の合否通知が届けられます。面接試験は，筆記試験を合格した人だけが受けることになります。また，筆記試験に合格した人が合格の通知を受けて，面接までは少なくとも1週間以上の余裕があります。

筆記試験　→　合否判明　→　合格　→　面接試験
　　　　　　　　　　　　　不合格

6月　　約2週間後に合
11月　　否が通知される。

面接会場の控室に入るまで

　筆記試験に合格した人は，次は面接試験に臨むことになりますが，事前に会場までの交通機関や所要時間を調べておき，会場には遅くとも30分前までには到着するようにします。交通機関の所要時間は多めに見積もっておいた方がよいでしょう。雨の日などはダイヤが乱れることも少なくありません。また交通機関にトラブルがあった場合のことを考え，いざというときのためにもう一つ別のルートを検討しておく必要があります。時間的に余裕がある人は，一度会場まで足を運んで所要時間や駅から会場までの道順などを確認しておくとよいでしょう。

①会場到着

◎会場入り口に「秘書検定準1級面接試験会場」などと書いた案内があるので確認してから入る。

◎受付に行く前に化粧室などで身だしなみのチェックをする。特に雨の日や風が強い日は靴を履き替えたり，髪を整えるなどの配慮が必要。

◎身だしなみのチェックが終わったら，受付に行く。

②受付で手続きをする

◎受付は面接会場の控室入口などに設置してある。

◎受付では，「おはようございます」あるいは「こんにちは」とあいさつし，「○番の○○と申します。お願いいたします」と言って面接受験票を提出する。

◎受付では「受験案内」と胸に着ける「面接番号のシール」が渡され，名前を呼ばれる時間が案内される。

◎手続きが終わったら，指示された控室に行く。

控室から面接室への入室，退室まで

　控室に入ったら，指示があるまで静かに待ちます。一緒に試験を受ける友人や隣の席の人とおしゃべりをしたりしないように注意しましょう。

③控室に入る

◎控室では空いている席に座る。

◎面接番号のシールは，名前を呼ばれる時間の5分前になったら左胸に着ける。

◎スマートフォンや携帯電話の電源は切っておく。

◎係員の指示があるまで静かに待つ。

④「報告」の課題を覚える

◎試験4分前になったら，係員が「これから名前を呼ぶ方は課題を読む席にお移りください」と言って，3人の名前を呼ぶ。試験は3人一組で実施される。

◎呼ばれた人は「はい」と返事をして立ち上がる。係員が「後ろの席へどうぞ」などと案内するので，荷物を持って指示された場所に移る。

◎係員から課題が渡され，「これから2分間，報告の課題をご覧いただきます。それではどうぞ」と言われたら，それを見て覚える。課題は3人とも違う。

◎2分が経過すると，係員から「それではお時間になりましたので，面接室にご案内いたします。お荷物をお持ちください」などと言われるので，それに従う。

◎面接試験室に課題を持って行くことはできない。

⑤面接試験室に行く

◎係員の案内で面接試験室の入り口に来たら，係員がドアを開けてくれるので，面接番号の若い人から順に中に入る。

◎入室は荷物を持ったまま「失礼いたします」と言って，会釈して入る。

面接試験室

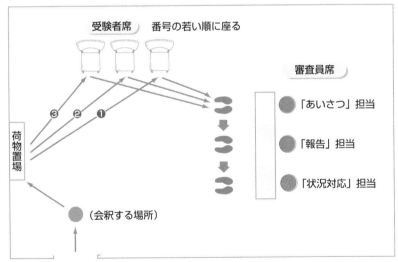

⬆ 会場によって入り口や荷物置場の位置は異なる。

◎荷物を所定の場所に置き，面接番号の若い順に奥の席（審査員に近い席）から着席する。

◎着席するときに審査員に向かって会釈をする。

◎着席したら指示があるまで正面を向いて待つ。

⑥「あいさつ」をする

◎「○○番の方，どうぞ」などと呼ばれるので，「はい」と返事をし，「あいさつ」担当の審査員の前に進む。

◎担当の審査員に面接番号と名前を言って，「よろしくお願いいたします」とあいさつをする（敬礼）。

◎あいさつが終わったら，「次へどうぞ」などと言われるので，「はい」と言って会釈をし，隣の「報告」担当の審査員の方へ移動する。

⑦「報告」をする

◎担当の審査員に「失礼いたします」と言って会釈をし，課題を読む席で覚えたことを報告する。

◎報告が終わったら，審査員が「次へどうぞ」などと指示をするので，「状況対応」担当の審査員の前へ移動する。

⑧「状況対応」をする

◎担当の審査員に「失礼いたします」と言って会釈をする。

◎状況対応の課題は二つある。

◎審査員が「私をお客さまだと思って，こちらを適切な言葉に直して応対してください」と言いながらパネルを見せるので，それを理解したら「はい」とうなずいたり，「はい，分かりました」などと審査員に合図する。

◎審査員を来客に見立て，受験者が秘書役になって応対する。

◎最初の課題が終わったら，次の課題に移る。

◎「状況対応」が終わったら，審査員が「以上で試験は終了です」と告げるので，会釈をする。

序章　受験対策
基礎知識

第1章　必要とされる資質

第2章　職務知識

第3章　一般知識

第4章　マナー・接遇

第5章　技能

第6章　面接

終章　模擬試験

⑨退室

◎「状況対応」担当の審査員に会釈をした後は，一歩下がって，審査員全員の方を向き，「ありがとうございました」と笑顔で最敬礼する。

◎出入り口の方へ向かって歩き，荷物を持ってドアの前辺りまで来たら審査員の方へ向き直り，「失礼いたします」と言って会釈をし，静かに退室する。

面接試験室での留意点

　面接試験室に入ると，奥に3人の審査員が並んで着席しているのが目に入ります。その左側に椅子が3脚用意されていますが，これが受験者の席になります。面接は3人一組で実施されるので，面接番号が若い順に，審査員に最も近い奥の席から着席することになります。またドア付近に荷物置場があります。

　審査員のテーブルには，受験者から見て左から順に「あいさつ」，「報告」，「状況対応」の表示がされているので，迷うことはありません。面接番号を呼ばれたら「はい」と言って立ち上がり，一番近くの審査員の前に行き，「あいさつ」から順に課題に取り組むことになります。

　課題は3人とも違います。覚えていた報告の課題をうっかり忘れてしまうこともあるので，待機している間は適度にリラックスして心静かに待つように心がけましょう。

　この他，以下の点に留意しておきます。

◆受験者は面接試験室で質問することはできない。

　◎例えば課題の中に不明な言葉があっても，それを審査員に確認したり，質問したりすることはできない。どのような場合でも自分で考えて対処することが基本で，その対応が審査されることになる。

◆面接の所要時間は3人一組で約10分とされているので，それを目安に課題をこなすようにする。

◆「状況対応」が終わると面接は終了するが，そこで「ロールプレーイングアドバイスシート」が渡される。

　◎シートには幾つかの項目があるが，印が付けられた箇所をチェックする。例えば，受験者の話し方が丁寧でなかった場合は「話し方に丁寧さが必要」の項目に「Ｖ」の印が付いているので参考にしたい。ただし，これはあくまでもアドバイスであり，合否に直接関係はない。

Lesson ②　三つの課題への対応

　秘書検定試験の面接は三つの課題を中心に行われますが，どこで，何をすればよいかを理解し，行うべきことが自然にできるように準備しておくことが大切です。本番で焦ったり，不安になったりしないように，それぞれの課題に取り組むときの要領を心得ておき，面接には自信をもって臨むようにしましょう。

「あいさつ」の要領

　「あいさつ」では，「面接番号」と「氏名」を名乗り，「よろしくお願いいたします」と言うだけですが，意外にここでつまずく人が少なくありません。緊張からか声がかすれたり，早口になって氏名がはっきり聞き取れないということもよくあります。最初に失敗すると焦って，その後の課題にも影響するので，ここは確実にクリアできるようにしておきましょう。

●立ち位置を間違えない

　まず，「あいさつ」はその人の第一印象を決定する重要な課題であることを心得ておきます。

　あいさつをするときに重要なのは，立ち位置です。審査員の机から1.5m離れたところに立つのが適切な立ち位置ですが，背が高い人はそれより少し下がった方がいいかもしれません。

　位置が近過ぎると審査員が見上げるような感じになるのでよくありません。遠過ぎると話が聞きづらくなるだけでなく，避けているような印象を与えます。また，「あいさつ」が終わると次の審査員の前へそのまま並行に移動することにな

るので，最初の立ち位置を間違えると最後まで影響することになります。

　位置は入室してから確認することになりますが，順番を待つ間にあらかじめ目安を付けておき，番号を呼ばれたら，意識してその位置に立つようにします。

　「○○番の方どうぞ」などと呼ばれたら，「はい」とはっきり明るく返事をしてすっと立ち上がり，適切な立ち位置まで真っすぐに歩きます。ここで歩く姿勢が審査されます。歩幅は大き過ぎず小さ過ぎず，適切な歩幅でテンポよく歩きます。

　「あいさつ」担当の審査員の前まで来たら，立ち止まります。両腕は自然に伸ばして手を両ももの横に軽く付けるか，あるいは，前で重ねるようにします。ここで立ち姿が審査されます。

　立ち位置で止まったら審査員に視線を向け，あいさつをします。

●あいさつの進め方

　　　　面接番号○○番，○○○○（氏名）と申します。
　　　　よろしくお願いいたします。

◆「面接番号○○番，○○○○<u>です</u>」や「よろしく<u>お願いします</u>」は，丁寧な名乗り方ではないので注意。

　早く済まそうと思うとどうしても早口になります。早口になると言い違いをしてしまうことがあるので，できるだけ落ち着いて，相手にはっきり分かるように意識して話すことが大切です。以下のように言葉を適度に区切って話すように心がけるとよいでしょう。

①まず「面接番号」と言って一瞬間を置き，「○○番」と言う。

②面接番号を言った後も一瞬の間を置き，「○○（姓）」で一瞬の間を置き「○○（名）と申します」と述べる。

　　◎自分の名は言い慣れているせいか早口になりやすく，相手にはよく聞き取れないことがある。そのことを頭に入れておく必要がある。

③名乗った後も一瞬の間を置く。次いで「よろしくお願いいたします」とあいさつし，お辞儀（敬礼）をする。

　　◎お辞儀は「よろしくお願いいたします」と言いながらしてもよい。どのようにするか，前もって決めておき，その場で迷わないようにする。

「報告」の要領

　「報告」では，ここで用いる基本用語を覚えることと話の展開パターンをつかむことがポイント。また，前傾姿勢で正しく報告できるかが審査されます。

●報告で用いる基本用語

「失礼いたします」　　　　　　　　　　　→話し出すときのあいさつ言葉。

「ご報告したいことがございますが」　　　→報告するときの冒頭に用いる言葉。

「ただ今，お時間よろしいでしょうか」　　→上司の都合を尋ねるときの言葉。

「以上でございます」　　　　　　　　　　→報告の最後に言う言葉。

●「報告」の進め方

　「報告」は以下のような展開で行います。

①「あいさつ」が終わると担当した審査員が「では，次へどうぞ」あるいは「隣へどうぞ」などと告げるので，「はい」と言って会釈をし，「報告」担当の審査員の前に移る。

②担当の審査員の前に来たら次の手順で報告を始める。

　　◎課題例は以下の通りとする。

> 課題例）子どもの手首に，はめておくだけで虫よけになるリングができた。1日8時間の使用で，1カ月効用があるという。

　1)「失礼いたします」と言って会釈をする。

　2) 上司役を演じる審査員の顔を見て，

　　「新製品の虫よけリングについてご報告いたしたいのですが，ただ今，お時間よろしいでしょうか」と前傾姿勢で言う。

　3) 審査員が「はい，お願いします」と言ったら，

　4)「はい」と返事をして，5) のように報告する。

　5)「子どもの手首にはめておくだけで，虫よけになるリングが開発されたとのことでございます。1日8時間の使用で，1カ月効用があるとのことでございます。以上でございます」

③審査員が「次へどうぞ」と言ったら，「状況対応」担当の審査員の前に移動する。

●相手を意識した話し方をする

　覚えた内容をただ言えばよいということではありません。上司に報告する場面ですのではっきりと話すことを心がけます。覚えた内容を忘れないうちにと早口になることのないよう，相手を意識して話すようにしましょう。

●態度・振る舞いに気を配る

　報告内容に集中するあまり，つい態度・振る舞いがおろそかになってしまうことがあります。ここでは，座っている上司への報告です。きちんとした姿勢で前傾することを忘れないようにしましょう。

●伝聞は「とのことでございます」を使う

　伝聞とは伝え聞いたことです。課題はほとんど「～という」と伝聞の形で書かれているので，報告する場合は「～とのことでございます」，「～（できた）そうでございます」を用いて文を締めくくります。

●報告内容を言い間違えた場合の対応

　数字や固有名詞などをうっかり間違えてしまったときは，「失礼いたしました」と言って，訂正部分の区切りのよいところから言い直します。ただし，当然のことながら何度も言い直すのは好ましくありません。

●課題にはタイトルを付けてもよい

　課題を報告するときは，内容を簡潔に表すタイトルを付けるようにします。タイトルを告げることで上司は今聞くべきか後回しにするか話を聞かなくても判断できるからです。このように，面接試験でもビジネスの現場を想定して対応することが大切になります。タイトルを付けるときは「できるだけ簡潔に」を心がけます。

　課題で「～ができた」と書いてある場合は，新製品が開発されたということなので，「新製品の○○について」とし，課題例の「虫よけになるリング」は，「になる」を取って「新製品の虫よけリングについて」とします。タイトルの付け方は課題によって異なりますが，もしタイトルが付けにくい場合は無理に付ける必要はありません。

「状況対応」の要領

　「状況対応」では二つの課題が出され，審査員は「来客」という役を，受験者は秘書役を演じます。受験者はパネルに示された課題を読んで理解し，適切な役割演技（ロールプレーイング）をしなければなりません。

　ここでは，来客を応対するときの姿勢は適切か，動作やしぐさは状況にふさわしいかなどが審査されます。

●「報告」よりも丁寧に演じる

　「報告」と違って，相手は上司ではなく来客なので，立ち居振る舞いや話し方はより丁寧でなければなりません。また状況設定によっては，最敬礼をして礼を言ったり謝罪したりしなければならないケースもでてくるので，相手に対する気持ちが伝わるように演じる必要があります。

　適切な接遇用語を用い，来客を案内するときの姿勢や物を指し示すときの姿勢，名刺を受け取るときの姿勢にも気を配ります。また，状況ごとにお辞儀の種類も異なるので注意しなければなりません。

　パネルから目を離し，来客役である審査員を見て演技しますが，相手と接するときは，前傾姿勢で話すことを忘れないようにします。

●素早く内容を把握する

　パネルはその場で示されるので，事前に準備する時間はありません。パネルを出されて理解するまでの制限時間は特に設けられていませんが，時間がかかり過ぎるのは好ましくありません。パネルが提示されたらすぐに内容を読み取って理解し，どのような演技をすればよいか瞬時に判断する必要があります。

●「状況対応」の進め方

　「状況対応」は次のように進めます。

①「報告」が終わって，「状況対応」に移ったら，担当の審査員に「失礼いたします」あるいは「よろしくお願いいたします」と言って会釈をする。

②審査員が「私をお客さまだと思って，こちらを適切な言葉に直して応対してください」と言ってパネルを出したら，書かれている状況設定を読み取る。

　◎課題例1）は以下の通りとする。

> 課題例1）これを，持っていってくれ。　　渡すしぐさをする

③理解したら，「はい」と審査員を見てうなずくか，「はい，分かりました」と言って演技に入る。

　1）「こちらを，お持ちくださいませ」と言って渡すしぐさをする。

☆渡すしぐさは両手で行う。

④演技が終了したら，立ち姿になって審査員の方を見る。

⑤審査員が「次はこちらです」と二つ目のパネルを示すのでそれを読み取る。

◎課題例2）は以下の通りとする。

> 課題例2）（前傾姿勢で言う）20分ぐらいしか，会えないと思うが，
> それでいいか。

⑥理解したら③と同じように返事をして演技に入る。

　　1）「20分ほどしか，お目にかかれないと存じますが，それでよろしいでしょうか」と前傾姿勢で言う。

⑦演技が終わったら，元の立ち姿に戻る。

⑧担当の審査員が，「以上で試験は終了です」と言ったら，会釈をする。

●課題を接遇用語に直す

「状況対応」では，課題に書かれた言葉を接遇用語に直す必要があります。課題例1）では，「これを」を「こちらを」に，「持っていってくれ」を「お持ちくださいませ」に直しています。また課題例2）では，「会えないと思うが」を「お目にかかれないと存じますが」に，「それでいいか」を「それでよろしいでしょうか」に言い換えています。

● 「状況対応」でよく用いられる接遇用語

ここでは，受付で用いる以下のような接遇用語がよく使われます。どのような状況が示されても適切な接遇用語がすぐに浮かんでくるように学習しておきましょう。

「失礼でございますが」　　　　　　→確認するとき最初に言う言葉。

「恐れ入りますが」　　　　　　　　→何かをしてもらうとき最初に言う言葉。

「～いただけませんでしょうか」　　→何かをしてもらうとき最後に言う言葉。

「いかがいたしましょうか」　　　　→意向を確認するときの言い方。

「誠に申し訳ございません」　　　　→要望に応じられないときに言う言葉。

「よろしいでしょうか」　　　　　　→こちらの要望を述べるときに言う言葉。

「どうぞこちらでございます」　　　→案内するときに用いる言葉。

SELF STUDY

過去問題を研究し
理解を深めよう！

CHALLENGE 実問題

◆3人一組で受けるので，課題は3人分用意されています。ここでは，自分がA，B，Cのどれになるのか，適当な方法で決めてからチャレンジしてください。

面接試験実問題 **1**

あいさつ

あいさつをしなさい。

報　告

次の内容を2分間で覚え，秘書が上司に話す言葉で報告しなさい。
（1人1課題）

A．手首に巻く血圧計ができた。文字が大きいので一目で血圧が分かり，最新3回分の平均血圧も表示されるという。

B．猫背になると背中に圧力がかかるスーツができた。自然と姿勢を正せるので就職活動の強い味方になるという。

C．蒸気の噴射で隙間の汚れを浮き上がらせて掃除するクリーナーができた。ペットのいる家庭にお薦めだという。

序章
受験対策
基礎知識
第1章　必要とされる資質
第2章　職務知識
第3章　一般知識
第4章　マナー・接遇
第5章　技能
第6章　面接
終章　模擬試験

状況対応

審査員をお客さまだと思って，次を適切な言葉に直して対応してください。
（1人2課題）

A - 1

> いらっしゃい。　お辞儀をする
>
> 前傾姿勢で言う　　失礼だが，どこを訪ねているか。

A - 2

> 前傾姿勢で言う　　すまないが，鈴木課長があいさつさせてもらいたいと
> 言っている。よいか。

B - 1

> 前傾姿勢で言う　　すまないが，名前を忘れてしまったので，教えてもら
> えないか。

B - 2

> すまない。　お辞儀をする　　前傾姿勢で言う　山田部長は外出していて，
> 今日は戻ってこない。どうするか。

C - 1

> 前傾姿勢で言う　　失礼だが，念のため電話番号を聞いてもよいか。

C - 2

> すまない。　お辞儀をする　　前傾姿勢で言う　山田部長は，立ち寄る所
> があって会社には11時ごろ来る。どうするか。

面接試験実問題　2

あいさつ

あいさつをしなさい。

報　告

次の内容を2分間で覚え，秘書が上司に話す言葉で報告しなさい。
（1人1課題）

A．1粒でよく泡立つ使い切り型の石けんができた。1ケース15粒入りで，外出
　先やアウトドアで便利だという。

B．鳥の姿と声の両方が分かる野鳥図鑑ができた。初心者でも目的の鳥が見付
　けやすいように分類されているという。

C．起床に適した時間に起こしてくれる腕時計ができた。睡眠サイクルを計測
　し最適時間をキャッチするのだという。

状況対応

審査員をお客さまだと思って，次を適切な言葉に直して対応してください。
（1人2課題）

A-1

| 前傾姿勢で言う | よければ，名刺を預かれないか。 |

A-2

呼び立ててすまない。| お辞儀をする |

| 前傾姿勢で言う | すぐに案内するので，ここに座って待ってくれ。

B-1

| 前傾姿勢で言う | 今回は心遣いをしてくれて，恐縮に思う。| お辞儀をする |

B-2

待たせた。| お辞儀をする |

| 前傾姿勢で言う | 佐藤課長が話を聞くと言っている。よいか。

C-1

| 前傾姿勢で言う | 雨が降ってきたので，気を付けて帰ってくれ。

C-2

すまない。| お辞儀をする | | 前傾姿勢で言う | 今日山田部長は一日中外出している。戻らない予定だが，どうするか。

面接試験実問題 **1**　　　　解答例

あいさつ

面接番号○○番，（氏名）と申します。よろしくお願いいたします。

報　告

A.　失礼いたします。
　　手首に巻く血圧計ができたそうでございます。文字が大きいので一目で血圧が分かり，最新3回分の平均血圧も表示されるとのことでございます。
　　以上でございます。

B.　失礼いたします。
　　猫背になると背中に圧力がかかるスーツができたとのことでございます。自然と姿勢を正せるので就職活動の強い味方になるとのことでございます。
　　以上でございます。

C.　失礼いたします。
　　蒸気の噴射で隙間の汚れを浮き上がらせて掃除するクリーナーができたそうでございます。ペットのいる家庭にお薦めとのことでございます。
　　以上でございます。

状況対応

A－1　「いらっしゃいませ。（お辞儀をする）（前傾姿勢で言う）失礼でございますが，どちらをお訪ねでいらっしゃいますか。」

A－2　「（前傾姿勢で言う）恐れ入りますが，課長の鈴木がごあいさつさせていただきたいと申しております。よろしいでしょうか。」

B－1　「（前傾姿勢で言う）恐れ入りますが，お名前を失念してしまいましたので，お教えいただけませんでしょうか。」

B－2　「申し訳ございません。（お辞儀をする）（前傾姿勢で言う）（部長の）山田は外出しておりまして，本日は戻ってまいりません。いかがいたしましょうか。」

C－1　「（前傾姿勢で言う）失礼でございますが，念のためお電話番号を伺ってもよろしいでしょうか」

C－2　「申し訳ございません。（お辞儀をする）（前傾姿勢で言う）（部長の）山田は，立ち寄る所がございまして会社には11時ごろ参ります。いかがいたしましょうか」

面接試験実問題 **2** 　　　解答例

あいさつ

面接番号○○番，（氏名）と申します。よろしくお願いいたします。

報　告

A.　失礼いたします。
　　1粒でよく泡立つ使い切り型の石けんができたそうでございます。1ケース15粒入りで，外出先やアウトドアで便利とのことでございます。
　　以上でございます。

B.　失礼いたします。
　　鳥の姿と声の両方が分かる野鳥図鑑ができたそうでございます。初心者でも目的の鳥が見付けやすいように分類されているとのことでございます。
　　以上でございます。

C.　失礼いたします。
　　起床に適した時間に起こしてくれる腕時計ができたそうでございます。睡眠サイクルを計測し最適時間をキャッチするのだそうでございます。
　　以上でございます。

状況対応

A－1　「（前傾姿勢で言う）よろしければ，お名刺をお預かりできませんでしょうか。」

A－2　「お呼び立ていたしまして申し訳ございません。（お辞儀をする）（前傾姿勢で言う）すぐにご案内いたしますので，こちらにおかけになっておまちください（ませ）。」

B－1　「（前傾姿勢で言う）このたびはお心遣いくださいまして，恐縮に存じます。（お辞儀をする）」

B－2　「お待たせいたしました。（お辞儀をする）（前傾姿勢で言う）課長の佐藤がお話を伺うと申しております。よろしいでしょうか。」

C－1　「（前傾姿勢で言う）雨が降ってまいりましたので，お気を付け（になっ）てお帰りください（ませ）。」

C－2　「申し訳ございません。（お辞儀をする）（前傾姿勢で言う）本日（部長の）山田は終日外出しております。戻らない予定でございますが，いかがいたしましょうか。」

模擬試験

● 筆記試験時間　130分 ●

区分		領域	問題数	正解数	合計正解数
理論編	Ⅰ	必要とされる資質	3問 (1問が記述式)		
	Ⅱ	職務知識	3問 (1問が記述式)		
	Ⅲ	一般知識	3問 (1問が記述式)		／9問
実技編	Ⅳ	マナー・接遇	8問 (3問が記述式)		
	Ⅴ	技能	6問 (3問が記述式)		／14問

● 評価 ●

◆理論編
【正解数】　　　【評価】
6問以上…クリア
5問………あと一息でクリア
4問………やや努力が必要
3問………さらに努力が必要
2問以下…かなり努力が必要

◆実技編
【正解数】　　　【評価】
9問以上……クリア
8問……あと一息でクリア
7問……やや努力が必要
6問……さらに努力が必要
5問以下…かなり努力が必要

注）理論編，実技編それぞれが60％以上正解のときに合格になります。
　　合格の目安は早稲田教育出版編集部が独自に付けたものです。

TEST

模擬試験にチャレンジし
実力を確かめてみよう!!

【必要とされる資質】

1 　秘書Aは上司から，「急いで依頼したいことがあるのでY氏に面会の申し込みをしておくように」と指示された。そこでY氏に連絡すると，「仕事が立て込んでいて予定が立たない」と断られた。上司にこのことを話すと，もう一度連絡するようにということである。以前にも同様のことがあり，Y氏は上司を避けている様子である。このような場合，Aは上司にどのように言うのがよいか。次の中から**適当**と思われるものを一つ選びなさい。

1）「Y氏は上司と会うことを避けているようなので，依頼事などはしない方がよいのではないか」と言う。
2）「自分は上司の指示通りに伝えたつもりだが，依頼事ならむしろ上司が直接連絡した方がよいように思う」と言う。
3）「そういうことならもう一度連絡してみるが，上司に代わってY氏に説明できるように依頼事の内容を教えてもらいたい」と言う。
4）「Y氏が断わっているのは忙しいからだけではないようなので，何か他に事情がないかを考えてから連絡してみたらどうか」と言う。
5）「急ぎとはいえこちらからの頼み事であるし，Y氏は仕事が立て込んでいるということだから，少し間を置いて連絡してもよいか」と言う。

2 　販売部の兼務秘書Aの上司（杉山部長）は，2時に終わる予定の会議に出ている。そこへ上司宛てに取引先の販売店から，「午前中に返事をもらえることになっていた件はどうなったか」と電話があった。現在1時過ぎ。Aは上司から電話は取り次がないようにと言われている。このような場合，Aはどのように対応するのがよいか。次の中から<u>不適当</u>と思われるものを一つ選びなさい。

1）「杉山は外出中なので，すまないが1時間ほど待ってもらうことはできないか」と尋ねる。
2）「迷惑をかけて申し訳ない。杉山は今席を外しているが，できるだけ早く連絡させてもらう」と言う。
3）「すまないが杉山は会議中で，電話は取り次がないことになっている。1時間ほど待てないか」と尋ねる。
4）「それはすまなかった。杉山は外出しているが1時間後には戻ってくる予定なので，戻ったら連絡する」と言う。
5）「すまないが杉山は打ち合わせでよそへ行っている。確認してこちらから返事をさせてもらうがどうか」と尋ねる。

【職務知識】

3 広報部長秘書Aは異動することになり，後任はDになった。上司は仕事を部下や秘書に任せず自分で行うことが多く，また，仕事に集中すると時間を忘れてしまうことがある。次はAがDに，このような上司への対応として話したことである。中から不適当と思われるものを一つ選びなさい。

1）昼食を取るのを忘れて仕事に没頭しているときは，「食事はどうするか」と声をかけるとよい。
2）担当者が連絡するようなことを取引相手に直接電話しているのに気付いたら，「部下の立場もあるので」と配慮を求めるのがよい。
3）簡単な文書は秘書に清書させず自分で作成し印刷してしまうが，その方が上司は仕事がしやすいと言っているので気にしなくてよい。
4）終業時間が過ぎたことに気付かず仕事を続けているときは，自分の仕事が終わったら「先に失礼してもよいか」と尋ねて帰ってよい。
5）外出先から戻る途中，思い付いて近くの書店などに立ち寄ることがあるので，後の予定がなくても連絡が取れるようにしておくとよい。

4 部長秘書Aが出社すると上司（高田部長）から次のようなメール（枠内）が届いていた。昨日6月2日午後7時に送信されたものである。次はこのメールを読んでAが行ったことである。中から不適当と思われるものを一つ選びなさい。

・明日（3日），本部長からの指示で急に出張することになった。
・出張について，課長だけは知っているが他の人には内密にするように。
・4日は朝から出社する。
・留守中よろしく頼む。

1）本部長も出席する部長会議は，担当部長の秘書に理由は言わず欠席するとだけ伝えた。
2）今夜出席予定の業界団体の懇親会について，どのようにすればよいかを課長に確認した。
3）今日決裁をすることになっていた書類は，都合で明日にしてもらいたいと担当者に連絡した。
4）出席予定だった取引先の新商品説明会に出席できなくなったので，資料だけ送ってもらいたいと頼んだ。
5）面会予定のあった客には，来訪を待って急用で会えなくなったとわび，都合のよい日時を二，三聞いた。

【一般知識】

5 次の用語の説明の中から不適当と思われるものを一つ選びなさい。

1）「現地法人」とは，企業が海外で設立した会社のこと。
2）「逆輸入」とは，海外の生産拠点から国内へ製品を輸入すること。
3）「貿易赤字」とは，輸出総額が輸入総額を超えたときやその差額のこと。
4）「貿易収支」とは，一定期間の輸出額と輸入額との関係を表したもののこと。
5）「並行輸入」とは，正規代理店ルートとは別のルートで真正品を輸入すること。

6 次は用語とその説明の組み合わせである。中から不適当と思われるものを一つ選びなさい。

1）コストパフォーマンス　＝　費用に対する満足度の評価のこと。
2）ステークホルダー　＝　企業に利害関係を持つ人や組織のこと。
3）キャピタル・ゲイン　＝　有価証券や土地などの資産の売却益のこと。
4）ジョイントベンチャー　＝　新規事業の開発のため社内に設ける独立した組織のこと。
5）インサイダー取引　＝　会社関係者などが未公開の情報を利用して株式の売買をすること。

【マナー・接遇】

7 秘書Aの下に新人Bが配属された。Aは先輩としてBに仕事の指導をすることになり，指導の仕方を次のように考えた。中から不適当と思われるものを一つ選びなさい。

1）分からないことがあったら，遠慮なく聞くように言っておく。
2）確実にできそうなものからさせるようにし，最初のうちは難しいことはさせない。
3）仕事の仕方は人により違ってもよいので，Bの考えで工夫してするよう指導する。
4）ミスがあってそれを注意するときは，なぜミスをしたのか原因を一緒に考えて指導する。
5）仕事の仕方で他の人から注意されるようなことがあったら，すぐAに言うように話しておく。

序章 受験対策 基礎知識

第1章 必要とされる資質

第2章 職務知識

第3章 一般知識

第4章 マナー・接遇

第5章 技能

第6章 面接

終章 模擬試験

8　秘書課の主任Fの身内に不幸があり，課員のAと先輩C，新人Bの3人で香典を出すことになった。不祝儀袋の表書きはAが書くことになったが，このような場合，贈る人の名前はどのように書くのがよいか。次の中から**適当**と思われるものを一つ選びなさい。

1）真ん中に　代表A
2）右から　A　B　C
3）右から　C　B　A
4）右から　C　A　B
5）右から　代表C　A　B

9　次は秘書Aが同僚たちと，自分たちはどのような話し方をするのがよいか，話し方の感じのよさについて話し合ったことである。中から<u>不適当</u>と思われるものを一つ選びなさい。

1）相手をあまり見ずに話す人がいるが，感じがよい話し方とは言えないのではないか。
2）仕事が立て込んで疲れているときでも，明るく笑顔で話すという心がけが必要ではないか。
3）元気のある生き生きとした印象になるように，大きめの身ぶりで話すのがよいのではないか。
4）声が小さいと相手に頼りない印象を与えるので，状況にもよるが，少し大きめの声で話した方がよいのではないか。
5）丁寧な言葉遣いやきちんとした話し方はよいが，相手や話題によっては少し砕けた言い方がよいこともあるのではないか。

10 次の「   」内は小林部長秘書Ａが来客に言ったことである。中から言葉遣いが**適当**と思われるものを一つ選びなさい。

1）雨の日に資料を届けてくれた取引先の秘書に
「お足元の悪い中，大変ご苦労様でございました」
2）書類を受け取りにきた客に
「こちらをお渡しになるよう，小林から申し付かっております」
3）一方的に自分の要求を主張する客に
「そのようにおっしゃられましても，ご要望には沿いかねますが」
4）聞かれたことに対して
「そちらの件につきましては，後ほど小林からご説明させていただきます」
5）上司への伝言を頼まれたとき
「承知いたしました。小林が戻りましたらお電話するようにお伝えいたします」

11 次は秘書Ａが，来客応対で行ったことである。中から<u>不適当</u>と思われるものを一つ選びなさい。

1）応接室に案内した客が遠慮して下座に座ろうとしたので，上座を勧めて座ってもらった。
2）来客を案内している途中で他部署の課長が客に近づいてあいさつを始めたとき，少し離れて終わるのを待った。
3）応接室にお茶を運んだところ上司と来客が立って名刺交換をしていたので，終わって着席するのを待ってお茶を出した。
4）応接室のドアを開けたら前の客の茶わんがそのままになっていたので，来客に謝って，応接室の前で少し待ってもらい急いで片付けた。
5）来客を応接室に案内したことを上司に伝えたところ，「１本電話をかけるのでちょっと待っていてもらいたい」と言われたので，来客にそのように伝えた。

【技能】

12 次は秘書Aの，上司宛てに届いた郵便物の処理の仕方である。中から不適当と思われるものを一つ選びなさい。

1）差出人がAの全く聞いたことのない個人名だったので，開封して中身を確認し上司に渡した。
2）出席と返事をした懇親会費の請求書だったので，経理に回して上司にはついでのときに報告した。
3）同封されていた書類の枚数が添え状と違っていたので，先方に確認し訂正してから上司に渡した。
4）白い洋形封筒で宛名も差出人も毛筆で書かれていたが，取引先からだったので開封して上司に渡した。
5）会議の通知状だったが，その日時には他の予定が入っていたので，そのことを書いたメモを付けて上司に渡した。

13 次は新聞や出版物に関する用語の説明である。中から不適当と思われるものを一つ選びなさい。

1）「縮刷版」とは，版を縮小して作成した印刷物のこと。
2）「タブロイド判」とは，普通の新聞の半分の大きさのこと。
3）「奥付」とは，書物などで本文の後に著者が書き添える文のこと。
4）「白書」とは，各省庁が行政活動の実情と展望を述べた報告書のこと。
5）「官報」とは，法令その他，国民に知らせるべき事項を掲載する国の機関紙のこと。

14 次の「　」内は，秘書Aが文書に書いた文言である。中から不適当と思われるものを一つ選びなさい。

1）詳しくはよく考えてから話す，ということを
　「詳細は拝眉の上，申し上げます」
2）本当なら訪問しなければならないのに，ということを
　「本来でしたら参上すべきところを」
3）もともと大した学識は持ち合わせていないが，ということを
　「もともと浅学非才の身ではございますが」
4）調べて受け取ってもらいたい，ということを
　「ご査収くださいますようお願いいたします」
5）一生懸命会社の仕事に励むつもりだ，ということを
　「一意専心社業に精励いたす所存でございます」

記述問題

【必要とされる資質】

15　秘書Aの上司（伊藤部長）のところへ，上司の友人と名乗るF氏が「暇だったら会いたい」と言って不意に訪れた。Aはこのことを上司に伝えるとき，どのように言うのがよいか。その言葉を答えなさい。

【職務知識】

16　部長秘書Aは上司から，「私の代わりに，けがで入院している課長の見舞いに行ってもらいたい。見舞いの品は任せる」と言われた。このような場合，見舞いから戻って上司に報告することを箇条書きで三つ答えなさい。

【一般知識】

17　次の用語の略語を下の枠内から選び，答えなさい。

1）非政府組織　　　（　　　　　　　）
2）世界保健機関　　（　　　　　　　）
3）世界貿易機関　　（　　　　　　　）
4）国際通貨基金　　（　　　　　　　）
5）民間非営利団体　（　　　　　　　）

LCC	NPO	WHO	ODA
WTO	TPP	NGO	IMF

【マナー・接遇】

18 次は慶事や弔事に関する用語の説明である。それぞれ何のことを述べているか。該当する用語を漢字二文字で（　　　）内に答えなさい。

1）勲等を授け勲章を与えること。　　　　　　（　　　　　　）
2）神前で唱える神への言葉のこと。　　　　　（　　　　　　）
3）遺族の代表として葬儀を主催する人のこと。（　　　　　　）
4）亡くなったときの年齢のこと。　　　　　　（　　　　　　）
5）身内の人だけで内々に行う葬式のこと。　　（　　　　　　）

19 秘書Aは新人Bから，「上司から指示を受けたり，その後報告をするときの仕方を，具体的に教えてもらいたい」と言われた。このような場合，Aはどのようなことを言えばよいか。箇条書きで二つずつ答えなさい。

① 指示の受け方（指示を受けるときはメモを取る以外で）。

② その後の報告の仕方

20 秘書Aの上司は外出中で，帰社予定時間を過ぎているがまだ戻ってこない。このあと面談の予約があるので，Aは上司の携帯電話に連絡をして，あとどのくらいで帰社できるかを確認した。そこへ予約客のW氏が時間通りに来訪した。このような場合AはW氏に事情を話してわびることになるが，その後の対処を次の二つのケースについて，それぞれ二つずつ答えなさい。

① 上司が戻るのにそれほど時間がかからない場合

② 上司が戻るのに時間がかかる場合

【技能】

21　次のそれぞれの文書の日付はどのように書くのがよいか。適切な書き方を
　　答えなさい（数字は算用数字でよい）。

1）年賀状を令和6年12月26日に出すとき。

2）暑中見舞いのはがきを令和6年7月15日に出すとき。

3）創立記念周年式典の招待状を令和6年6月20日に出すとき。

22　秘書Aは，上司主催の会議の議事録を作成するように指示された。このよ
　　うな場合，議事録に記入する必要事項を，「会議名」「開催日時」「場所」「議
　　事録作成者名」の他に箇条書きで四つ答えなさい。

23　次はAが書こうとした手紙文の一部である。それぞれを丁寧で適切な文に
　　直しなさい。

1）拝啓　向暑の候　そちらの会社が一層発展していることを喜んでいます。
　＊（「ご発展」以外）

2）さて過日は，よい品を贈ってくれて，誠にありがとうございました。

3）まずは，略式ですが手紙でお礼を言います。敬具

解答・解説

1 【解　答】5）
　【解　説】もう一度連絡してみるようにと言われたのだから秘書としては連絡することになる。が，依頼事で，Y氏は予定が立たないと言っている。以前にも同様のことがあったということだから，すぐに連絡するのは得策ではない。少し間を置いてよいかと言うのが適当ということである。

2 【解　答】3）
　【解　説】「会議中で電話は取り次がないことになっている」と言ったのが不適当。このような場合，内部の都合をあからさまに外部に言わないのが対応の仕方である。また，午前中から返事を待たせている相手への礼儀でもある。

3 【解　答】2）
　【解　説】秘書の役割は上司が仕事をしやすいようにサポートすることなのだから，そのためには上司の性格や仕事の仕方に合わせることが必要である。担当者がするような連絡を自らするのも上司のやり方。それを部下の立場がなどと配慮を求めるのは不適当ということである。

4 【解　答】5）
　【解　説】面会予約のあった客に急用と言ってわび，都合のよい日時を二，三聞くのは，予約変更の適切な仕方である。が，それは，分かった時点でできるだけ早く電話でしないといけないこと。来訪を待ってするなどは，客に無駄足を踏ませることになり不適当ということである。

5 【解　答】3）
　【解　説】「貿易赤字」とは，輸出額から輸入額を差し引いた額がマイナス，つまり輸入総額が輸出総額を超えたときやその差額のことである。

6 【解　答】4）
　【解　説】「ジョイントベンチャー」とは，一つの事業を複数の企業などが共同で行うこと。4）は社内ベンチャーの説明である。

7 【解　答】3）
　【解　説】普通，会社では効率的な仕事の仕方が確立しているものである。従って，工夫をする余地がまだあるとしても，まずは指導した通りにさせるもの。新人に自分の考えで工夫してするよう指導するなどは早計で不適当ということである。

8 【解　答】4）
　【解　説】不祝儀袋に贈る人の名前を連名で書くときは，上位者を右にして順に下位者を書くもの。従ってこの場合はAと先輩と後輩（新人）なので，右から先輩のC，A，新人のBの順が適当ということである。

9 【解　答】3）
　【解　説】話をするときの身ぶりとは，話の内容を体を動かして補うこと。大きめの身ぶりは元気で生き生きとした印象はあるが，落ち着いた調子に欠ける。従って感じのよい話し方について考えるときに，このようにするのがよいと言ってしまうのは不適当ということである。

10 【解　答】4）
　【解　説】4）以外の適切な言い方は，1）ご苦労様でございました→ご足労をおかけいたしました，2）お渡しになるよう→お渡しするよう，3）おっしゃられましても→おっしゃいましても，5）お伝えいたします→申し伝えます，などである。

11 【解　答】5）
　【解　説】上司が電話をかけるというのはこちら側の事情である。客を待たせて電話をかけるなど，言ってはいけないことを伝えたので不適当ということである。このような場合は理由には触れず，「少々お待ちください」などと言って待ってもらうのがよい。

12　【解　答】1）
　　　【解　説】Aの全く聞いたことのない名前でも差出人が個人名なら，私信として扱うのがよいことになる。となると，そのまま渡さないといけないのだから，開封して中身を確認するなどは不適当ということである。
13　【解　答】3）
　　　【解　説】「奥付」とは，本の終わりにある，著者，発行者，発行日などを記した部分のこと。3）は「あとがき」についての説明である。
14　【解　答】1）
　　　【解　説】「拝眉の上」とは，「会ってから」という意味の慣用表現。よく考えてからという意味ではないので不適当ということである。
15　【解答例】ご友人とおっしゃるF様がおいでになりまして，お時間がおありでしたらお会いになりたいそうですが，いかがいたしましょうか。
　　　【解　説】この場合，友人というF氏が来たことと会いたいと言っていることを伝え，どうするか指示を受けることになる。「暇だったら」と言っているのは，上司が友人だから。従ってAが上司に取り次ぐときは，解答例のように言い換えないといけないということである。
16　【解答例】1．けがの具合や出社の見込み
　　　　　　　2．課長からの伝言
　　　　　　　3．見舞いの品とその金額
17　【解答例】1）NGO　2）WHO　3）WTO　4）IMF　5）NPO
18　【解答例】1）叙勲　2）祝詞　3）喪主　4）享年　5）密葬
19　【解答例】①　1．不明な点や疑問点は，その場で指示者に確認する。
　　　　　　　　　2．重要な箇所や数字は，復唱して確認する。
　　　　　　　　　3．いつまでにすればよいか期限を確認する。
　　　　　　　②　1．仕事が終わったら指示通りにできているか点検し，終わったことを指示者にすぐ報告する。
　　　　　　　　　2．量が多く日数のかかる仕事の場合は，途中で経過を報告する。
20　【解答例】①　1．W氏に待ってもらうよう頼み，応接室に案内してお茶を出す。
　　　　　　　　　2．新聞や雑誌などを勧める。
　　　　　　　②　1．上司が戻るまでのおおよその時間を言って，待ってもらえるかどうかを尋ねる。
　　　　　　　　　2．W氏が待つと言うことなら①の対応をする。待てないと言われたら，都合のよい日時を尋ねておき後で連絡すると言う。
21　【解　答】1）令和7年元旦
　　　　　　　2）令和6年盛夏
　　　　　　　3）令和6年6月吉日
22　【解答例】1．議題
　　　　　　　2．決定事項
　　　　　　　3．出席者名
　　　　　　　4．配布資料
　　　【解　説】議事録というのは，会議の全容を，後々分かるように記録しておくものである。この場合は設問に四つの事項が示されているから，全容が分かるために必要な残りの事項が答えになる。他にも，主催者名や議長名，発言者名と発言の要旨や議事の経過などもよい。
23　【解答例】1）貴社ますますご隆盛のこととお喜び申し上げます
　　　　　　　2）佳品をご恵贈くださり（くださいまして）
　　　　　　　3）略儀ながら書中をもって御礼申し上げます
　　　【解　説】2）は「佳品」以外に「結構なお品」などでもよい。

序章
受験対策
基礎知識

第1章
必要とさ
れる資質

第2章 職務知識

第3章 一般知識

第4章
マナー・
接遇

第5章 技　能

第6章 面　接

終章
模
擬
試
験

SECTION 2 仕上げ 2

TEST

模擬試験にチャレンジし
実力を確かめてみよう!!

【必要とされる資質】

1　秘書Aの上司がT部長に代わった。T部長はAが指示の確認をすると「前の部長のときと同じようにしてくれてよい」と言う。そこでその通りにすると不満そうな表情をするときがある。このようなことに，Aは秘書としてどのように対応するのがよいか。次の中から<u>不適当</u>と思われるものを一つ選びなさい。

1）T部長の前任の秘書に，T部長の補佐の仕方について注意することを尋ねる。
2）まず前の部長のときと同じように行い，行った後それでよかったかを確かめる。
3）T部長に，早く慣れたいので，望んでいる仕事の仕方を教えてもらいたいとお願いする。
4）仕事を始める前に，T部長以前のやり方を話し，それでよいかを確かめてから取りかかる。
5）T部長が不満そうだったときの仕事の仕方を顧みて，T部長に合った仕事の仕方を研究する。

2　部長秘書Aの上司が出張中に業界紙の記者が訪れた。用件を尋ねると，上司がなるべく関わりたくないといつも言っていることへの取材であった。このような場合上司は出張中と言った後，Aはどのように対応すればよいか。次の中から<u>適当</u>と思われるものを一つ選びなさい。

1）自分が代わりに話を聞き，後で上司に伝えると言って帰ってもらう。
2）取材なら課長が代わりに対応できると思うと言って，課長に取り次ぐ。
3）すまないがそのような取材には応じられないと言って，帰ってもらう。
4）取材なら予約をしてもらいたいと言って，上司が戻る日を教えて相手の都合を聞く。
5）取材に応じるかどうかは分からないが，上司が戻ったころ出直してもらえないかと言う。

【職務知識】

3　秘書Aは上司から，「最近体調がよくないので面会の負担を減らしてもらいたい」と言われた。そこでAはどのようにしたらよいかを次のように考えた。中から不適当と思われるものを一つ選びなさい。

1）代理で済むような用件は，なるべく代理の人に受けてもらうようにしようか。
2）本来は出向く用件でも，上司は体調がよくないと言って，なるべくこちらに来てもらうようにしようか。
3）面会の予約を受けるとき，急ぎや重要な用件以外はできるだけ先の日にちにしてもらうようにしようか。
4）週に何回までという制限や面会を入れない曜日を上司に確認しておいて，それに従って調整するようにしようか。
5）面会に充てる時間は短めに決めておいて，あらかじめ相手にその時間を言ってから予約を受けるようにしようか。

4　秘書Aの上司（部長）は，「友人と食事をするので，戻るのが少し遅くなるかもしれない」と言って出かけた。午後1時，上司と面会の約束があるというY氏が来訪した。上司がAに伝えるのを忘れたらしい。1時半からは課長との打ち合わせが予定されている。このような場合，Aはどのように対処すればよいか。次の中から適当と思われるものを一つ選びなさい。

1）T氏に，上司はこの後に予定があるからすぐに戻ると思うと言って待ってもらい，上司が戻ったら課長との打ち合わせの前に会ってもらう。
2）T氏に，上司と約束があるのならすぐに戻ると思うと言って待ってもらい，課長には，打ち合わせの時間が遅くなるかもしれないと言っておく。
3）T氏に，上司の戻りが遅れていると伝え，用件に時間がかかるようであれば出直してもらいたいと頼み，課長との打ち合わせはそのままにしておく。
4）T氏来訪を，上司は知っていることだからと言って待ってもらうが，その後課長と打ち合わせがあるので，どうなるか分からないと了承を得ておく。
5）T氏に，上司は戻るのが遅れていると言って待ってもらい，その後の対処は上司が戻ってから考えることにし，課長との打ち合わせはそのままにしておく。

【一般知識】

5 次は用語とその意味の組み合わせである。中から<u>不適当</u>と思われるものを一つ選びなさい。

1）エコロジスト　　＝　自然環境の保護を唱える人。
2）スポークスマン　＝　政府や団体の情報発表担当者。
3）アテンダント　　＝　随行者，劇場やホテルの案内人。
4）エグゼクティブ　＝　いろいろな分野の知識や能力を持っている人。
5）オンブズマン　　＝　行政に対しての監査と苦情処理に携わる専門委員。

6 次は用語とその説明の組み合わせである。中から<u>不適当</u>と思われるものを一つ選びなさい。

1）粗利益　　＝　売上高から原価を差し引いたもののこと。
2）貸し倒れ　＝　貸付金や売掛金が回収できずに損失となること。
3）引当金　　＝　利益が出たときに株主の持ち株に引き当てる金額のこと。
4）決算公告　＝　利害関係者や一般の人に会社の財務状態を開示すること。
5）減価償却　＝　固定資産の価値の減少分を決算時に費用として計上すること。

【マナー・接遇】

7　中村部長秘書Aは社内の廊下で出会った取引先のY部長から，「部長に，今度食事でもしながらゆっくり話がしたいと伝えておいて」と言われた。このような場合Aはどのように応対するのがよいか。次の中から**適当**と思われるものを一つ選びなさい。

1）「もうお店はお決まりでしょうか」
2）「ありがとうございます。そのように中村に申し伝えます」
3）「中村も喜ぶと思いますが，いつ頃になりますでしょうか」
4）「かしこまりました。よろしければ私の方でお店の予約をいたしましょうか」
5）「承知いたしました。お返事はいつまでに差し上げればよろしいでしょうか」

8　秘書Aは上司が電話で，友人とM料理店で6時に落ち合う約束をしているのを耳にしていた。M料理店は歩いて5分くらいの所で，そろそろ出かけないと間に合わないのに上司はパソコンに向かっていて出かける気配がない。このような場合，Aは上司にどのように対応すればよいか。次の中から**適当**と思われるものを一つ選びなさい。

1）約束の時間は迫っているのだから，「もう6時になりますが」と約束を思い出させるように言う。
2）6時を過ぎても出かける気配がなかったら，「M料理店に少々遅れると連絡をしておきましょうか」と言う。
3）約束の時間に間に合わなくなるので，「お出かけになるご予定がおありだったようですが」とさりげなく言う。
4）友人との約束は上司から聞いたわけではないので，「お先に失礼してもよろしいでしょうか」と言って退社する。
5）さりげなく掛け時計を見ながら，「M料理店にお出かけになるお時間ではございませんか」と言って知らせる。

9　次は，部長秘書Aの言葉遣いである。中から**適当**と思われるものを一つ選びなさい。

1）部長の家族に対して
「部長さんはお食事に出かけております」
2）取引先に対して
「私どものどなたにご用でいらっしゃいますか」
3）課長に対して
「部長は今しがた外出からお戻りになりました」
4）部長に対して
「ご指示していただきました件で，お尋ねしたいのですが」。
5）部員に対して
「部長は明後日N社へいらっしゃいますが，ご同伴願えますでしょうか」

10　秘書Aは上司をよく訪ねてくる取引先の部長から，受付の後輩Dの態度について注意を受けた。「私が受付の前に立っても他のことを続けていて，その後の対応も感じが悪かった」というものである。このような場合Aは，この部長に謝った後どのように言うのがよいか。次の中から<u>不適当</u>と思われるものを一つ選びなさい。

1）「応対で感じが悪かった点を具体的に教えてもらいたい。すぐ本人に注意する」
2）「気を悪くしたと思うが，今後そのような失礼がないように指導していきたい」
3）「指摘してもらって感謝する。目が行き届かなかった自分も反省して今後に生かしたい」
4）「指導が足りなかったようだ。本人のためにも上司の耳に入れてもらえるとありがたい」
5）「今後も気付いた点があれば遠慮なく指摘してもらいたい。皆で気を付けるようにする」

11　次は秘書Aが，上司に指示されて金品を用意したときに書いた上書きである。中から不適当と思われるものを一つ選びなさい。

1）入院した上司の友人への見舞いに，「祈御全快」
2）結婚と転任が同時になったAの先輩への祝いに，「御餞別」
3）上司が出張で訪問する取引先に持参する土産の品に，「粗品」
4）新しく事務所を開設した上司の知人への祝いに，「祝御開業」
5）対外試合を控え合宿中の社内野球部への差し入れに，「祈必勝」

【技能】

12　次は秘書Aが，上司宛ての郵便物について行ったことである。中から不適当と思われるものを一つ選びなさい。

1）「簡易書留」だが上司の個人的なものだったので，受信記録はしていないと言って上司に渡した。
2）上司が定期的に購読している経済雑誌だったので，開封して雑誌だけ上司に渡し封筒は廃棄した。
3）上司が返事を待っていた取引先からの手紙だったので，開封して他の郵便物の上に載せて渡した。
4）取引先のパーティーの案内状だったので，その日のスケジュールを確認し，予定は入っていないと言って上司に渡した。
5）開封したところ私用の払込通知書だったので，間違って開封したことをわびて上司に渡し，払い込みしてこようかと尋ねた。

13　次は出版物に関する用語とその説明の組み合わせである。中から不適当と
　　思われるものを一つ選びなさい。

1）名鑑　　　＝　関連のある人や物の名を集めて作った名簿。
2）官報　　　＝　裁判所が出した判決を一般に知らせる報告書。
3）白書　　　＝　各省庁が行政活動の実情と展望を述べた報告書。
4）機関誌　　＝　団体などが情報交換やＰＲのために発行する雑誌。

14　次は秘書Ａが，社交文書を書いたり出したりするときに行うことである。
　　中から不適当と思われるものを一つ選びなさい。

1）招待状には，日時と場所などを書き，会場案内図を同封する。
2）役員交代のあいさつ状は，前任者と後任者のあいさつを１枚の用紙に続ける。
3）悔やみ状は，頭語や時候のあいさつは書かずに悔やみを述べ，結語も書かな
　　い。
4）上司が出張で世話になった取引先への礼状は，個人宛てでも，会社に対する
　　礼を書き添える。
5）取引先の被災などに出す見舞状に時候のあいさつは書かないが，日ごろの取
　　引の礼は最初に述べる。

記述問題

【必要とされる資質】

15　秘書Aは他部署の秘書Bから、「次々と仕事を指示されると、どのように対処したらよいか分からなくなる」と相談された。このような場合、AはBにどのようなことを言えばよいか。箇条書きで三つ答えなさい。

【職務知識】

16　秘書Aが新入社員のBを見ると手持ちぶさたの様子である。AはBに資料のセットを指示したが、とうに終わったらしい。Aはその資料を、セットが終わり次第、得意先へ発送するようにBに指示するつもりだった。このような場合、①Bにどのような注意をすればよいか、また、②Bにどのようなことを説明して資料のセットを指示すればよかったか、答えなさい。

①

②

【一般知識】

17　次の略語を、例）に倣って省略されていない用語にして（　　）内に答えなさい。

　　　例）コネ（コネクション）

1）ベア　　（　　　　　　　　　　　）
2）コンペ　（　　　　　　　　　　　）
3）コラボ　（　　　　　　　　　　　）
4）キャパ　（　　　　　　　　　　　）

【マナー・接遇】

18　総務部長秘書小川Ａが，上司（山田太郎）の代理で取引先の葬儀（仏式）に参列したとする。このような場合の次の二つに答えなさい。

①　受付で言う悔やみの言葉

②　会葬者芳名録に書く名前

19　次の言葉を，意味を変えずに来客に言う丁寧な言葉に直して「　　」内に答えなさい。

1）「名前は以前から知っていた」
「　　　　　　　　　　　　　　　　　　　　　　　　　　　　　」

2）「手間をかけるが，別の日に来てもらえないか」
「　　　　　　　　　　　　　　　　　　　　　　　　　　　　　」

3）「上司（山田部長）は今日いないことを，電話で言わなかったか」
「　　　　　　　　　　　　　　　　　　　　　　　　　　　　　」

20 秘書Aは上司から，「広報部で新しいカタログを作ったと聞いたので，W社の佐藤氏に1部送ってもらいたい」と指示された。早速広報部のDからカタログをもらって送ったところ，佐藤氏から「古いカタログが送られてきた」と電話があった。このようなことにAはどのように対応するのがよいか。次のそれぞれに答えなさい。

① 佐藤氏への電話へ

② 上司へ

③ Dへ

【技能】

21 秘書Aは上司から，全国営業所長会議を行うのでXホテルの会議室を予約するようにと指示された。このような場合，Xホテルの会議室を予約できるものとして，開催日時，会場のレイアウト，予算の他に，上司に確認しなければならないことを箇条書きで三つ答えなさい。

22 秘書Aは上司のスケジュールを組むとき，時間に余裕を持たせた組み方をしている。その理由として，どのようなことが考えられるか。箇条書きで二つ答えなさい。

23　次の下線部分の　□□　内に，その下の（　　）内の意味から考えて，該当する漢字 2 文字を書き入れなさい。

1）ご笑納くだされば　□□　に存じます。
　　　　　　　　　　（誠にありがたい）

2）このたびご　□□　の○○の件について，ご回答申し上げます。
　　　　　　　（お問い合わせ）

3）　□□　お繰り合わせの上，ご出席くださいますよう，ご案内申し上げ
（いろいろの差し支え）
　　ます。

4）つきましては，事情ご　　　　　　　の上，ご了承くださいますよう，お願い
　　　　　　　　（こちらの事情に見当を付けてくれて）
　　いたします。

5）何とぞよろしくご　□□　くださるよう，お願い申し上げます。
　　　　　　　　（会ってくれるよう）
　（「面会」「面談」以外で）

序章　受験対策　基礎知識

第 1 章　必要とされる資質

第 2 章　職務知識

第 3 章　一般知識

第 4 章　マナー・接遇

第 5 章　技能

第 6 章　面接

終章　模擬試験

1 【解　答】 3)
　【解　説】 前の上司と同じようにしても不満そうというのは，何かずれがあるのであろう。秘書は空気のような存在。上司が気にしていなくても補佐がされているのが望ましいのだから，足りない分は自分で研究しないといけない。上司に仕事の仕方を教えてもらうのではなく， 1) 2) 4) 5)のように自ら進んで行動することが必要なので， 3)は不適当である。

2 【解　答】 3)
　【解　説】 上司がなるべくかかわりたくないといつも言っていることへの取材である。Aは上司の留守を預かっている秘書。上司が関わりたくないということへの取材なら，断っておくのが役目になる。よって，取材には応じられないと言って帰ってもらう対応が適当。

3 【解　答】 2)
　【解　説】 本来は出向く用件とは，相手にお願い事をするなどのこと。よって，体調がよくないことを理由にこちらに来てもらうなどはあり得ないので不適当。また，上司の体調は機密事項でもある。

4 【解　答】 2)
　【解　説】 AはT氏との約束のことは知らないのだから，上司がどのように考えているかは分からない。よってT氏に，上司のこの後の予定のことを言うのはよくない。ここは，T氏との面会があるものとして，課長に打ち合わせの時間が遅くなると言っておくのがよいということである。

5 【解　答】 4)
　【解　説】 「エグゼクティブ」とは，企業などの上級管理職，経営幹部のこと。 4)の説明はゼネラリストのこと。

6 【解　答】 3)
　【解　説】 「引当金」とは，「退職金」など特定の支出を予定して用意しておく金額のことである。

7 【解　答】 2)
　【解　説】 この場合の「今度」は近い将来という意味で，それがいつかは特定しない言い方であり，単なる社交辞令のこともある。よって，具体的なことを言ったり尋ねたりするのは察しが悪く不適当。 2)のように応対するのが適当ということである。

8 【解　答】 3)
　【解　説】 電話で上司がしていた約束がたまたま耳に入ったのである。出かける気配がなければ忘れているのだろうから，気付くようにするのが秘書の気配り。とはいえ知ったのはたまたまだから，ビジネス的に時間を知らせるのではなく， 3)のようにさりげなく言うのがよいということである。

9 【解　答】 3)
　【解　説】 3)以外の不適当→適当は， 1)「おります」→「いらっしゃいます」， 2)「どなた」→「どの者」， 4)「ご指示していただきました」→「ご指示いただきました」， 5)「ご同伴」→「ご同行」などである。

10 【解　答】 4)
　【解　説】 受付の後輩Dの態度について注意されたのだから，指導が足りなかったというのはよい。が，本人のために上司の耳に入れてもらえるとありがたいなどは，よく訪ねてくる取引先の部長であっても頼むようなことではないので不適当ということである。

11 【解　答】 2)
　【解　説】 「御餞別」は，転任，移転など別れる人へ贈る金品の上書きである。先輩は転任と結婚が同時であり，このような場合はよりおめでたい方へお祝いをするのが通例なので，「御餞別」は不適当ということである。「寿」「祝御結婚」などが適当。

12 【解　答】1）
　　【解　説】書留類は受付から配達まで記録されている重要な郵便物。よって，受け
　　　　　　取ったら，公私に関係なく受信記録をするのが適切な扱い方になる。受
　　　　　　信記録はしていないと言って渡すなどは不適当。
13 【解　答】2）
　　【解　説】「官報」とは，法令その他，国民に知らせるべき事項を掲載する国の機関
　　　　　　紙である。
14 【解　答】5）
　　【解　説】被災への見舞状は，被災を知ってすぐに書いたという気持ちを表すために，
　　　　　　あいさつなどは省略して主文から書き出すのがよいとされている。よっ
　　　　　　て，日ごろの取引の礼は最初に述べるというのは不適当である。
15 【解答例】1．期限を確認し仕事に優先順位をつけて，計画的に処理するようにし
　　　　　　　　たらどうか。
　　　　　　2．一人ではできそうもないときは，上司の了承を得て手伝いを頼ん
　　　　　　　　だらどうか。
　　　　　　3．仕事の追加があったら現状を話し，場合によっては期限を延ばせる
　　　　　　　　か聞いてみたらどうか。
　　【解　説】一人の仕事の処理量には限りがあるのだから，合理的な処理の仕方とし
　　　　　　て優先順位をつけるとか，できなければできるように期限を延ばしても
　　　　　　らうなどが答えになる。解答例の他に，「優先順位を自分で判断できな
　　　　　　いときは，上司や先輩につけてもらったらどうか」などもよい。
16 【解答例】①どのような仕事であっても，終わったら指示した人に終わったことを
　　　　　　　報告するのが仕事の仕方である。
　　　　　　②今からしてもらうのは，得意先に送る資料のセットであるということ，
　　　　　　　セットが終わり次第，発送するということ。
　　【解　説】①は，新人の仕事の仕方の基本に触れたことが答えになる。②は，何の
　　　　　　ためにセットをするのかという，仕事の全体像に触れたことが答えにな
　　　　　　る。
17 【解答例】1）ベースアップ
　　　　　　2）コンペティション
　　　　　　3）コラボレーション
　　　　　　4）キャパシティー
18 【解答例】①　このたびはご愁傷さまでございます。
　　　　　　②　山田太郎（代）
19 【解答例】1）お名前はかねがね存じ上げておりました。
　　　　　　2）お手数（お手間を）をおかけいたしますが，日を改めてお越し願え
　　　　　　　ませんでしょうか。
　　　　　　3）部長の山田は本日不在にする（留守にする）ことを，お電話で申し
　　　　　　　上げませんでしたでしょうか。
20 【解答例】①　謝って，すぐに新しいカタログを送ると言う。
　　　　　　②　佐藤氏からの電話のことを報告して謝り，すぐに新しいカタログを
　　　　　　　送ると言う。
　　　　　　③　カタログは古いものだったことを伝え，「自分も確認しなかったの
　　　　　　　はいけなかった」と言って新しいカタログをもらってくる。
　　【解　説】この場合の責任はAにあるのだから，自分のミスに触れないといけない。
21 【解答例】1．使用機器
　　　　　　2．食事，茶菓，飲み物などの希望
　　　　　　3．宿泊の手配
　　【解　説】解答例の他に，「会議終了後の予定（懇親会などの有無）」などもよい。
22 【解答例】1．交通機関の事故，遅延などへの対応のため。
　　　　　　2．会議，面談などの時間延長への対応のため。
　　【解　説】解答例の他に，「上司の健康への配慮のため」などもよい。

23 【解答例】　1）幸甚
　　　　　　　　2）照会
　　　　　　　　3）万障
　　　　　　　　4）賢察・高察
　　　　　　　　5）引見

面接

模擬試験にチャレンジし
実力を確かめてみよう!!

【報告】

課題A

　自転車用の携帯型ナビゲーターができた。サイクリングに適したルート案内
や消費カロリーも表示するという。

課題B

　中央がカーブ状に少し盛り上がったキーボードができた。手首や肩にかかる
負担が少なく疲れにくいという。

課題C

　持ち手がケースになり，そのケースに収納できる折り畳み傘ができた。ぬれ
たまま収納でき水漏れはないという。

序章 受験対策
基礎知識

第1章 必要とさ
れる資質

第2章 職務知識

第3章 一般知識

第4章 マナー・
接遇

第5章 技能

第6章 面接

終章 模擬試験

【状況対応】

A－1　＜課題＞

いらっしゃい。　お辞儀をする

前傾姿勢で言う　この間は手数をかけて，失礼した。

A－2　＜課題＞

前傾姿勢で言う　山田部長は前の用談が長引いているが，間もなく終わると思う。待ってもらってよいか。

B－1　＜課題＞

前傾姿勢で言う　すまないが，私には分からないので，今聞いてくる。

B－2　＜課題＞

待っていた。　お辞儀をする　前傾姿勢で言う　手数だが，渡した封筒の中身を確認してもらえないか。

C－1　＜課題＞

名刺を受け取るしぐさをしながら　もらいます。

前傾姿勢で言う　失礼だが，名前はどう読むのか。

C－2　＜課題＞

前傾姿勢で言う　山田部長は，今日は仕事が立て込んでいて会うことができない。本当にすまない。　お辞儀をする

対応例

【報告】

課題A

　　失礼いたします。
　　自転車用の携帯型ナビゲーターができたそうでございます。サイクリングに適した
ルート案内や消費カロリーも表示するそうでございます。
　　以上でございます。

課題B

　　失礼いたします。
　　中央がカーブ状に少し盛り上がったキーボードができたそうでございます。手首や
肩にかかる負担が少なく疲れにくいそうでございます。
　　以上でございます。

課題C

　　失礼いたします。
　　持ち手がケースになり，そのケースに収納できる折り畳み傘ができたそうでござい
ます。ぬれたまま収納でき水漏れはないとのことでございます。
　　以上でございます。

【状況対応】

A－1
　　いらっしゃいませ。（お辞儀をする）（前傾姿勢で言う）先日はお手数をおかけいた
しまして，失礼いたしました。

A－2
　　（前傾姿勢で言う）（部長の）山田は前の用談が長引いておりますが，間もなく終
わると存じます。お待ちいただいてもよろしいでしょうか。

B－1
　　（前傾姿勢で言う）申し訳ございませんが，私には分かりかねますので，ただ今聞
いてまいります。

B－2
　　お待ちいたしておりました。（お辞儀をする）（前傾姿勢で言う）お手数でございま
すが，お渡しした封筒の中身をご確認いただけませんでしょうか。

C－1
　　（名刺を受け取るしぐさをしながら）頂戴いたします。（前傾姿勢で言う）失礼で
ございますが，お名前はどのようにお読みするのでしょうか。

C－2
　　（前傾姿勢で言う）（部長の）山田は，本日は仕事が立て込んでおりましてお会いい
たしかねます。誠に申し訳ございません。（お辞儀をする）

イラスト：高崎祐子

秘書検定 準1級 集中講義 改訂新版

2024年 3 月20日　　　　初版発行

編　者　公益財団法人 実務技能検定協会 ©
発行者　笹森 哲夫
発行所　早稲田教育出版
　　　　〒169-0075 東京都新宿区高田馬場一丁目4番15号
　　　　株式会社早稲田ビジネスサービス
　　　　https://www.waseda.gr.jp/
　　　　電話（03）3209-6201